STRATEGIE UND KONFLIKTFORSCHUNG

Peter Schwittek
In Afghanistan

v/d/f

vdf Hochschulverlag AG
an der ETH Zürich

Bibliografische Information der Deutschen Nationalbibliothek

Die Deutsche Nationalbibliothek verzeichnet diese Publikation in der Deutschen Nationalbibliografie; detaillierte bibliografische Daten sind im Internet über http://dnb.d-nb.de abrufbar.

Das Werk einschliesslich aller seiner Teile ist urheberrechtlich geschützt. Jede Verwertung ausserhalb der engen Grenzen des Urheberrechtsgesetzes ist ohne Zustimmung des Verlages unzulässig und strafbar.
Das gilt besonders für Vervielfältigungen, Übersetzungen, Mikroverfilmungen und die Einspeicherung und Verarbeitung in elektronischen Systemen.

ISBN 978-3-7281-3411-0

© Coverabbildungen:
Landschaft in Yakaolang/Zentralafghanistan: Peter Schwittek
Kleine Abbildungen (von oben nach unten):
Rainer Kwiotek/Zeitenspiegel – Agentur für Reportagen, Weinstadt
Christoph Püschner/Zeitenspiegel – Agentur für Reportagen, Weinstadt: Jugendliche spielen Fussball vor der Ruine des Darulaman-Palast bei Kabul.
Anna Maria Schwittek
Markus Böckenförde

verlag@vdf.ethz.ch, www.vdf.ethz.ch

© 2011, vdf Hochschulverlag AG an der ETH Zürich

Vorwort

Afghanistan, ein echter Staat?

Die Gründung Afghanistans wird in der Historie der Afghanen immer wieder auf das Jahr 1747 zurückgeführt. Dies war das Jahr, als Ahmad Khan Abdali aus dem Stamm der Sado-Zai durch die paschtunischen Stammesführer in Kandahar zum Emir und damit zu ihrem Herrscher ausgerufen wurde. Ahmad Khan war im Dienste des persischen Herrschers Nadir Afshar General paschtunischer und usbekischer Söldner gewesen. Nach der Ermordung von Nadir Afshar war er mit seiner Truppe nach Kandahar zurückgekehrt. Mit dieser Truppe fiel er 1748 in Indien ein. Nach einem ersten Rückschlag eroberte er 1748 den Punjab. In mehreren Feldzügen gelang es ihm, auf Kosten der Mogul-Herrscher ein riesiges Reich zu erobern. 1757 wurde er in Delhi zum Kaiser gekrönt. Von da an wurde er als Ahmad Shah Durani bezeichnet. Dieses Reich war ein Konglomerat von Herrschaften verschiedener Fürsten, die sich dem Paschtunen unterwarfen. Nach dem Tod von Ahmad Shah, 1773, zerfiel das Reich in den Kriegen seiner Nachkommen. Erst unter dem Kabuler Emir Dost Mohammad Khan (1834–1839, 1843–1863) aus dem Stamm der Barak-Zai erhielt Afghanistan wieder ein Gebilde, das allerdings nur bedingt als funktionierender Staat bezeichnet werden konnte.

Als Folge der beiden Anglo-Afghanischen Kriege, 1838–1842 und 1879–1881, wurde dieses Afghanistan durch britische Machenschaften und Besetzungen weiter verkleinert. Als Gegenleistungen zu den Zahlungen an den Emir Abdur Rahman (1880–1901) konnten die Briten zusätzliche Gebiete annektieren. Schlussendlich wurde aufgrund der Vorschläge von Sir Mortimer Durand 1896 durch eine gemeinsame afghanisch-britische Grenzkommission die 1287 km lange Ost- und Südgrenze zwischen Indien und Afghanistan festgelegt, die bis auf den heutigen Tag das Siedlungsgebiet der Paschtunen in zwei Teile trennt.[1] Damit wurde das „Staatsvolk" zwei verschiedenen Regierungen unterworfen. Von einem

---

[1] Brechna, Habibo, Die Geschichte Afghanistans, Das historische Umfeld Afghanistans über 1500 Jahre. vdf Hochschulverlag AG an der ETH Zürich, 2005, S. 179.

Land der Afghanen und damit der Paschtunen konnte nicht mehr die Rede sein. Emir Abdur Rahman erhielt mit Zustimmung der Briten und Russen als Kompensation im Norden des heutigen Afghanistan Gebiete, die nicht zum ursprünglichen paschtunischen Siedlungsgebiet gehörten. Durch Brutalität und mit der Ansiedlung von Paschtunen gelang es ihm, diese Minderheiten seinem Herrschaftsgebiet einzuverleiben.

Bis zum Einfall der Sowjetunion mit ihrer 40. Armee bot Afghanistan ein buntes Bild vieler Völkerschaften, zu denen Paschtunen, Tadschiken, Usbeken, Hazarah, Turkmenen, usw. gehörten. Dieses mehr oder weniger ruhige Nebeneinanderleben wurde durch den Krieg gegen die Sowjets zerstört. Nun wurde die Herkunft für die Errichtung von Kampftruppen wichtig. Nach der Vertreibung der Sowjets brachen 1989 zwischen den verschiedenen Ethnien regelrechte Kriege aus, die schlussendlich in genozidartige Gräueltaten der paschtunischen Taliban gegen die Hazarah gipfelten. Erst der Sturz der Taliban-Herrschaft durch die amerikanisch geführte Intervention im Oktober–Dezember 2001 setzte diesen Kriegen ein vorläufiges Ende. Heute herrscht in Kabul der durch die Westmächte eingesetzte Paschtune Hamid Karzai als Präsident über Afghanistan, aber von einem Frieden in Afghanistan, so zwischen den Ethnien, kann nicht die Rede sein. Aufgrund verschiedener Besuche, Kontakte und Gespräche wird immer bestätigt, dass wohl vorderhand eine Art Burgfrieden zwischen den Ethnien herrscht, dass dieser „Friede" nach dem Abzug der Alliierten sehr schnell wieder in kriegerische Handlungen ausbrechen könnte. Afghanistan als Staat existiert eben nicht. Es fehlen dem Land gemäss dem Völkerrecht die drei Elemente eines geordneten Staates, Regierung, Territorium und Volk. Wohl gibt es ein Territorium, aber eben kein Staatsvolk.

Afghanistan kann allenfalls als Proto-Staat bezeichnet werden. Immer wieder fallen westliche Besucher in Kabul auf die ihnen vorgeführten Gaukeleien eines Staatswesens Afghanistan herein. Aus diesem Grunde gibt es über Afghanistan auch verschiedene Sichtweisen, je nachdem, woher der Besuch kommt. So gibt es eine amerikanische, britische, französische, deutsche und russische Sichtweise von Afghanistan. Die vorliegende Schrift widerspiegelt die deutsche Sichtweise. Entstanden ist das Buch aufgrund der persönlichen Erfahrungen des Autors, Herrn Peter Schwittek. Hierfür sind wir ihm alle zu Dank verpflichtet.

Prof. Dr. Albert A. Stahel   Wädenswil, 1. April 2011

Inhaltsverzeichnis

Einführung 9
Afghanistan in den Medien 9
Was kann dieses Buch? 10
Wie kam dieses Buch zustande? 12

1. Abschnitt: Moschee-Schulen zur Talibanzeit 15
Kabul unter den Taliban 16
Betteln 19
Der demokratische Talib 20
Der Kampf um die Modernisierung 20
Das Moschee-Schulprogramm 25
Mullahs 28
Lehrerfortbildung 32
Die Zerstörung der Buddhas 34
Der christliche Talib 35
Das Ende der Talibanherrschaft 36

2. Abschnitt: Vom Neubeginn, 2001 bis 2003 39
Rückkehr in das talibanfreie Kabul 40
Aus der Hüfte schießen 43
Staatlicher Neuanfang 44
Die Weiterführung des Moschee-Schulprogrammes 48
Einstieg in die Didaktik der Mathematik 49
Das Erziehungsministerium 50
Wiederaufbau? 52
Wirtschaftlicher Neuanfang 52
Das Bildungswesen 53
Die Verwaltung 55
Elitebeamten werden geschult 56
Das Selbstverständnis der afghanischen Verwaltung 57
Die militärische Absicherung 59

3. Abschnitt: Über das Zusammenleben der Afghanen 61
Die treibenden Kräfte 62
Der Stamm 63
Afghanistan als „Durchgangsland" 64
Leben ohne Staat 66
Wie sehr ist der Einzelne er selbst? 70

Das Gastrecht	71
Kriegerische Grundhaltung	73
Grenzen der Stammessolidarität	74
Zu wem soll man Vertrauen haben?	77
Stammesmitglieder als Staatsbürger	78
Strukturen für die Zukunft	80

4. Abschnitt: Aus den Jahren 2004 und 2005 ... 83

Afghanische NGOs	84
Gewachsene Strukturen	85
Ganz normaler Alltag	86
Korruption im Sommer 2004	87
Der Generalstaatsanwalt	88
Afghanen und Korruption	89
Das Mathematikbuch	91
Elementare Geometrie	92
Food, Work, Cash	93
Beim Malik	96
Beim Minister	98
Bei der UNICEF	98
Andauernde Freiheit	100
Die korrekte Kleiderordnung	104
Sonnenbrillen	105
Wahlen	106
Sinnentnehmendes Lesen	108
Additionen	110
Subtraktionen	110

5. Abschnitt: Über den Islam ... 113

Viele Vorschriften für das Leben	114
Islam als Herzenssache	115
Islam und kulturelles Umfeld	116

6. Abschnitt: Die Afghanin ... 121

Scharia-Rechte und Realität	122
Die Ehre der Familie	123
Die Purdah	124
Häusliche Herrschaft	126
Die Mehrehe des Mannes	128
Frauen in der Öffentlichkeit und im Beruf	129
Möglichkeiten der Fortentwicklung	130

7. Abschnitt: Aus den Jahren 2006 und 2007 ... 133
Der Deal mit den Mördern ... 134
Leichte Eroberungen ... 136
Das Massaker von Baghlan ... 137
Schule tut weh ... 137
Schüler und Lehrer in der staatlichen Schule ... 138
Das Schulkind ... 141
Prüfung von Spitzenbeamten ... 143
Unruhen in Kabul ... 144
Bündnissolidarität ... 147
Mission ... 148
Kabuler Straßenverkehr ... 151
Der brave Beamte mit dem sinnlosen Stempel ... 153
Nationale Solidarität ... 154
Langfristige Perspektiven ... 157
Prüfungen ... 158
Lehrerfortbildung und kein Ende? ... 159

8. Abschnitt: Wie funktioniert staatliche Entwicklungshilfe? ... 163
Umsatz ... 164
Bilateral – multilateral ... 165
Mittelabfluss und Kapazitäten ... 169
Entwicklungshilfe im Kleinen ... 172

9. Abschnitt: Aus den Jahren 2008 und 2009 ... 177
Consultants ... 178
Über staatliche Strukturen ... 180
Die unkontrollierte Verwaltung ... 182
Ist wirklich nichts Neues entstanden? ... 183
Militärisches in Wardak und Logar ... 186
Die Bundeswehr in Nordafghanistan ... 188
Das deutsche PRT-Konzept ... 188
„Enduring Freedom" überall ... 190
Religionsunterricht ... 193
Neuer Mathematikunterricht ... 194
Vorschulerziehung ... 196

10. Abschnitt: Pakistan und die Taliban ... 199
Wo ist die Strategie für das militärische Vorgehen? ... 200
Wer ist der Feind? ... 201
Pakistan und Afghanistan ... 202

Die islamistische Mission 204
Die alte Talibanbewegung 205
Der pakistanische Geheimdienst ISI 206
Der ISI und die neue Talibanbewegung in Afghanistan 207
Die Selbstmordindustrie 209
Afghanische Taliban und ISI – eine ewige Liebe? 209
Die pakistanischen Taliban 212

11. Abschnitt: Und jetzt? 215
Die Taliban-Option 216
Die militärische Option 217
Gegen den ISI vorgehen? 218
Die Weiter-so-Option 218
Die Afghanisierungs- und Abzugsoption 219
Das regionale Konzept 220
Die Bündnisfrage 221
Die zivile Option 222
Wer finanziert, trägt Verantwortung 222
Was ist Kolonialismus? 224
Und die Drogen? 226
Bildung 227

12. Impressionen aus Afghanistan 231

Einführung

Afghanistan in den Medien

Kurz vor den afghanischen Präsidentschaftswahlen 2009 flog ich von Frankfurt nach Kabul. Vielleicht 20 der Passagiere waren Journalisten, die wegen der Wahl nach Afghanistan reisten. Wie kam es zu diesem Aufgebot? Schließlich war die Wahl für die afghanische Bevölkerung kein aufregendes Thema. Die Afghanen begegneten ihren Präsidentschaftskandidaten mit Gleichgültigkeit. Die meisten Kandidaten waren unbekannt. Einige hatten in begrenzten Gegenden einen gewissen Rückhalt. Landesweit bekannt war nur der bisherige Staatspräsident Hamid Karzai. Niemand hielt Karzai für eine Lichtgestalt. Aber von seinen Gegnern versprach man sich noch weniger. Egal wie diese Wahl ausging, niemand würde sich aufregen. Niemand würde auf die Straße gehen, weil die Wahl durch Manipulationen verfälscht worden sei. Dabei wird es sicher Wahlfälschungen gegeben haben. Allein die Aufstellung der Liste der Wahlberechtigten gab reichlich Möglichkeiten dazu. In einem Land wie Afghanistan sind transparente Wahlen rein technisch nicht möglich.

Die Taliban waren es, die diese Wahlen spannend machten. Sie waren grundsätzlich gegen Wahlen und bekämpften alles, was damit zu tun hatte. Es waren Anschläge zu erwarten. Das machte die Wahl für die Medien interessant. Die Journalisten sollten möglichst große Portionen Krieg nach Hause schicken. Zeitungen, Rundfunk und Fernsehen hatten viel Geld ausgegeben. Einzelne Journalisten konnten mit etwas Glück Karriere machen oder sich wenigstens weitere Aufträge sichern.

Die deutschen Journalisten gingen fast alle nach Kundus. Wegen der Wahl? Nur indirekt. In Kundus hatte die Bundeswehr Probleme mit den Taliban. Während der Wahl war zu erwarten, dass sich dort die Lage zuspitzte. Die deutsche Wahlberichterstattung über Afghanistan war auf Tote in Kundus ausgerichtet. Für Deutschland war Kundus die Medienhauptstadt Afghanistans.

Die Journalisten, die jetzt nach Afghanistan kamen, waren zwei Wochen vorher in Honduras gewesen (Da war mal was. Erinnern Sie sich?). Direkt nach der afghanischen Wahl gingen einige nach China, um etwas über die Uiguren zu „machen". Andere müssen auf das nächste Großereignis warten. Das journalistische Grundwissen über Afghanistan besteht aus den Hotels, in die man gehen sollte, und einigen Schlagworten, die auch den Nutzern der Medien vertraut sind: Die Frauen sind unterdrückt. Die Taliban sind eine geheimnisvolle Kraft, gegen die kein Kraut gewachsen ist. Es wird viel Rauschgift angebaut. Die Verwaltung ist korrupt.

Die Aussage über die Frauen bleibt als ein unadressierter Vorwurf stehen. Wenn sich Journalisten um dieses Thema kümmern, erzählen sie eine schlimme Geschichte, die unser Mitleid erregt. Aber wie sieht die „Durchschnittsafghanin" ihre Lebensbedingungen und wie kommt sie damit zurecht? Kann man, muss man etwas für sie tun? Wer die Taliban sind, wird nicht verraten – irgendetwas zwischen leibhaftigen Teufeln und Freiheitskämpfern. Moralisch und politisch kann sie der Journalist nach Bedarf werten. Aber was treibt diese Leute tatsächlich an? Sind es fanatische Moslems? Wollen sie ihre Heimat von einer Fremdherrschaft befreien? Eine Zeitung gibt die enormen Rauschgifteinkünfte der Taliban im letzten Jahr an. Die habe eine UN-Agentur ermittelt. Wie hat sie das gemacht? Unser Land schickt viel Geld für den zivilen Aufbau nach Afghanistan. Was passiert damit? Es geht viel durch Korruption verloren. Ja, wussten unsere Experten nicht, dass im Orient viele Beamte korrupt sind?

Wenn sich dem Mediennutzer solche Fragen aufdrängen, findet er in den Fernsehbeiträgen und Pressemeldungen keine Auskünfte. Tatsächlich kann man die Hintergründe, die dazu dargestellt werden müssten, nicht in anderthalb Minuten skizzieren. Außerdem kostet die Aufbereitung solcher Hintergründe den Journalisten weit mehr Mühe als ein Tatsachenbericht über einen Selbstmordanschlag mit mehreren Toten. So wird der Seher, Hörer oder Leser zur Zeit reichlich mit Meldungen über Afghanistan bombardiert. Der Journalist bricht sie für den Medienkonsumenten auf die erwähnten Gemeinplätze herunter, die allen vertraut sind. Den nachdenklicheren Sehern, Hörern und Lesern bleibt ein Unbehagen. Eigentlich hätten sie noch Fragen. Doch inzwischen läuft schon der nächste Beitrag.

Was kann dieses Buch?

Daher habe ich mich entschlossen, etwas mehr über Afghanistan zu schreiben, als Sie sonst erfahren. Wenn ich Ihnen zumute, Zeit aufzuwenden, werden Sie wissen wollen, ob ich überhaupt in der Lage bin, ein halbwegs zutreffendes Bild von Afghanistan zu zeichnen.

Selbstverständlich bilde ich mir das ein. Schließlich habe ich von 1973 bis 1977 als Mathematikdozent an der Universität Kabul unterrichtet. Seit 1984 habe ich das Land dann während Krieg und Bürgerkrieg immer wieder bereist, um medizinische und schulische Projekte zu besuchen. 1998, als die Taliban herrschten, übernahm ich die Leitung des Büros COFAA (Caritas Organizations for Aid to Afghanistan) in Kabul, das von verschiedenen nationalen Caritasorganisationen unterhalten wurde. Ende 2000 konnte das COFAA-Büro nicht mehr finanziert werden. Es wurde geschlossen, aber seine Arbeit wurde durch den in Deutschland registrierten Verein OFARIN fortgeführt.

OFARIN ist die Abkürzung von „Organisation zur Förderung afghanischer regionaler Initiativen und Nachbarschaftshilfen". Der Titel wurde so konstruiert, dass sich besagte Abkürzung ergibt, denn „Ofarin!" oder „Afarin!" heißt in den afghanischen Landessprachen Dari und Paschtu soviel wie „Prima!", „Gut gemacht!" oder „Richtig!".

OFARIN ist heute vornehmlich auf dem Gebiet der schulischen Grundbildung aktiv. Zwar bin ich seit 2001 nur immer gut sieben Monate pro Jahr in Afghanistan. Doch insgesamt habe ich einen erheblichen Teil meines Lebens in diesem Land verbracht.

Aber ich bin kein Fachmann. Ich bin kein Orientalist und kein Ethnologe, der hier mit den erprobten Instrumenten seines Gewerbes ans Werk gehen könnte. Die erhellenden Fachsprachen dieser Wissenschaftler muss ich Ihnen ebenfalls vorenthalten. Auch bin ich kein Journalist, der das, was er behauptet, ordentlich recherchiert haben sollte. Den Regeln dieser Zünfte ist dieses Buch nicht gewachsen. Die entsprechenden Berufe habe ich nicht erlernt.

Sie können mich gerne „Entwicklungshelfer" nennen. Aber das ist kein geschützter Titel. Er verpflichtet mich zu nichts und hilft Ihnen nicht weiter. Er gibt mir sogar die Möglichkeit, mich noch weiter von der Verpflichtung zu distanzieren, hier etwas „Ordentliches" abzuliefern. Als Entwicklungshelfer ist man hauptamtlich damit beschäftigt, durch Projekte zu turnen, Geldgeber mit schönen Berichten zu verwöhnen und Bittstellern die letzte Hoffnung zu nehmen. Ein Buch kann man als Entwicklungshelfer nur „nebenher" schreiben.

Wenn man in Afghanistan lebt, versucht man sich zu erklären, warum Afghanen in gewissen Situationen so reagieren und nicht anders. In Gesprächen und aus Büchern erfährt man, warum diese Bevölkerungsgruppe mit jener nicht zurechtkommt. Allmählich entsteht ein Geflecht von Arbeitshypothesen, mit deren Hilfe man sich schneller in Situationen hineinfühlen und -denken kann als jemand, der das erste Mal nach Afghanistan kommt. Diese Arbeitshypothesen werden im täglichen Leben immer wieder Belastungstests ausgesetzt und der Realität angepasst. Dieses Buch ist eine Ansammlung solcher Arbeitshypothesen.

Arbeitshypothesen reichen kaum weiter, als sie für die Arbeit gebraucht werden. Wenn es für die Erläuterung eines Phänomens sinnvoll ist, sich in der Geschichte Afghanistans umzusehen, so wird die Geschichte skizziert, soweit sie hilft, das Phänomen zu erklären. Eine geschlossene Darstellung der Geschichte Afghanistans finden Sie hier nicht.

In Afghanistan spielt der Sufismus eine wichtige Rolle. Das ist eine mystische Richtung des Islam. Sie steht in gewissem Gegensatz zum traditionellen Islam der Schriftgelehrten und Mullahs, in dem sehr vieles bis ins Detail festgelegt ist. Die Sufis kommen mit so viel Formalismus nicht zurecht. Sie suchen Gott direkt. In einem Buch über den afghanischen Islam muss unbedingt etwas über den Sufismus stehen. In diesem Buch werden Sie darüber nichts erfahren, denn bei meiner Arbeit als Entwicklungshelfer habe ich nichts mit Sufis zu tun; um so mehr dafür mit Mullahs, also mit Vertretern des traditionellen Islam. Mullahs bezeichne ich hier manchmal als Priester und ihre Gesamtheit als Klerus. Katholische Theologen werden die Stirn runzeln. Sie würden diese Ausdrücke nicht auf die islamischen Kollegen anwenden. Sie mögen mir verzeihen!

Wie kam dieses Buch zustande?

Während ich in Afghanistan gearbeitet habe, habe ich immer wieder über persönliche Erlebnisse, über politische oder militärische Ereignisse und über die eigene Arbeit berichtet, um Freunde, Interessenten, Geldgeber oder die eigene Familie zu informieren. Auch allgemeine Probleme der Entwicklungshilfe habe ich erörtert. Das Zusammenleben der Afghanen, das Außenstehenden recht fremd ist, habe ich versucht mir und anderen zu erklären. Seit einigen Jahren begannen mich Freunde zu nerven: „Mensch, schreib das doch mal alles zusammen!"

„Alles zusammenschreiben" hätte kein Buch ergeben. Die Fülle der Gesichtspunkte zwingt dazu, eine Auswahl der Stoffe vorzunehmen. Die alten Artikel konnten fast nie einfach übernommen werden. Vieles wurde umgemodelt. Einiges war schlicht verloren gegangen und musste neu geschrieben werden. Manches wurde auch erst jetzt nach dem Gedächtnis verfasst. Insgesamt wurde so eine nur recht lockere Ordnung erreicht.

Das Buch ist in Abschnitte gegliedert, die ihrerseits in Kapitel unterteilt sind. Sie werden sich darauf einstellen müssen, dass viele Kapitel thematisch keine Fortsetzung des vorangehenden Kapitels sind. Ein Rest Chaos bei der Anordnung der einzelnen Kapitel ist angemessen. Chaos gehört zum Leben des Entwicklungshelfers in Afghanistan. Auf ihn stürzen die verschiedensten Anforderungen, Hiobsbotschaften und Probleme ein, ohne dass er sie vorhersehen kann. Denken Sie an einen Fußballtorwart!

Der kann auch nicht erst die Angriffe von links und dann die gegnerischen Kopfbälle und danach die Angriffe von rechts systematisch nacheinander abarbeiten. Etwas Chaos wird auch Ihnen zugemutet. Da folgt auf eine Auseinandersetzung mit der Korruption in der Verwaltung ein kaum zu glaubender Bericht über Übergriffe von Soldaten, die gegen den Terrorismus kämpfen, und darauf ein persönliches Erlebnis bei OFARINs Bemühungen um die Vermittlung von Lese-, Schreib- und Rechentechniken.

Um etwas Ordnung zu erreichen, habe ich mich entschlossen, teils chronologisch vorzugehen. Der Zeitraum, über den berichtet wird, reicht von 1998 bis 2009. Ein erster Abschnitt behandelt die Zeit, in der die Taliban herrschten. Diese Zeit erspare ich Ihnen nicht, obwohl sie nicht in den Zeitraum fällt, in dem das neue Afghanistan aufgebaut werden sollte. Wir hatten damals nämlich ein wunderschönes Programm, über das ich unbedingt berichten muss. Dabei habe ich die Taliban ganz anders erlebt, als ich sie erwartet hatte. Sie waren auch nur Menschen aus Fleisch und Blut. Der ehemalige Außenminister Fischer sagte nach dem 11. September 2001 einmal: „Ich kenne keinen gemäßigten Talib." („Talib" heißt „Koranschüler", und „Taliban" ist der Plural dazu.) Ich kannte viele gemäßigte Taliban. Aber erst als die Taliban aus Kabul vertrieben worden waren, konnte mit dem Neuanfang in Afghanistan begonnen werden. Der Tsunami der internationalen Hilfe brach über das Land herein.

Bei der Ausarbeitung des Buches hat mich Dr. Alexander von Papp beraten und immer wieder ermutigt. Lilo und Horst Scheer, meine Frau Anne Marie und meine Kinder Eva und Jürgen haben tapfer Korrektur gelesen und noch viele wertvolle Anregungen gegeben. Prof. Dr. Justus Müller hat mich sehr ermuntert, das Buch unbedingt zu veröffentlichen. Er hat erfolgreich Verleger dafür interessiert, während ich in Afghanistan war. Uli Reinhardt, seine Kollegen von der Agentur „Zeitenspiegel" und Wolfgang Siebert halfen beim Feinschliff und bei der Öffentlichkeitsarbeit. Die freundschaftliche und konstruktive Zusammenarbeit mit Frau Angelika Rodlauer und Frau Kathrin Lehmann vom vdf-Verlag war ein Vergnügen. Ihnen allen danke ich für die Mühe, die sie sich gemacht haben.

Kabul, im März 2011 *Peter Schwittek*

1. Abschnitt
Moschee-Schulen zur Talibanzeit

Kabul unter den Taliban

Im März 1998 übernahm ich die Leitung des Büros COFAA. Kabul war bedrückend. Seit anderthalb Jahren herrschten dort die Taliban. Ihre Religionspolizei setzte rigide Moralvorstellungen mit Gewalt durch. Frauen, die nicht total verschleiert waren, wurden mit Stromkabeln verprügelt. Männer mussten Bärte tragen. Wer seinen Bart auch nur beschnitt, wurde eingekerkert, bis sein Bart wieder so lang und zottelig war, wie es die Taliban für nötig hielten. Zu den Gebetszeiten wurden die Passanten in die Moscheen getrieben. Menschen verschwanden aus nichtigen Gründen im Gefängnis. Jede Art von Spiel war verboten, auch wenn es nicht um Geld ging. Bilder waren nicht erlaubt. Nur Passbilder durften gemacht werden. Männerchöre sangen monotone A-capella-Lieder religiösen Inhalts. Andere Musik durfte es nicht geben. An Straßensperren durchsuchten die Taliban Fahrzeuge nach Musikkassetten. Fanden sie welche, zogen sie die Tonträger aus dem Gehäuse und befestigten sie als Trophäen an Pfählen. Die einzelnen Volksgruppen wurden sehr ungleich behandelt. Die allermeisten Taliban waren Paschtunen. Paschtunen, die gegen talibanische Vorschriften verstießen, kamen weit glimpflicher davon als Tadschiken oder Hasara.

Im Kabuler Stadion wurden Mörder öffentlich hingerichtet. Zuvor forderte ein Mullah die Familie des Ermordeten auf, dem Täter zu verzeihen. Wenn das geschah, kam der Täter frei. Homosexuelle wurden neben eine Lehmmauer gelegt. Dann wurde die Mauer auf sie gestürzt. Manchmal überlebten Delinquenten diese Strafe. Dann wurden sie ins Krankenhaus gebracht und, wenn es ging, gesund gepflegt.

Bevor die Taliban einmarschierten, hatten in Kabul verschiedene Parteien erbittert um die Vorherrschaft gekämpft. Weite Ruinenfelder erinnerten an diese Zeit. Die Taliban hatten keine Mittel für den Wiederaufbau. Privatleute investierten nicht, obwohl es eine gewisse Sicherheit gab und weitere zerstörerische Kämpfe nicht zu befürchten waren. In den Jahren davor war ich mehrmals in Masar-e-Scharif gewesen. Dort regierte der General Dostam. Dessen Herrschaft über Masar wurde von undisziplinierten Milizen aus dem Nordwesten Afghanistans gesichert. Vor deren Übergriffen war niemand sicher. Menschen wurden gekidnappt. In Dostams Gebiet war die Sicherheitslage deutlich schlechter als in Kabul unter den Taliban. Dennoch wurde in Masar fleißig gehandelt und gebaut. Es gab große Märkte für Baumaterial. Kabul unter den Taliban war wirtschaftlich tot. Schneider und Frisöre, die der Schönheit der Damenwelt gedient hatten, waren arbeitslos, Fotografen ebenfalls. Mädchen durften nicht zur Schule gehen. Frauen, mit der Ausnahme von Ärztinnen und Krankenschwestern, war jede berufliche Tätigkeit untersagt. Die Menschen saßen untätig in ihren Wohnungen, hungerten und froren.

Die ausländischen Botschaften waren geschlossen. Nur die Vereinigten Arabischen Emirate, Saudi-Arabien und Pakistan hatten die Taliban als afghanische Regierung anerkannt. Mullah Omar, der Anführer der Taliban, hatte das Königshaus in Riad wegen seiner Abhängigkeit von den USA verhöhnt. Darauf suspendierten auch die Saudis und die Emirate die diplomatischen Beziehungen.

Die pakistanische Botschaft war eher eine Zwingburg von Statthaltern als eine diplomatische Vertretung. Es war kein Geheimnis, dass Pakistan die Taliban massiv unterstützte. Möglicherweise war die ganze Talibanbewegung in Pakistan konzipiert worden. Beständig wurden Kämpfer aus Pakistan nach Afghanistan geschleust. Die meisten von ihnen waren arme Teufel aus Pakistan oder Bangladesch, die sich aus wirtschaftlicher Not verdingt hatten. Die Kriegszüge der Taliban, sofern sie erfolgreich waren, zeugten von beachtlichem Können der militärischen Führung. Allerdings waren den Taliban operative Feinheiten des Kriegshandwerkes so fremd wie die moderne Astronomie. Schwere Rückschläge traten dann ein, wenn die Taliban versuchten, sich von pakistanischer Militärberatung zu emanzipieren. So eroberten sie 1997 große Teile des Nordens von Afghanistan und besetzten Masar-e-Scharif. Dort kam es schnell zu einem Aufstand und die Taliban mussten sich unter schweren Verlusten zurückziehen. Sie waren einfach vom Westen her losgestürmt, hatten das, was sie erobert hatten, nicht gesichert und hatten keine Reserven nachgeführt. Dagegen war der Feldzug, der zur Eroberung von Kabul führte, so angelegt, dass ausländische Militärexperten ihre Anerkennung nicht verhehlten. Und auch die zweite Besetzung Masars wurde solide geplant und durchgeführt und blieb dann auch erfolgreich. 1998 beherrschten die Taliban gut drei Viertel des Landes. Im Nordosten konnten sich die Feinde der Taliban halten, die sich „Mudschaheddin" oder „Nordallianz" nannten. Sie wurden von Ahmad Schah Massud geführt. Massud war ein militärisches Naturtalent. Leider war er nicht gleichermaßen politisch begabt. Das Gebiet der Nordallianz reichte bis tief in die Schomali-Ebene nördlich von Kabul hinein. Ab und zu feuerten Massuds Krieger Raketen auf Kabul ab.

Die Weltgemeinschaft war in Afghanistan nur durch einige Nichtregierungsorganisationen (NGOs) und die UNO vertreten. Die NGOs waren vor allem mit Nothilfeprogrammen beschäftigt: Lebensmittelverteilungen für Bedürftige, teils gegen Arbeitsleistungen. Durch „Home-Schooling" versuchten NGOs Mädchen einen gewissen Schulunterricht zu ermöglichen. Dieser Unterricht fand in Privatwohnungen von Lehrerinnen statt.

Die Hilfsorganisationen entlohnten die Lehrerinnen. Offiziell war das verboten. Dennoch sah es monatelang so aus, als ob die Taliban solche Aktivitäten stillschweigend duldeten. Dann aber wurden Hauslehrerinnen verhaftet. Einige von ihnen tauchten nie wieder auf. Für die Hilfsorganisationen war es kaum möglich, den Unterricht zu überprüfen. Fremde Besucher in Privathäusern erregten Verdacht. Oft fand das Home-Schooling nur auf dem Papier statt. Auf die Qualität des Unterrichtes hatten die NGOs keinen Einfluss.

Etwas leichter war das Betreiben von Mädchenklassen auf dem Land. Hier ließen die Taliban die lokalen Entscheidungsträger oft gewähren. Gegenüber Städtern hegten sie ein viel größeres Misstrauen. Aber auch in der Provinz konnten die Menschen nicht so leben, wie sie es gewohnt waren. Auf einer Hochzeit in Wardak hatten einige Männer zu vorgerückter Stunde Instrumente geholt und zu musizieren begonnen. Plötzlich tauchte ein Kommando Taliban auf und brach allen Musikanten die Finger. Bei einem Besuch in einem Dorf des Paschtunen-Volkes der Gurbas, das in Khost an der Grenze zu Pakistan siedelt, sahen Talibanfunktionäre einige junge Burschen ein harmloses Spiel spielen. Sie ereiferten sich, worauf es eine Schlägerei mit den Einheimischen gab. Einige Stunden später überfielen schwer bewaffnete Taliban das Dorf und töteten mehrere Menschen.

Die UNO war in Kabul durch zahlreiche Unterorganisationen vertreten wie UNDP, Habitat, UNICEF oder das World Food Programme (WFP). Das Büro des UN-Sondergesandten für Afghanistan, das damals UNSMA und später UNAMA hieß, sollte die UNO politisch gegenüber der Talibanregierung vertreten. Die Kontakte von UNSMA zur Talibanregierung bestanden 1998 nur noch darin, dass man sich gegenseitig grimmig die Meinung sagte, indem man sich offizielle Verlautbarungen gewissermaßen um die Ohren schlug. An konstruktive Zusammenarbeit war nicht zu denken. Während einer Verhandlung kam es sogar zu Handgreiflichkeiten. UN-Bedienstete und Talibangrößen bewarfen sich mit Teetassen. Die UNSMA-Vertreter hatten wenig Ahnung, mit welchen Repräsentanten der Taliban man zusammenarbeiten konnte und mit welchen nicht. Wegen der fehlenden diplomatischen Beziehungen wusste die Weltgemeinschaft sehr wenig über das Innenleben der Talibanbewegung.

Auch die NGOs verstanden nicht, dass es den Taliban in vielen Kontroversen nur um die äußere Anerkennung und die Behauptung ihrer Autorität ging. Talibanerlassen musste man sich nach außen hin fügen. Wenn sie unpraktikabel waren – und viele Anordnungen der Taliban waren sinnlos –, war etwas Geduld gefragt. Die Taliban vergaßen die meisten ihrer Erlasse schnell wieder. Wenn aber gegen Anordnungen argumentiert oder gar protestiert wurde, bestanden die Taliban auf deren Durchführung.

Leider protestierten die NGOs sehr oft. Sie vermuteten hinter den Erlassen der Taliban weitreichende Pläne. Bei jeder Anordnung hieß es: „Das ist ja nur der Anfang. Die wollen doch letztlich darauf hinaus, dass …" Solche Befürchtungen trafen nie zu. Die Taliban verfolgten kaum weiterführende Pläne. Sie hatten nicht das Personal, das Konzepte entwickeln und in einzelne Maßnahmen zergliedern konnte.

Mitte 1998 hatten die Taliban eine absurde Idee: Alle NGOs sollten ihre Büros und die Unterkünfte der ausländischen Mitarbeiter in die kriegsbeschädigten Gebäude des damals nicht aktiven Polytechnikums verlegen. Die Hilfsorganisationen protestierten. Sie vermuteten vor allem, dass die Taliban einen Überblick über die Besucher der NGOs gewinnen wollten. Die Taliban fühlten ihre Autorität bedroht. Sie verlangten, dass alle NGOs kurzfristig umzögen. Andernfalls würden sie des Landes verwiesen. So kam es zum Exodus fast aller Hilfsorganisationen. Auch COFAA verließ Afghanistan. Die NGOs zogen sich nach Pakistan zurück und tagten dort fleißig, aber ratlos.

Anfang 1999 kehrten erste NGOs zurück, so auch COFAA. Die Taliban waren erleichtert, bestanden aber weiter auf dem Umzug ins Polytechnikum. Allerdings sollte jede Organisation dort nur noch einen oder zwei Räume mieten. Einige Gebäude des Polytechnikums wurden saniert. Die Kosten wurden auf alle Hilfsorganisationen umgelegt. Es ging jeweils um 200 oder 300 US-Dollar. Zu einer Verteilung der Räume oder zu Umzügen kam es nicht. Bald danach wurden die Gebäude als Kaserne für tschetschenische Islamisten benutzt. Die Hilfsorganisationen waren mit einem bescheidenen Beitrag zur Kriegsführung der Taliban davongekommen.

Betteln

In Kabul gab es sehr viele Bettler. Nur wenige Einwohner verdienten genug, um ihre Familien einigermaßen zu ernähren. Verzweifelt war die Lage von Witwen, die ihre Kinder allein durchbringen mussten. Offiziell durften sie nicht unbegleitet auf die Straße gehen. Um zu betteln, taten sie es dennoch. Was blieb ihnen anderes übrig?

Für den Ausländer, der in Kabul lebte, gehörte es zum Alltag, dass er beständig angebettelt wurde. Er konnte es sich nicht leisten, über das Schicksal der Menschen nachzudenken, die von ihm etwas haben wollten. Er überlegte nicht, wie viele Kinder die Frau hatte, die ihm die Hand aus ihrem Schleier entgegenstreckte. Wenn ihn ein kleiner Junge bettelnd am Ärmel zupfte, fragte er sich nicht: Was wird einmal aus diesem Kerlchen werden? Betroffenheit mag man zu Hause vor laufenden Kameras zelebrieren! Da ist das Leid, dem man sich hingibt, weit genug entfernt.

Wenn man sich in das echte Leid eines direkten Gegenübers vertiefte, drohte man darin zu versinken. Man musste sich abschotten. Auch der Bettler hielt sich seine Not und seine Scham nicht beständig vor Augen. Bei der Arbeit konnte er sich keine Sentimentalitäten leisten. Er musste seinen Standort richtig wählen. Er musste kalkulieren, wie er aus dem Reichen, der da die Straße entlangkam, etwas herausholt. Sollte er aggressiver sein als andere Bettler und den Reichen am Arm packen? Oder sollte er sanft vorgehen und eine überwältigende Leidensmine ausspielen?

Der demokratische Talib

Wenn das Wetter danach war, durchstreifte ich die Stadt mit dem Fahrrad, einem klassischen chinesischen Rad ohne Gangschaltung. Umgerechnet kostete es keine 40 Euro. Wenn man es kauft, muss man allerdings die Schläuche wechseln, denn die Originalschläuche halten keine zwei Kilometer. Dann haben sie das erste Loch. Man muss ein paar Schläuche kaufen und einsetzen, auf denen „Made in Pakistan" steht. Auf den Originalschläuchen steht „Made in China", obwohl sie angeblich auch in Pakistan hergestellt werden. Die Schläuche, auf denen ehrlicherweise „Made in Pakistan" steht, sind eindeutig haltbarer.

Mit einem so umgerüsteten Fahrzeug fuhr ich eines Tages ins Botschaftsviertel. Vor der ansonsten verwaisten saudischen Botschaft hielt ein Talib mit einem riesigen Turban Wache. Als ich näher kam, sprang er mir mit seiner Kalaschnikow in den Weg. Ich stoppte. Er lachte: „Ich bin ein Talib, aber ein demokratischer Talib. Komm mit auf die Wache und trink einen Tee mit uns!" In der Wache hockten elf weitere Taliban. Sie alle stammten aus dem gleichen Paschtunenclan aus der Gegend von Kandahar. Alle waren sie Medizinstudenten und hatten diesen Wachjob angenommen, um nebenher etwas Geld zu verdienen. Es ergab sich, dass die anderen Wächter ebenfalls „demokratisch" waren, wobei dieser Begriff im afghanischen Sprachgebrauch dieser Zeit bedeutete, dass sie Anhänger der gestürzten Kommunisten waren. Das Talibanregime verabscheuten sie von Herzen. Die Saudis ahnten nichts davon.

Der Kampf um die Modernisierung

Ohne die massive Unterstützung durch Pakistan und radikale Islamisten wie Osama bin Laden hätte es vermutlich keine Talibanbewegung gegeben oder sie wäre bald wieder verschwunden. Doch auch allein die ausländische Förderung hätte keine Bewegung schaffen können, der es gelang, fast das ganze afghanische Staatsgebiet zu erobern. Sicher, die

Mudschaheddin, die zuvor das Sagen hatten, bestanden großenteils aus Räuberbanden, die sich von den Menschen nahmen, was sie wollten, und permanent gegeneinander Krieg führten. Geordnete staatliche Verhältnisse, Sicherheit und Wiederaufbau waren von diesen chaotischen Haufen nicht zu erwarten. So wurden die Taliban dort, wo sie an die Macht kamen, anfangs mit Erleichterung begrüßt. Aber auch das allein erklärt die Akzeptanz nicht, auf die die Taliban bei großen Teilen der Bevölkerung trafen – vor allem auf dem Land. Ein Blick in die afghanische Geschichte macht manches klarer.

Einen afghanischen Staat gibt es seit über 250 Jahren. Im 19. Jahrhundert dehnte das britische Empire seinen Einfluss auf das ganze Gebiet der heutigen Länder Indien und Pakistan aus. Britisch-Indien wurde Nachbar Afghanistans. Im Norden eroberte das zaristische Russland die Länder Zentralasiens, die heute als Kasachstan, Usbekistan, Turkmenistan, Kirgistan und Tadschikistan wieder selbstständig sind. Afghanistan lag zwischen dem britisch-indischen und dem zaristisch-russischen Koloss. Beide Großmächte fürchteten, dass sich die jeweils andere auch noch Afghanistan einverleibe und dann den eigenen Herrschaftsbereich bedrohe. Die Engländer verloren zweimal die Nerven (1838–1842 und 1878–1881) und marschierten in Afghanistan ein. Sie erlitten die schlimmsten Niederlagen ihrer Kolonialgeschichte, konnten sich am Ende jedes Krieges dennoch behaupten. Sie vermieden es aber, Afghanistan zu einer Kolonie zu machen und ließen den afghanischen Emiren die Herrschaft über ihr Land. Nur in der Außenpolitik übten sie eine Art Vormundschaft aus. Afghanistan war dadurch von der übrigen Welt abgeschnitten. England interessierte sich nicht für die Fortentwicklung des wirtschaftlich wenig ergiebigen Gebirgslandes. Aber es erlaubte Afghanistan keine engeren Kontakte zu anderen Ländern. So war es zum Beispiel undenkbar, dass Franzosen oder Italiener in Afghanistan eine Eisenbahn gebaut hätten. 1919 kam es zum dritten britisch-afghanischen Krieg. Die Afghanen wollten ihre volle Souveränität zurückgewinnen. Die vom ersten Weltkrieg ermüdeten Briten gaben nach.

Seit Anfang des 20. Jahrhunderts reisten immer mehr Afghanen, die zur städtischen Mittel- und Oberschicht gehörten, nach Europa oder in die USA, oft aus geschäftlichen Gründen, manchmal auch, um zu studieren. Sie sahen Fabriken, die unglaublich schnell Waren in guter Qualität produzierten. Sie besuchten Krankenhäuser, in denen wahre Wunder der Heilung vollbracht wurden. Sie bestaunten beängstigend modern ausgerüstetes und ausgebildetes Militär. Sie erlebten eine korrekte und effiziente Verwaltung, eine Polizei und ein Justizsystem, die den Menschen ein friedliches Zusammenleben sicherten. Sie bewunderten Schulen und Universitäten, in denen die Jugend sehr viel lernte. Für die afghanischen Besucher war das ein Kulturschock. Sie schämten sich wegen ihrer vermeintlichen Rückständigkeit. Tiefe Zweifel an den Regeln des Zusammenlebens in der Heimat kamen auf. Ihre Berichte verunsicherten die Freunde und Verwandten zu Hause. Afghanistan musste radikal verändert werden. Schnelle Fortschritte mussten her.

Da solche Forderungen aus Kreisen kamen, aus denen sich auch Regierung und Verwaltung rekrutierten, führte der afghanische Staat tatsächlich Reformen durch. Diese bestanden meist darin, dass man ausländische Einrichtungen übernahm. Schulen wurden eingeführt, in die alle Kinder gehen sollten und in denen man sitzen bleiben konnte. Eine Wehrpflichtarmee entstand. Gerichte wurden geschaffen und Gesetzbücher – alles nach europäischem Muster. Dennoch kam der Fortschritt vielen Städtern nicht schnell genug.

Solche Modernisten waren selbst in den Städten eine Minderheit. Die kleinen Händler und Handwerker sahen nicht ein, warum irgendetwas reformiert werden musste. Die Bauern auf dem Land erfuhren nur wenig und spät von den meisten Neuerungen. Verständnis hatten sie dafür nicht. Sie hatten sich immer darum bemüht, ein gottgefälliges Leben zu führen. Jetzt versuchte die Regierung, in Afghanistan alles so zu machen wie in den Ländern der Ungläubigen.

Die Institutionen, die man aus dem Ausland importiert hatte, arbeiteten bei Weitem nicht so effizient, wie es die Reformer erhofft hatten. Korruption und Vetternwirtschaft blockierten ihr Wirken. Wehrpflicht und Schulpflicht nahmen den Familien die Kinder weg, die sie als Arbeitskräfte brauchten. Die Mehrheit der Bevölkerung erkannte an den importierten Neuerungen kaum Vorteile, aber viele Nachteile.

Zu allem Überfluss waren die Modernisten bereits in der Mitte des 20. Jahrhunderts in Fraktionen zerfallen, die sich an verschiedenen gesellschaftlichen Modellen orientierten. Einige Gruppen träumten von der Sowjetunion, andere von China und wieder andere von westlichen Ländern. Alle aber bekämpften sich verbissen untereinander. Die Reformer blockierten sich gegenseitig und diskreditierten ihre Anliegen vor der Bevölkerung.

Am kritischsten war der Klerus. Die Mullahs hatten bis dahin einige Machthebel in der Hand gehabt. Recht gesprochen wurde bisher nach der Scharia, dem islamischen Verhaltenskodex. Die Richter hatten eine religiöse Ausbildung durchlaufen. Jetzt gab es staatliche Gerichte, die Gesetzbücher wie in Frankreich benutzten. Früher kam die Jugend morgens zur religiösen Unterweisung in die Moscheen. Bei manchen Mullahs konnten Kinder auch etwas schreiben und lesen lernen. Jetzt beanspruchte der Lehrer die Jugend für sich. Die Geistlichen sahen, dass ihr Einfluss eingeschränkt wurde, und zeigten ihren Unmut. Die Regierung erkannte, dass von den Mullahs Widerstand gegen Reformen drohte. Sie hielt es für klug, dem Klerus weiteren Einfluss zu nehmen. Der Wirkungsbereich der Mullahs sollten ganz auf die Moscheen beschränkt werden. Die Geistlichen fürchteten, dass die Regierung mit ihnen den Islam verdrängen wolle. „Wenn wir, die Schützer und Wahrer des Islam, aus der Gesellschaft hinausgedrückt werden, wird auch der Islam Schaden nehmen", sagten sie sich. Die Moscheen wurden zu Zentren der Unzufriedenheit mit der Regierung.

Frauen hatten sich früher nicht in der Öffentlichkeit gezeigt. Wenn sie das Haus verließen, trugen sie einen Ganzkörperschleier. Alles andere hätte die Ehre und den Ruf der Familie ruiniert. Im Ausland liefen Frauen unverschleiert durch die Straßen. Sie gingen allein einkaufen und übten Berufe aus. So sollte es in Afghanistan auch sein, wollten die Reformer. Damit griffen sie tief in das Leben jeder Familie ein. Es kostete Mühen, bis die ersten Frauen ihr Gesicht in der Öffentlichkeit zeigen durften. Allmählich ergriffen Frauen aus „modernen" Familien Berufe, und ihre Töchter begannen zu studieren. Der größere Teil der Stadtbevölkerung und erst recht die Menschen auf dem Land hielten diese Neuerung für einen Anschlag auf die Sittlichkeit. Die Mehrheit der Frauen verließ auch weiterhin das Haus kaum – und wenn, dann nur verschleiert.

Der Graben zwischen den Afghanen, die ihr Land schnell modernisieren wollten, und den anderen, die darin eine Bedrohung ihrer Kultur und ihrer Identität sahen, vertiefte sich immer mehr. Die Konservativen verachteten ihre „modernen" Landsleute und hassten sie. Die Fortschrittlichen hassten und verachteten die uneinsichtigen Bauern, Dorfältesten und vor allem die Mullahs. Diese wollten Afghanistan so lassen, dass man sich dafür schämen musste. Einen Dialog gab es nicht. Die Fortschrittler erklärten ihren Landsleuten die Vorteile der Modernisierungen nicht. Konservative sprachen mit Modernisten nicht über ihre Bedenken.

Am ehesten konnte die Regierung ihre Reformen in den Städten durchsetzen. Hier lebten diejenigen, die es so haben wollten wie in Europa. Sie bildeten auch hier eine Minderheit, aber eine sehr einflussreiche. Und schließlich waren in den Städten Militär und Polizei konzentriert. Hier konnte die Regierung notfalls mit Zwang reformieren und z.B. die Schulpflicht durchsetzen. Das Land konnte sich besser gegen Neuerungen wehren. In der Stadt entstanden Schulen und Universitäten. Neue Produktionsweisen wurden eingeführt. Textil- und Zementfabriken entstanden. Wasserkraftwerke versorgten Teile Kabuls mit Elektrizität. Auf dem Land gab es nach wie vor nur Landwirtschaft. Niemand entschloss sich, jenseits der Städte zu investieren. Kein Ingenieur, kein Unternehmer zog mit seiner Familie in ein Dorf oder auch nur in eine Bezirkshauptstadt. Dort gab es bestenfalls eine schlechte Schule für Jungen, aber keine für Mädchen. Ärztliche Versorgung gab es „draußen" ebenfalls nicht. Ein Arzt ließ sich dort nicht nieder – auch wegen der Erziehung seiner Kinder. Das Leben entwickelte sich in Stadt und Land sehr verschieden – genauer: In der Stadt fand eine Entwicklung statt, auf dem Land keine. So schuf der Gegensatz zwischen Modernisten und Konservativen schnell einen tiefen Gegensatz zwischen Stadt und Land.

Die Feindschaft zwischen den Modernisierern und den Konservativen prägte die blutige Geschichte Afghanistans im 20. Jahrhundert. 1929 wurde der damalige König Amanullah, ein eifriger Reformer, unter tatkräftiger Hilfe der Mullahs gestürzt. Unruhen und ein Bürgerkrieg folgten. Nachfolgende Regierungen waren vorsichtiger mit Neuerungen. Das missfiel einigen Fraktionen der Fortschrittlichen. 1978 putschte sich eine Gruppe an die Macht, die Afghanistan schneller voranbringen wollte. Ihr Vorbild war die Sowjetunion. Sie führte hastig kaum durchdachte, radikale Neuerungen ein und wollte diese mit Gewalt durchsetzen. Ihr Hass auf die „rückständigen" Landsleute drückte sich in brutalem Vorgehen gegen die „Konterrevolutionäre" aus. Allerdings verschonten sie auch Modernisten nicht, die sich an China oder an den USA orientierten. Dagegen erhob sich militärischer Widerstand. Die Sowjetunion griff nach anderthalb Jahren mit eigenem Militär ein und versuchte zu retten, was zu retten war. Aber diese damalige Weltmacht biss sich an Afghanistan die Zähne aus. Sie zog 1989 ihre Truppen ab. Ende 1991 löste sie sich auf. Ein Vierteljahr später kapitulierten auch die Kommunisten in Afghanistan. Die Herrschaft der Mudschaheddin begann und ging schnell in einen Bürgerkrieg über. Die Mudschaheddin bestanden aus verschiedenen Parteien. Auf dem Land hatten sie gegen Kommunisten und Sowjets sehr wirksam lokalen Widerstand geleistet. Aber mit der Organisation eines Nationalstaates waren sie vollkommen überfordert. 1994 entstand die Talibanbewegung als eine unter vielen Bürgerkriegsparteien. Sie gewann schnell an Bedeutung und besetzte 1996 Kabul. Für die Taliban waren die Modernisierungen Teufelswerk. Gott hatte die Geißel des Kommunismus geschickt, um Afghanistan für die Frevel der Neuerungen zu bestrafen. Die Taliban wollten Afghanistan vom Makel des Modernismus ein für alle Mal reinwaschen.

Diese Absichten der Taliban sprachen sehr vielen Afghanen aus dem Herzen, vor allem den Landbewohnern. Die Menschen hatten mit Unverständnis und Unbehagen verfolgt, wie vieles von dem, was die Vorfahren seit etlichen Generationen schon immer so gemacht hatten, auf einmal nicht mehr richtig sein sollte. Mit den Taliban waren Leute an die Macht gekommen, die endlich wieder eine Richtung vorgaben, in die man ihnen gerne folgte.

Das Moschee-Schulprogramm

Anfang 1999 war COFAA wieder in Kabul. Auf Drängen des Deutschen Caritasverbandes führten wir eine Verteilung von in Afghanistan gekauften Lebensmitteln durch. Einen Schwerpunkt für unsere Arbeit suchten wir noch.

Da kam ein Mullah in unser Büro und wollte mich sprechen. Ein Mullah! Das konnte nichts Gutes bedeuten. Aber ich musste mich der Verhandlung stellen. Der Mullah war Imam, also der Leiter einer Moschee. Er erklärte, dass es seine Aufgabe sei, für die Erleuchtung aller Menschen zu sorgen. Daher wolle er fragen, ob wir ihm dabei helfen könnten, in seiner Moschee Schulunterricht für die Jugend seines Sprengels aufzubauen. Ich machte ihm klar, dass wir, wie alle anderen ausländischen Organisationen, nur Projekte durchführten, die nicht nur Jungen, sondern auch Mädchen zu Gute kämen. „Genau darum geht es mir. Ich habe doch gesagt, dass ich für das Wissen aller Menschen sorgen muss. Das schließt Frauen und Mädchen genauso ein wie Männer und Jungen." – „Nun gut, das freut uns. Aber wenn Sie einen solchen Unterricht beginnen, bekommen Sie Ärger mit der Regierung."

Darauf nestelte der Mullah zwei Briefe aus seiner Brusttasche hervor, einen von einem Abteilungsleiter des Erziehungsministeriums und einen vom Minister für die Religionspolizei persönlich, von dem Mann also, der für die Banden verantwortlich war, die die Frauen auf offener Straße schlugen. In beiden Briefen wurde Unterricht in der Moschee erlaubt. Der Minister genehmigte in seinem Schreiben explizit „Unterricht für Mädchen und Jungen". Ich musste sehr tief Luft holen. Doch dann wurden wir uns schnell einig. Der Unterricht für Mädchen und Jungen bis Klasse 6 begann in der Moschee dieses Mullahs.

Drei Wochen später besuchten uns zwei hohe Beamte des Ministeriums für Islamische Angelegenheiten, ein Mullah und ein weltlicher Herr. Dieses Ministerium ist für Pilgerreisen nach Mekka verantwortlich und für alles, was mit Moscheen zu tun hat – für die Besetzung der Imam-Stellen und auch für Bildungsveranstaltungen, die in den Moscheen stattfinden. Die Herren wollten wissen, wer uns erlaubt habe, in der Moschee Unterricht anzubieten. Wir berichteten von dem Imam und seinen Briefen. Darauf sagte einer von ihnen: „Weder das Erziehungsministerium noch die Religionspolizei hat zu bestimmen, was in den Moscheen geschieht. Dort haben wir das Sagen." Eine unerträgliche Pause entstand. „Wir wollen sie aber nicht daran hindern, Unterricht in Moscheen anzubieten. Wir hielten es nur für besser, wenn sie ein solches Programm zusammen mit uns durchführten. Wir kennen Moscheen, in denen dieser Unterricht viel nötiger wäre und würden ihnen gerne Vorschläge machen."

Eine Woche später traf ich den zuständigen Staatssekretär, einen Mullah, und ein Vertrag wurde unterzeichnet. Das Programm begann. An sechs Wochentagen wurde je 90 Minuten unterrichtet. In sechs Jahrgangsstufen wurden Dari, die in Kabul übliche Landessprache, Mathematik und Religion angeboten. Die Lehrkräfte erhielten eine bescheidene Entlohnung. Wir nahmen, wen wir bekamen. Oft halfen uns die Imame bei der Auswahl. Die Inhalte des Mathematik- und des Dari-Unterrichtes bestimmten wir. In den Religionsunterricht mischten wir uns nicht ein. Bald erstreckte sich das Programm auf 15 Moscheen und wurde von 10'000 Kindern besucht. Gut die Hälfte davon waren Mädchen.

Allmählich verstand ich, wie das alles möglich war. Mullah ist nicht gleich Mullah. Das galt ganz besonders in der Talibanzeit. Die Talibanbewegung rekrutierte anfangs viele ihrer Gefolgsleute in afghanischen Flüchtlingslagern in Pakistan. Von dort stammt auch der Name der Bewegung, denn viele der Anhänger hatten sich religiösen Studien gewidmet. Oft handelte es sich um Waisenjungen. Wer religiöse Studien betrieb, erhielt immerhin eine karge Unterkunft und eine bescheidene Verpflegung. Was diese Taliban lernten, war fast nichts. Sie blieben Analphabeten. Pakistaner und Araber trichterten ihnen in wenigen Monaten ein paar religiöse Gewissheiten ein. Der Islam, den sie vertraten, stimmte in vielem nicht mit dem traditionellen afghanischen Islam überein. Überall, wo die Taliban an die Macht kamen, wurden alle Schlüsselpositionen mit Mullahs besetzt. Nur Geistliche können nämlich kompetent entscheiden, denn die Grundlage jeder Entscheidung ist die richtige Auslegung des Korans und der Traditionen. Die ungebildeten Taliban der ersten Stunde reichten bei Weitem nicht für alle Führungspositionen Afghanistans aus. Man musste auf gestandene Mullahs zurückgreifen. Diese Männer hatten noch eine gründliche Ausbildung als Theologen genossen. Sie hatten einen ganz anderen Bildungshintergrund als die jungen Wilden. Über Schulen und die Ausbildung von Frauen und Mädchen hatten sie anderes gelernt, als es die Talibanführung verordnete. Gegenüber den Radikalen konnten sie den Unterricht dadurch rechtfertigen, dass er in Moscheen stattfand und nicht in Schulgebäuden.

Die Zusammenarbeit von COFAA und dem Ministerium für Islamische Angelegenheiten verlief freundschaftlich und konstruktiv – bis der Minister für Islamische Angelegenheiten erschien. Wie viele Minister hielt er sich meist in Kandahar auf, wo Mullah Omar lebte, der Führer der Taliban. Als er sah, was in Kabuler Moscheen geschah, lud er mich zu sich. Er bedankte sich für unsere Hilfe, meinte aber, dass wir am Unterricht einiges ändern müssten. An Mädchen bräuchten wir zum Beispiel keine Bleistifte und Hefte mehr zu verteilen. Die sollten nicht schreiben lernen. Lesen reiche für Mädchen. Der Minister teilte mir später schriftlich mit, welche Änderungen er wünschte: Abgesehen davon, dass Mädchen nicht mehr schreiben sollten, wünschte er, dass der Stundenplan geändert werde. Die Mädchen hätten daraufhin fast nur noch Religionsunterricht gehabt. Ich ging zum Minister und erklärte ihm, dass unsere Geldgeber solchen Unterricht nie bezahlen würden. Er meinte, er habe ja nichts gegen einen Unterricht, wie wir ihn eingerichtet hätten – aber bitte nicht in den Moscheen. COFAA mache Gotteshäuser zu Schulen. Ich entgegnete ihm, dass unser Unterricht die Jugend in die Moscheen zöge. Wo kein Unterricht stattfindet, säßen vielleicht zwölf oder fünfzehn Koranschüler in der Moschee. In einige „unserer" Moscheen kämen über Tausend Jugendliche. Wir konnten recht offen verhandeln. Aber zu einem Ergebnis kamen wir nicht.

Nach dem Gespräch mit dem Minister fingen mich hohe Beamten des Ministeriums ab, fast alles Mullahs. „Wir ändern erst einmal gar nichts", schlugen sie vor. „Während eines laufenden Schuljahres kann man nichts ändern." Alle Imame „unserer" Moscheen waren noch entschlossener: „Der Minister kann reden, was er will. Wir machen einfach weiter."

Leider konnte ich solche Ratschläge nur für kurze Zeit befolgen. Wir brauchten Geld. Ich musste den Geldgebern erklären, wie es weiterging. Wir baten die Beamten des Ministeriums noch einmal um Rat. Einer von ihnen meinte: „Der Minister ist über den Ersten Staatssekretär verärgert, weil der ihm euer Programm eingebrockt hat. Aber zum Zweiten Staatssekretär hat er ein gutes Verhältnis. Und dieser Zweite Staatssekretär ist ein großer Anhänger des Moschee-Schulprogrammes. Er ist Imam einer der Moscheen, in denen das Programm läuft. Jeden Morgen besucht er den Unterricht und überprüft, ob alle Lehrer und Schüler anwesend sind. Vielleicht kann dieser Staatssekretär helfen."

Ich konnte schlecht hinter dem Rücken des Ministers mit seinem Stellvertreter verhandeln. So gingen zwei afghanische Mitarbeiter zum Zweiten Staatssekretär. Der grübelte eine Weile und meinte dann: „Ich werde den Minister in meine Moschee einladen. Dann lasse ich ein Mädchen einen religiösen Spruch an die Tafel schreiben und frage ihn anschließend: ‚Wollen Sie wirklich, dass Mädchen so etwas in Zukunft nicht mehr dürfen?'"

Der Staatssekretär war danach länger abwesend. Wir konnten ihn nicht fragen, wie der Ministerbesuch ausgegangen war. Die Zeit drängte. Da gingen unsere beiden Mitarbeiter, die schon den Staatssekretär besucht hatten, zum Minister. Offenbar hatte der tatsächlich erlebt, dass ein Mädchen Frommes an die Tafel schrieb. Jedenfalls sagte er: „Ihr könnt euer Programm so weiterführen wie bisher. Ich erlaube euch das. Aber nur euch!"

So exklusiv wollten wir es gar nicht haben. Unsere Mittel reichten für die 15 Moscheen, aber nicht weiter. Die Nachfrage nach Unterricht in unseren Moschee-Schulen war enorm. Wir hätten gern gesehen, dass andere NGOs auch solchen Unterricht anbieten.

Als der Zweite Staatssekretär wieder zurück war, legte er nach. Er ließ verbreiten, dass in manchen Moscheen Mädchen säßen, die schon in der Pubertät steckten. Nach talibanischen Vorstellungen widersprach es islamischen Reinheitsgeboten, dass Frauen und junge Mädchen täglich in die Moschee kamen. Das Kabinett war alarmiert. Eine Sondersitzung fand statt. Eine Kommission wurde gebildet, die sich den Unterricht ansehen sollte. Ihr Leiter war der ultrakonservative Justizminister. Der Minister für Islamische Angelegenheiten geriet in Panik. Am Abend, bevor die Kommission zum Besuch aufbrach, rief er verängstigt bei COFAA an und war nur mit Mühe zu beruhigen. Sein Zweiter Staatssekretär hatte dafür gesorgt, dass auch die Kommission in seine Moschee kam. Da fand sie natürlich kein Mädchen, das zu alt gewesen wäre. Ein kleines Mädchen schrieb wieder einen frommen Text an die Tafel. Die Kommission war begeistert. Der Justizminister verfasste einen Bericht an Mullah Omar, in dem er feststellte, dass das Programm gut für die Erziehung der afghanischen Jugend sei. Es solle daher auf das ganze Land ausgedehnt werden. Mullah Omar befahl in seinem Antwortschreiben, dass man der Empfehlung folgen und also das Programm in ganz Afghanistan einführen solle. Dafür hatte leider niemand das Geld.

Später wurden der Minister für Islamische Angelegenheiten und seine Staatssekretäre ausgewechselt. Der neue Minister war vollkommen überfordert, die Staatssekretäre schwach. Wir hatten Probleme mit dieser Führung. Aber mit dem Schreiben von Mullah Omar und mit den Beziehungen, die COFAA inzwischen aufgebaut hatte, konnten wir uns wehren und das Moschee-Schulprogramm weiter durch die Talibanzeiten steuern.

Mullahs

„Nichts gegen den Islam! Die Moslems sind ja auch Menschen. Wir müssen mit ihnen zurechtkommen. Aber Mullahs? Mit denen möchte ich nichts zu tun haben. Der islamische Klerus, das sind die radikalen Aufhetzer, die den Weltfrieden gefährden." So und so ähnlich denken viele, oder?

Es gibt in der Tat manches, worüber sich ein aufgeklärter Europäer besser nicht mit einem Mullah unterhalten sollte: Allein die Behauptung, es hätten schon Menschen auf dem Mond gestanden, kann viele Mullahs aus der Fassung bringen. Die Aussage, dass der Mond die Erde in einer Entfernung von 384'000 Kilometer umkreist, hätte man zu Zeiten der Taliban nicht wagen dürfen. Über den Mond steht einiges im Koran. Außerdem hat der Prophet manches über ihn geäußert, sodass man aus dem Koran und aus der islamischen Tradition genug über diesen Himmelskörper weiß. Davon stimmt allerdings nur wenig mit den Erkenntnissen der Astronomie überein.

Psychologen der Kabuler Universität ahnten nicht, was sie riskierten, als sie eine Konferenz mit dem Titel „Die Krankheiten der menschlichen Seele" ankündigten. Die Seele des Menschen ist ein Teil Allahs. Also kann sie nicht erkranken. Eine rasche Änderung des Titels rettete die Veranstaltung. Wettervorhersagen waren zur Zeit der Taliban verboten. Nur Allah kann wissen, was das Schicksal bringt. Meteorologie war Hybris.

Was hier gerade aufgezählt wurde, bezieht sich auf die Talibanherrschaft. Und die Taliban vertraten so manches, was die Mehrheit der afghanischen Mullahs anders sah. Doch die oben angeführten Überzeugungen über naturwissenschaftliche und psychologische Gegebenheiten sind Gemeingut der großen Masse der afghanischen Mullahs – und Laien. Ein knallig rotes Tuch für fast alle afghanischen Geistlichen ist die Evolutionstheorie. Für die meisten Mullahs ist es absurd über Entwicklungen zu reden, die sich im Laufe von Jahrmillionen abgespielt haben. Für sie wurde die Welt erst vor wenigen Tausend Jahren geschaffen. Hier fällt vielleicht auf, dass die Lehrer im US-Bundesstaat Kansas vor einigen Jahren verpflichtet worden waren, gleichberechtigt neben der Evolutionstheorie die Theorie von der Erschaffung der Welt vor gut 6000 Jahren zu unterrichten. Und auch unter den afghanischen Mullahs gibt es abweichende Meinungen. Ein führender schiitischer Geistlicher sagte öffentlich, es sei für ihn als Moslem kein Problem, an das zu glauben, was ihm ein Naturwissenschaftler an Hand von Versteinerungen über die Entwicklung der belebten Natur erläutert habe.

Auch im Abendland hatten es die Naturwissenschaften schwer, ihre Erkenntnisse gegen die Lehren der Kirche zu vertreten. Bei uns entwickelten sich die Wissenschaften vor allem an den Universitäten, und das waren zunächst kirchennahe Einrichtungen. Dort arbeiteten Theologen und Naturwissenschaftler unter einem Dach. Die Universitätstheologen erfuhren aus erster Hand, was man Neues über die Bewegungen der Planeten herausgefunden hatte. Sie kannten die Astronomen persönlich, die zu neuen Erkenntnissen kamen. Sie wussten, dass die Kollegen von den

Naturwissenschaften seriöse Gelehrte waren. Theologen ließen sich von Naturwissenschaftlern erläutern, wie man die neuen Theorien begründete. Dennoch wurde Giordano Bruno verbrannt und Galileo Galilei kam gerade noch mit einem blauen Auge davon. Später war die Kirche weise genug, den offenen Kampf mit den modernen Naturwissenschaften zu vermeiden. Man überprüfte das eigene Lehrgebäude. Viele Detailgewissheiten wurden per Abstraktion relativiert. Mehr und mehr zog man sich auf die eigentliche Botschaft des Christentums zurück. In Kansas war das Abstraktionsvermögen nicht so belastbar.

Was kann man in dieser Beziehung von islamischen Geistlichen erwarten? Sie haben nicht mehrere Jahrhunderte lang in meist freundschaftlicher Nachbarschaft neben Naturwissenschaftlern gelebt und gearbeitet. Für einen Mullah leben die modernen Astronomen, Kernphysiker und Genforscher auf anderen Erdteilen. Sie sprechen andere Sprachen und – sie sind Ungläubige. Sie kommen aus einer Kultur, die dem Islam seit Jahrhunderten übel mitspielt. Denen kann man nicht trauen. Sie wollen den Islam zerstören. Der Teufel hat sie geschaffen.

Ein afghanischer Mullah zweifelt nicht daran, dass Allah uns alles erklärt hat, was wir wissen müssen. Im Prinzip sind wir in der Lage, mit den Mitteln der Theologie jedes Problem zu lösen. Sehr viele Fragen sind bereits für alle Zeiten beantwortet, beispielsweise auch solche, die das Zusammenleben von Mann und Frau betreffen. Ein afghanischer Mullah sieht keinen Anlass, nach dem „Wesen" dessen zu fragen, was Gott uns durch den Koran oder die Tradition mitgeteilt hat. Allah hat uns sehr viele Einzelheiten mitgeteilt, die alle wichtig sind. Keine davon kann man irgendwie relativieren. Allerdings gibt es innerhalb des Islam sehr verschiedene Traditionen. Auch ist der Klerus nicht hierarchisch organisiert und einer einzigen Lehre verpflichtet wie in der katholischen Kirche. Jeder Moslem, der über seinen Tellerrand hinaussieht, entdeckt, dass einiges, was für ihn eine absolute Gewissheit ist, für andere Moslems nicht gilt. Doch das führt dazu, dass er seine eigenen Wahrheiten noch stärker verinnerlicht und sich gegen die der anderen abschottet. Eine Relativierung von Glaubensinhalten findet aufgrund solcher Unterschiede in der reinen Lehre nicht statt.

Man mache sich keine Illusionen! Die gewaltigen Unterschiede zwischen den Überzeugungen eines islamischen Geistlichen und eines modernen Europäers lassen sich nicht in einer seichten Multi-Kulti-Idylle verstecken. Also bleibt nur „der Kampf der Kulturen"?

Wie schon erläutert, spitzte sich seit dem frühen 20. Jahrhundert in Afghanistan das Verhältnis zwischen Staatsführung und Klerus zu, als Kreise der städtischen Mittel- und Oberschicht sowie die Regierung versuchten, das Land nach westlichem Vorbild umzugestalten. Die Mullahs verloren durch diese Reformen an Einfluss. Sie empfanden sie als Bedrohung ihrer Rolle, ja der ganzen Religion. Sie hintertrieben die Reformen. Schon 1929 kam es zu blutigen Unruhen und Bürgerkrieg. 1978 putschten sich ungeduldige Reformer an die Macht und wollten die „Reaktionäre" und vor allem die Mullahs entmachten oder, genauer: beseitigen. Ein über 20 Jahre währender Krieg begann. Am Ende gewann die Talibanbewegung die Oberhand. Die Mullahs kamen an die Macht, ohne dass sich dadurch Aussichten auf Frieden und Wohlstand für die Bevölkerung ergeben hätten.

Die Konfrontation mit den Mullahs hat sehr viel Blut gekostet. Sie hat die Weiterentwicklung der afghanischen Gesellschaft nicht gefördert, sondern blockiert. Eine so einflussreiche Gruppe wie den Klerus kann man nicht an den Rand der Gesellschaft drücken. Nur in Zusammenarbeit mit den Mullahs kann Fortschritt erzielt werden. Aber ist das denkbar?

Während des Krieges mit den Kommunisten entstanden in vielen ländlichen Gegenden Schulen. Dort, wo vor der Vertreibung der Kommunisten Mullahs gegen den Lehrer gehetzt und die Eltern davor gewarnt hatten, ihre Kinder zum Unterricht zu schicken, setzten sich Mullahs für die Gründung von Schulen ein, nachdem die Kommunisten verjagt worden waren. Mullahs ermunterten Lehrer, Schulen zu eröffnen. Sie baten ausländische Organisationen um die Unterstützung des Unterrichtes. Wie kam es zu diesem Sinneswandel? Nun, die Schulen waren vorher Einrichtungen der Kabuler Regierung. Und die behandelte die Mullahs als Gegner. Viele Lehrer, die auf dem Land arbeiteten, fühlten sich als Vertreter der Moderne und polemisierten gegen die Geistlichen. Die Kommunisten machten Schulen nach ihrer Machtergreifung vollends zu Zentren antireligiöser Propaganda. Nach der Vertreibung der Kommunisten waren Schulen lokale Institutionen. Die Mullahs wollten, dass die Kinder lesen und schreiben lernen. Jetzt konnten Mullahs – ebenso wie Kommandanten und Dorfälteste – die Schulen besuchen und sehen, ob alles, was dort stattfand, im Einklang mit der Religion und den Landessitten stand. Mit solchen Schulen konnten sie gut leben.

Auch das Moschee-Schulprogramm, das COFAA zusammen mit dem Ministerium für Islamische Angelegenheiten betrieb, hat gezeigt, dass man mit Mullahs sehr wohl konstruktiv zusammenarbeiten kann. Diese Erfahrung möchte ich nicht missen. Die Aufgeschlossenheit und Neugier, mit der mir die Mullahs begegneten, hat mich für sie eingenommen. Beide Seiten haben erlebt, dass man praktische Probleme gemeinsam lösen kann und dass sich dabei Freundschaft entwickelt. Allerdings haben wir nicht versucht, uns über religiöse Fragen zu unterhalten. Außerdem führte unser

Schulen-Programm nur bis zur sechsten Klasse. Es musste nicht entschieden werden, ob die Bewegungen der Planeten oder die Evolutionstheorie unterrichtet werden sollen. Doch wir haben eine Beziehung voller Vertrauen und Achtung voreinander aufgebaut. Nur wenn eine solche zwischenmenschliche Basis besteht, kann man sich konstruktiv über Fragen unterhalten, die man verschieden beantwortet.

Lehrerfortbildung

Mitarbeiter von COFAA besuchten den Unterricht des Moschee-Schulprogrammes eifrig. Bei solchen Besuchen sahen wir manches, das uns erschreckte. Aber an der Qualität des Unterrichtes konnten wir nicht viel ändern. Wir hatten binnen weniger Wochen über 400 Lehrkräfte eingestellt. Diese konnten nicht alle gut sein. Wir beschlossen, für sie ein Fortbildungsprogramm durchzuführen. Dabei brauchte man nicht das Rad neu zu erfinden. Große Hilfsorganisationen wie das Schwedische Komitee, die US-Organisationen International Rescue Committee (IRC), Care International und Save the Children, hatten Lehrerfortbildungsprogramme entwickelt, die bereits während des Krieges der Mudschaheddin gegen die Kommunisten eingesetzt worden waren. Ein solches Programm wollten wir nachmachen. Glücklicherweise fanden wir Daud, der früher in einem solchen Programm von IRC als „Trainer" Lehrerfortbildungskurse geleitet hatte. Unter den Taliban hatte IRC sein Schulprogramm verkleinert, weil man nicht nur Jungenschulen unterstützen wollte. Daud wurde arbeitslos und kam gerne zu uns. Zunächst überarbeitete er das IRC-Programm und passte es unseren Bedürfnissen an. Wir stellten neun Trainer ein, die zu jeweils drei Mann drei Gruppen von 15 bis 20 Lehrern unterrichten sollten. Bevor das begann, erläuterte Daud den neun Trainern und den COFAA-Mitarbeitern, die im Erziehungsbereich arbeiteten, das ganze Programm.

Dann schickten wir die Hälfte der Klassen einer Moschee für eine Woche in die Ferien. Ihre Lehrer nahmen in der Zeit, in der sie sonst unterrichtet hätten, an einem Fortbildungsseminar teil. In der Woche darauf kam die andere Hälfte der Moschee-Lehrer dran und danach ging es in einer weiteren Moschee weiter. In einer Woche konnten wir etwa ein Drittel des Stoffes durchnehmen, den wir in diesem Seminar vermitteln wollten. Wir hatten also vor, später alle Lehrer einer zweiten und einer dritten Fortbildung auszusetzen.

In den Seminaren wurde an Beispielen durchgespielt, welche Formen des Unterrichtens und Lernens es gab: Rollenspiele, Frontalunterricht, Einzelarbeit … Es wurde auch viel über Motivation gesprochen. Einiges wurde über die psychologische Entwicklung von Jugendlichen gelehrt. In Rollenspielen übte man das Überprüfen von Hausaufgaben und das Durchgehen der Anwesenheitsliste.

Je mehr ich sah, wie afghanische Lehrer unterrichten, desto mehr Zweifel kamen mir, ob die Unterrichtsinhalte unserer Fortbildungsseminare etwas mit dem afghanischen Unterrichtsalltag zu tun hatten. Das Fortbildungsseminar von IRC und die recht ähnlichen Fortbildungsseminare der anderen Großorganisationen waren irgendwo in den USA oder in Europa an grünen Tischen entwickelt worden. Dabei war man davon ausgegangen, dass ein amerikanischer, ein afghanischer oder ein europäischer Lehrer so ziemlich die gleiche Ausbildung hinter sich hätten. Alle Lehrer hätten die verschiedenen Unterrichtsformen, die Psychologie des Jugendalters und die Möglichkeiten der Motivation auf Pädagogischen Hochschulen kennengelernt. In den Fortbildungsseminaren sollte dieses Wissen aufgefrischt werden. Der einzelne Lehrer sollte angeregt werden, seinen Unterricht zu überprüfen und zu überlegen, ob sich nicht hier und da andere Möglichkeiten der Wissensvermittlung anböten. Wahrscheinlich wären diese Seminare für amerikanische und europäische Lehrer recht anregend gewesen. Der afghanische Lehrer lebt aber in einer anderen Welt. Er ist es gewohnt, ein Lehrbuch in der Hand zu halten und dieses Wort für Wort vorzutragen. Für ihn gab es nur den Frontalunterricht. Auf den afghanischen Pädagogischen Hochschulen hatten die angehenden Lehrer kaum etwas über andere Möglichkeiten der Wissensvermittlung erfahren. Die große Mehrheit unserer Lehrkräfte hatte überhaupt keine Pädagogische Hochschule besucht und war nie auf die Aufgaben eines Lehrers vorbereitet worden.

Unter den neun Trainern befanden sich drei Mullahs, die hohe Positionen in der Staatsverwaltung einnahmen. Da unsere Seminare am frühen Morgen stattfanden, noch bevor die Regierungsämter ihre Arbeit aufnahmen, hatten sie keine zeitlichen Probleme. Wir hatten sie eingestellt, um keinen Verdacht aufkommen zu lassen, dass wir die Seminare dazu nutzten, die Lehrer zu indoktrinieren.

Die drei Mullahs waren eifrige Trainer. Sie standen uns mit Rat und Tat zur Seite, auch wenn es um ganz andere Fragen ging. Bisweilen ließen sie durchblicken, wie groß ihre Distanz zur talibanischen Ideologie war. Eines Tages konnten wir den Hauptgebetsraum einer Moschee nicht für den Unterricht nutzen, weil dort eine Trauerfeier stattfand. Ich zeigte Verständnis. Schließlich ist eine Moschee in erster Linie ein Haus des Gebets. Darauf zischte einer der Mullah-Trainer: „Die Leute können auch zu Hause beten. Der Unterricht ist wichtiger."

Die Zerstörung der Buddhas

Lange bevor die Taliban ins Hasaradschat in Zentralafghanistan vordrangen, kündigte einer ihrer Kommandanten an, dass man die berühmten Buddha-Statuen in Bamian zerstören werde, sobald man dort hinkäme. Die Welt war entsetzt. Die Talibanführung beeilte sich zu versichern, dass man das nicht tun werde. Die Statuen seien ein nationales Erbe und man werde sie schützen. Als Bamian 1998 von den Taliban besetzt wurde, schossen einige ihrer Krieger mit Kalaschnikows auf die Statuen. Danach schützte man sie aber.

Viele Monate später, im Winter 1999, erklärte Mullah Omar plötzlich, die Buddhas seien Götzenbilder und müssten entsprechend den Vorschriften der Scharia zerstört werden. Das werde jetzt geschehen. Die internationalen Proteste waren laut. Man bot den Taliban viel Geld an und war bereit, die Buddhas abzubauen, um sie andernorts wieder aufzubauen. Aber die Taliban ließen sich durch nichts abhalten und sprengten die Figuren.

Die strikte Ablehnung von Geldangeboten seitens der internationalen Gemeinschaft war kaum verständlich. Letztlich waren die Taliban sehr an internationaler Anerkennung interessiert. Andrerseits entsprach es ihrem sonstigen Verhaltensmuster: Sobald sich Protest gegen eine angekündigte Maßnahme regte, wurde es für sie eine Frage der Autorität, die angekündigte Maßnahme konsequent durchzuführen. Aber der plötzliche Sinneswandel der Talibanführung blieb unerklärlich. Jahrelang hatte die Talibanregierung versichert, die Statuen schützen zu wollen und hatte es auch über längere Zeit getan. Warum hatte sie so abrupt ihre Meinung geändert?

Damals gab es Gerüchte, die den Sinneswandel erklären könnten. Das gebirgige Hasaradschat in Zentralafghanistan hatten die Taliban nie sicher unter Kontrolle. Sie ließen es von nichtpaschtunischen Afghanen beherrschen, die sich ihnen angeschlossen hatten. Der entlegene Bezirk Lal-wa-Ser-e-Dschangal blieb unter der Kontrolle der Mudschaheddin-Partei Hisb-e-Wahdat. Deren Krieger rückten im Winter 1999/2000 in Richtung Osten vor, besetzten Yakaolang und kamen nahe an Bamian heran. Die Taliban schickten Verstärkungen, um Bamian zu verteidigen. Tatsächlich konnte die Hisb-e-Wahdat zurückgedrängt werden. Yakaolang wurde zurückerobert. Dort wurden Hunderte wehrloser Einwohner umgebracht. Das entsprach der Abschreckungstaktik der Taliban. Wenn sie ein Gebiet das erste Mal besetzten, ging das für die Bevölkerung recht glimpflich ab. Wurde ihnen das Gebiet dann aber wieder abgenommen und sie konnten es danach zurückerobern, richteten sie Blutbäder an. Sie wollten so verhindern, dass sich noch einmal Widerstand regte.

Die Truppenverstärkungen, die nach Bamian geschickt wurden, bestanden zu einem Teil aus Arabern und Pakistanern. Diese Fremden hatten wenig Sinn für afghanische Nationaldenkmäler. Für die bigotten Araber waren die Buddhas wirklich nur Götzenbilder, die der Islam verbot. Diese Radikalen sollen damals die Statuen schwer beschädigt oder ganz zerstört haben. Als die Talibanführung im fernen Kandahar davon erfuhr, konnte sie nicht zugeben, dass ihre ausländischen Waffengefährten auf eigene Faust afghanische Kulturgüter zerstört hatten. Sie tat nachträglich so, als ob sie die Buddhas aus eigenem Entschluss zerstören ließ.

Diese Version ist, wie gesagt, ein Gerücht, das allerdings das Geschehen plausibel macht. Es mag sein, dass das Gerücht nicht zutrifft und dass die Buddhas tatsächlich auf Befehl der Taliban-Führung gesprengt wurden. Dann dürfte die Zerstörung ein Indiz für den stark zunehmenden Einfluss radikaler Ausländer auf die afghanischen Taliban gewesen sein.

Übrigens waren die Köpfe der Buddhas schon lange beschädigt gewesen. Ende des 17. Jahrhunderts gehörte der östliche Teil Afghanistans zum indischen Moghul-Reich. Der damalige Moghul-Kaiser Aurangzeb war ein bigotter Moslem. Er unternahm einen Feldzug gegen Bukhara und schickte Truppen in Richtung Nordwesten. Als diese in Bamian kampierten, beschoss die Artillerie die Buddhas und fügte ihnen schwere Schäden zu, die seitdem nicht behoben worden waren.

Der christliche Talib

Im Frühjahr 2000 nahm ich an einer Tagung von Caritasorganisationen in Neu-Delhi teil, in der es auch um die sehr wacklig gewordene Finanzierung des Kabuler COFAA-Büros ging. Die Teilnehmer waren in einem Hotel der Organisation YWCA untergebracht. Man hatte es versäumt, mich als Hotelgast anzumelden. Die Rezeption konnte mir nur ein Bett im Dormitory anbieten. Das war ein Raum mit zehn Betten, zu dem nur eine Toilette und eine Dusche gehörten. „Wie viele Personen sind denn da schon untergebracht?", fragte ich. „Ich kann Ihnen nicht versprechen, dass niemand mehr kommt. Aber bis jetzt logiert nur dieser Herr dort." Der Empfangschef zeigte auf einen Mann, der sich gerade angemeldet hatte. Ich war bereit, ins Dormitory zu gehen und begab mich zusammen mit dem anderen Ankömmling auf den Weg dorthin.

Der andere war Australier. Er sagte mir gleich, dass er ein wiedergeborener Christ sei. Er habe die meiste Zeit seines Lebens so dahingelebt, wie ich wahrscheinlich auch. Aber dann habe er plötzlich verstanden, was es bedeute, ein Christ zu sein. Jetzt bemühe er sich darum, so zu leben, wie ein Christ leben soll. Dazu gehöre es, auch anderen diese Botschaft zu vermitteln. Wir gingen einen Gang entlang, der sich zu einem Aufenthaltsraum hin öffnete. Einige Hotelgäste saßen dort und verfolgten eine Fernsehübertragung. Dort sah man, wie der damalige Papst ein Flugzeug verlassen hatte und nun mit kleinen Schritten mühsam einen Teppich entlangging. Er war zu Besuch in Jordanien.

Das nahm mein Zimmergenosse zum Anlass, laut zu erklären, dass es eine Lüge der Moslems sei, dass sie irgendwelche Anrechte auf Jerusalem hätten. In der Bibel stünde ganz klar, dass Jerusalem die Stadt der Juden sei. Eine alte Amerikanerin drehte sich zu uns um und sagte: „In Jerusalem ist für alle Platz." Ich war erleichtert, als der australische Christ mit mir weiterging und die Auseinandersetzung nicht fortsetzte.

Nachdem wir uns unsere Betten ausgesucht hatten, nahm sich der Australier ein Buch aus seinem Rucksack und begann zu lesen. Dann sah er auf und erläuterte mir: „Das, was ich hier lese, ist sehr interessant. Es geht darum, was passiert, wenn man das Verbot missachtet, Götzen darzustellen oder sogar anzubeten. Ich hatte mich bisher nicht mit dieser Frage beschäftigt. Aber jetzt wird mir vieles klar." – „Was denn zum Beispiel?" – „ Ja, sieh dir doch Indien an, dieses heruntergekommene Land! Hier ist an jeder Straßenecke ein Hindutempel mit Götzendarstellungen. Dieses Land wird es nie zu etwas bringen."

Nachdem er eine Weile weitergelesen hatte, wandte er sich wieder an mich: „Du bist doch Deutscher. Das ist auch für dich interessant. Die Wannsee-Konferenz, auf der die Vernichtung der Juden beschlossen wurde, fand in einem Jagdschloss statt. Da standen überall Statuen von Nimrod und Diana herum. Nur an einem solchen Ort konnte man zu diesen furchtbaren Entscheidungen kommen."

Das Ende der Talibanherrschaft

Tatsächlich stand die Finanzierung von COFAA vor dem Aus. Die nationalen Caritasorganisationen hatten kein weiteres Interesse an einem Engagement im Afghanistan der Taliban. Ende 2000 wurde das COFAA-Büro geschlossen. Immerhin erkannten der Deutsche Caritasverband (DCV) und die amerikanischen Catholic Relief Services (CRS), dass unsere Moschee-Schulen ein großartiges Projekt waren. Es war für Frauen und Mädchen ein Zeichen der Solidarität, das ihnen Hoffnung gab. DCV und CRS waren bereit, dieses Programm weiter zu finanzieren. So konnte der Verein OFARIN das Projekt 2001 übernehmen und weiterführen.

Am 9. September 2001 wurde Ahmad Schah Massud, der militärische Führer der Nordallianz, von arabischen Selbstmordattentätern umgebracht. Die Täter hatten sich als Journalisten ausgegeben und so

Zugang zu dem genialen Feldherrn bekommen. Es war das erste Selbstmordattentat in Afghanistan. Bis dahin hatte es dergleichen nur in Israel und Palästina gegeben. Für einen gläubigen Afghanen ist Selbstmord etwas Entsetzliches. Er führt direkt in die Hölle.

Zwei Tage später fanden die Anschläge auf das World-Trade-Center und das Pentagon statt. Alle Ausländer wurden von ihren Regierungen aufgefordert, Afghanistan zu verlassen. Bis auf eine Gruppe katholischer Ordensschwestern folgten alle dieser Aufforderung. Allerdings sprach ich über das dürftige Satellitentelefon, das wir im Kabuler OFARIN-Büro hatten, jede Woche zweimal mit den afghanischen Kollegen. Für meine Freunde dort war das lebensgefährlich. Die Taliban verboten solche Kontakte unter Androhung der Todesstrafe. Schließlich konnten auf diesem Wege kriegswichtige Informationen weitergegeben werden.

Die USA verlangten von Afghanistan die Auslieferung von Osama bin Laden, der verdächtigt wurde, die Anschläge vom 11. September initiiert zu haben. Die Taliban lehnten das ab. Diese Entscheidung war in der Talibanführung umstritten. Bin Laden stand bereits im Verdacht, 1998 Anschläge auf die US-Botschaften in Daressalam und Nairobi organisiert zu haben. Die USA hatten seitdem die Auslieferung des Arabers verlangt. Die Taliban hatten das stets abgelehnt, auf ihre Gastgeberpflichten verwiesen und behauptet, bin Laden enthalte sich in Afghanistan aller politischen Aktivitäten. Diese Behauptung verlor durch die Angriffe in den USA sehr an Glaubwürdigkeit. Die USA ließen sich vom UN-Sicherheitsrat das Recht bestätigen, sich gegen diesen Angriff mit militärischen Mitteln zu wehren. Der Krieg konnte beginnen.

Es dauerte einige Wochen, bis die USA zum Angriff bereit waren. Dann begann ihre Luftwaffe die Bombardements. Angegriffen wurden Frontstellungen der Taliban, die gegen die Mudschaheddin der Nordallianz kämpften. Auch in Masar-e-Scharif wurden Kasernen der Taliban bombardiert. Hier wurde erwartet, dass Anhänger des Kriegsfürsten General Dostam die Gelegenheit nutzten, die Taliban zu vertreiben. Doch die afghanischen Feinde der Taliban ergriffen zunächst keine Initiative.

Auch Kabul wurde täglich bombardiert. Die Angreifer kannten die Kasernen der Taliban und ihrer Verbündeten gut, aber auch die möglichen Aufenthalte prominenter Regierungsleute. Mit Überraschung hörte ich am Telefon, dass unser Moschee-Schulprogramm weiterlief. Einige Familien seien aus Kabul geflüchtet, sodass einige Kinder nicht mehr kämen. Aber sonst sei alles normal. „Und die Bombardements?" – „Es wird doch meist nachts bombardiert."

Die Taliban wurden nervös. Der Minister für Arbeit und Soziales ließ nachfragen, ob er die Nächte im OFARIN-Büro verbringen dürfe. Das lehnten die Mitarbeiter ab. Dergleichen sei ihnen untersagt worden. Ein Kollege hatte seine Familie in die Provinz gebracht. Er bot dem Minister an, in sein Privathaus zu ziehen. Dazu kam es allerdings nicht.

Schwester Mariam, eine der Ordensschwestern, die in Kabul geblieben waren, bat das OFARIN-Büro um Hilfe. Sie arbeitete als Krankenschwester in einem Krankenhaus. Die Taliban hatten Staatsbediensteten die Gehälter immer nur mit monatelangen Verspätungen ausgezahlt. Den Ärzten und Krankenpflegern wurde klar, dass ihnen die Regierung, die sich abzusetzen begann, die Gehaltsansprüche nicht mehr erstatten werde. Sie hatten keine Einkünfte mehr, um ihre Familien zu ernähren. Teile der Krankenhausbelegschaft suchten nach anderen Einkommensquellen und kamen nicht mehr zum Dienst. Die Krankenhäuser waren kaum noch funktionsfähig. Schwester Mariam bat uns, Notzahlungen für die Krankenhausangestellten möglich zu machen, damit ausreichend Mitarbeiter zum Dienst kämen. Wir vereinbarten telefonisch, dass OFARIN Gelder, die für Schulen vorgesehen waren, für Krankenhäuser ausgeben solle.

Die schweren Bombardements der Amerikaner machten die Talibankrieger mürbe. Sie verließen ihre Stellungen und flohen, oft ohne dass sie von den Mudschaheddin der Nordallianz bedrängt worden wären. Kampflos rückten Truppen der Nordallianz in Kabul ein.

2. Abschnitt
Vom Neubeginn, 2001 bis 2003

Rückkehr in das talibanfreie Kabul

Im Dezember 2001 flog ich mit einer Versorgungsmaschine der Hilfsorganisation Friedensdorf International nach Kabul. Es war eine armenische Iljuschin 76, vollgestopft mit Hilfsgütern. Wir waren vier Mann, die an einer Wand der Maschine auf unbequemen Sitzklappen saßen, die Ohren mit Ohropax verstopft. In Aschkhabad gab es eine Zwischenlandung. Bei uns vorne wurde eine große Tür geöffnet. Wir konnten auf den Flugplatz klettern. Dort war es noch kälter als im Flugzeug mit der offenen Tür. Es dauerte vier Stunden, bis wir gegen Morgen weiterflogen. Zwei der Mitreisenden waren Vertreter einer großen Hilfsorganisation. Der dritte war Bruder Schorsch von den Christusträgern, einer evangelischen Bruderschaft. Schorsch war schon seit Ewigkeiten in Afghanistan. Die beiden anderen Herren kamen, um zu sehen, was es für ihre Organisation in Afghanistan zu tun gab.

Also wurde Schorsch befragt, wie man in Afghanistan arbeiten könne, was es dort für Schwierigkeiten gebe und worauf man achten müsse. Schorsch meinte, dass man in Afghanistan nur mit kleinen Projekten Erfolg haben könne. Die Afghanen, mit denen man zusammenarbeite, würden von vielen anderen Intentionen und Loyalitäten bewegt und getrieben. Man könne unmöglich überschauen, was in allen Mitarbeitern vorgehe. Dann sagte er: „Du kannst soweit arbeiten, wie dein Charisma reicht. Wenn du versuchst, größere Projekte zu führen, und erreichst einen Teil deiner Leute nicht mehr mit deinem Charisma, bricht unweigerlich das Chaos aus."

Die Herren hatten aufmerksam zugehört und schwiegen. Schorschs Aussage konnte ihnen nicht ins Konzept passen. Sie waren gekommen, um ihrer Organisation einen Platz beim Neuaufbau Afghanistans zu sichern. Sie wussten noch nichts Genaues. Aber vielleicht hatten sie doch schon eine Ahnung, was für sie im Regierungstopf war – an Nothilfe-, Antiterror- und Entwicklungshilfemitteln. Es gab ja nicht nur die Bundesregierung, die bereit war, für Afghanistan in die Tasche zu greifen. Da war noch die EU, vielleicht auch die Amerikaner oder die UNO. Es ging um Geld, um viel Geld. Das musste in Afghanistan „umgesetzt" werden. Von diesen Umsätzen lebt die Zentrale. Sie darf gut 15 Prozent des Umsatzes für ihre eigenen Bemühungen geltend machen. Je höher der Umsatz, desto besser für die eigene Organisation. Würde man nur mit Menschen zusammenarbeiten, die man mit seinem Charisma erreicht, wäre natürlich kein nennenswerter Umsatz zu machen.

Gerne hätte ich gewusst, was die Herren in sich hineinschwiegen. Sagten sie sich: „Der gute Schorsch hat ja vollkommen Recht. Er hat es gut. Er kann einfach das machen, was er für Afghanistan für richtig hält. So wie er müsste man auch arbeiten können." Oder hielten sie Schorsch für einen der wahren Welt entfremdeten Kauz, einen Mönch halt, der nicht in der Lage war, die Zeichen der Zeit zu erkennen?

Am hellen Morgen landeten wir auf dem Militärflugplatz von Bagram, gut 40 Kilometer nördlich von Kabul. Die Maschine musste entladen werden. Sie sollte danach an den Viktoriasee fliegen, um Süßwasserfische für Europa zu laden. Einige Freunde waren mit LKW und Lieferwagen nach Bagram gekommen, um Güter nach Kabul zu holen. Ehe sich etwas tat, standen wir zusammen. Alle waren sehr nachdenklich. Was kommt jetzt?

Das große Geld kommt. So ziemlich alle Hilfsorganisationen der Welt werden herkommen. Sie alle werden sich in den warmen Regen drängen, der sich jetzt auf Afghanistan ergießen wird. Alle werden Büros brauchen. Die Mieten werden explodieren. Alle werden nach halbwegs qualifizierten Mitarbeitern suchen. Wenn man keine geeigneten Mitarbeiter bekommt, wird man einfach mehr bieten müssen. Na klar, man darf jetzt keine Skrupel haben, anderen Organisationen die Mitarbeiter wegzukaufen. Und wenn man keine eigenen Projekte hat, muss man anderen Organisationen die Projekte abnehmen. Das geht auch mit überbieten.

„Wie meinst du denn das? Da kann ich mir nichts drunter vorstellen."

„Pass auf! Stell dir vor, eine andere Hilfsorganisation unterstützt die Bevölkerung eines kriegszerstörten Dorfes, ihre Häuser wieder aufzubauen. Jede Familie bekommt das Baumaterial, um zwei Räume zu bauen. Den Rest müssen die Leute selber machen. Dann gehst du mit deiner Organisation auch da hin und finanzierst den Einwohnern den Neubau schlüsselfertiger Häuser.

Oder wenn jemand Rechenunterricht anbietet, der ganz gut besucht wird, dann bietest du ebenfalls Rechenunterricht an, und jeder Teilnehmer bekommt wöchentlich eine Tüte mit 10 Kilo Mehl. Du wirst sehen, im Nu kannst du satte Erfolgsziffern an deine Zentrale melden."

„Und wo bleibt die ‚Hilfe zur Selbsthilfe'?"

„Die schmink dir ab! Die kommt jetzt nur noch in den Berichten für die Öffentlichkeit vor."

Niemandem wurde besser bei solchen Vorstellungen. Nur einen Trost gab es: Ewig wird das große Geld nicht nach Afghanistan fließen. Jetzt wird rangeklotzt. Afghanistan ist bombardiert worden. Da haben manche Menschen zu Hause ein schlechtes Gewissen. Sie müssen mit humanitärer Hilfe ruhiggestellt werden. Sobald Afghanistan länger unauffällig bleibt und kaum noch in die Medien gerät, wird es wichtigere Unruheherde geben, und Afghanistan wird wieder Afghanistan sein dürfen, abseits jedes Goldrausches. Wir alle hofften, diese Zeit noch zu erleben. Es war die einzige Zukunftsvision, bei der wir uns täuschen sollten.

Im Kabuler Straßenbild war die neue Zeit noch kaum erkennbar. Die erste nicht vollkommen verschleierte Frau sah ich erst nach vier Tagen. Alle Männer trugen noch Bärte, allerdings waren die meist gestutzt. In unserer Straße waren bisher Handpumpen zusammengeschweißt worden. Jetzt wurden Empfangsschüsseln fürs Fernsehen gebaut.

Im Büro war die neue Zeit dann doch schon angekommen. Bisher hatten wir 300 US-Dollar Miete für das Anwesen gezahlt, auf dem sich unser Büro befand. Der Hauswirt wollte jetzt das Zehnfache haben. Der Vertreter einer großen Hilfsorganisation meldete sich sofort: „Halten Sie es auf jeden Fall! Wir übernehmen es gerne." Sie haben es übernommen und mussten zwei Jahre später weiterziehen, weil der Hauswirt auch mit 3000 US-Dollar nicht mehr zufrieden war.

Die afghanischen Kollegen schwärmten von den Zielkünsten der US-Luftwaffe. Der Radarmast auf dem Fernsehberg – eine Rakete, ein Treffer und weg war er. Die Bomber flogen in 5 Kilometer Höhe. Es war schwer, sie mit dem bloßen Auge zu verfolgen. Aber sie kannten ihre Ziele und sie trafen sie. So hätten sich über Hundert Taliban in einem Gebäude versammelt. Ein Bomber sei am Himmel erschienen. Ein Radfahrer sei in der Nähe des Gebäudes vorbeigeradelt. Der Bomber sei einen Kreis geflogen. Als er wieder über dem Gebäude stand, sei der Radfahrer noch nicht viel weiter gewesen. Der Bomber habe noch eine Runde gedreht. Dann habe er geschossen. Das Gebäude war vernichtet, alle Taliban tot. In der nächsten Nachbarschaft habe es keine Schäden gegeben.

Soviel Sensibilität wird der US-Luftwaffe sonst nie nachgesagt. Die Geschichte mit dem Radfahrer war sicher erfunden. Aber solche Produkte der Fantasie sagen oft mehr als korrekte Berichte. Sie zeigen, wie die Bevölkerung über die Amerikaner dachte. Niemand hat sich über die Bombardements beschwert. Alle waren dankbar für die Befreiung von den Taliban. Man erhoffte viel Gutes von den Siegern.

Eine andere Geschichte, die ich mir gemerkt habe, ist sicher auch der Fantasie des Volkes zu verdanken. Sie zeigt, wovor man sich fürchtete, auch wenn man das Neue begrüßte, das da auf einen zukam: Die Leiterin eines Krankenhauses war Gesundheitsministerin geworden. Sie lud alle Mitarbeiterinnen ihres ehemaligen Arbeitsplatzes ein, in ihr Büro zu kommen. Etwa 50 Damen erschienen – alle verschleiert. Die Ministerin forderte dazu auf, die Schleier abzulegen. Die Frauen weigerten sich. Die Ministerin erklärte, dass jede, die den Schleier ablege, 50 US-Dollar erhielte. Das Argument überzeugte. Zögernd folgten die Frauen jetzt der

Aufforderung. Dann bat die Ministerin die Besucherinnen, in die Vorhalle zu treten, wo das Geld ausgezahlt werde. Sie taten es. Doch statt des Kassenwartes wartete dort ein Rudel Journalisten und begann begierig, die unverschleierten Frauen zu fotografieren. Die Szene endete in Protesten und Tumult.

Nach einer guten Woche reisten wir wieder ab, diesmal hatte das Friedensdorf International einen Airbus gechartert. Das Flugzeug nahm knapp 30 kriegsverletzte Kinder zur Behandlung nach Deutschland mit. Sie kamen aus der Gegend von Tora Bora. Dorthin soll sich Osama bin Laden geflüchtet haben. US-Truppen hatten versucht, ihn zu fangen. Ein vielleicht 13-jähriger Junge hatte sein Augenlicht, beide Hände und einen Fuß verloren. US-Soldaten hatten eine Hebebühne herangeschafft und halfen, die Kinder an die Eingänge des Flugzeugs zu heben. Den GIs standen die Tränen in den Augen.

Aus der Hüfte schießen

Im März 2002 kam ich wieder nach Kabul. Auf der Hinreise traf ich Vertreter einer politischen Stiftung in Islamabad. Die deutschen politischen Stiftungen wollten in Afghanistan nicht abseits stehen. Sie sollten vor allem beim Aufbau von Strukturen helfen, die einen modernen Staat ausmachen; bei der Vorbereitung zur Gründung politischer Parteien, beim Aufbau von Gewerkschaften und Handelskammern oder bei der Förderung von Presseorganen. Die Stiftungen hatten bisher nicht gewusst, in welchem Umfang man sie am Neuanfang in Afghanistan beteiligen würde. Jetzt war in Berlin die Entscheidung gefallen. Und nun musste es schnell gehen. Die Stiftungen mussten binnen weniger Wochen Projektplanungen vorlegen. Solche Planungen müssen „sitzen". Man darf der Bundesregierung nicht nach sechs Monaten oder einem Jahr sagen: „Wir haben uns damals in der Eile geirrt."

Stellen Sie sich vor, Sie kommen als Vertreter einer Stiftung nach Afghanistan und überlegen sich, ob Sie einer Gruppierung mit politischen Zielen dazu verhelfen sollen, eine politische Partei zu werden! Dazu wüssten Sie gern: Wie ist diese Partnergruppierung in der Bevölkerung verankert? Ist sie vielleicht nur die Interessenvertretung einer bestimmten Ethnie? Was für Vorstellungen von den Strukturen eines funktionierenden Staates haben Ihre Partner bereits? Können sie etwas mit Begriffen wie Gewaltenteilung oder Pluralität anfangen? Haben die führenden Mitglieder der Gruppierung wirklich die Absicht, sich an der Entwicklung staatlicher, vielleicht sogar demokratischer, Strukturen zu beteiligen? Oder wollen sie nur mit Ihrer Hilfe die ganze Macht im Staate okkupieren? Vielleicht wollen sie überhaupt nur Ihr Geld, um sich's bis auf Weiteres gut gehen zu lassen. Sicher, was Sie von den Vertretern der Gruppierung hören, hört sich gut an. Und was Sie ihnen zu sagen haben, wird mit Interesse und Zustimmung zur Kenntnis genommen. Aber so verhält sich jeder Partner, der finanziert werden möchte, gegenüber einem potenziellen Geldgeber. Bevor man sich ernsthaft aufeinander einlässt, muss man sich wesentlich besser kennen. Erst dann kann man sagen, auf welchen Feldern man den Partner fördern sollte und welche seiner schon bestehenden Strukturen mit welchem Aufwand ausgebaut werden müssen. Und auch dann muss man noch über lange Zeit die Möglichkeit eines vollkommenen Scheiterns mitdenken.

Doch langes Räsonnieren und grundsätzliches Infragestellen können Sie sich nicht leisten. Sie müssen hier und jetzt entscheiden. Später müssen Sie über den Verlauf der Zusammenarbeit Berichte schreiben, aus denen hervorgeht, dass alles bestens klappt. Ihr Projekt muss ein voller Erfolg werden. Schließlich schaffen alle anderen Stiftungen so etwas auch.

Und hier haben wir des Pudels Kern. Alle haben der Regierung in ihren Berichten schon immer nur volle Erfolge abgeliefert. Die politischen Stiftungen mögen verzeihen, wenn ich dieses Verhaltensmuster an ihrem Beispiel abhandle. Alle anderen, die staatliche Gelder in Entwicklungsländern ausgeben, machen es ebenso. Niemand gibt zu, dass er sich geirrt hat und dass etwas schiefläuft. Vermutlich ist es stets einfacher gewesen, Schreibtischlern in der Heimat ein paar Märchen aufzutischen, als ihnen klar zu machen, warum die Verhältnisse in dieser fremden Welt dann doch ganz anders waren, als man zunächst geglaubt hatte. Gäbe es wirklich so viele Erfolge in der Entwicklungshilfe, wie es die offiziellen Berichte ausweisen, wäre die Bilanz dieses Tuns nicht so jämmerlich schlecht. Es lässt sich doch an fünf Fingern abzählen, dass man keine längerfristigen Projekte in einem sehr, sehr fremden Land binnen Monatsfrist planen kann und darf. So etwas muss schiefgehen!

Staatlicher Neuanfang

Afghanistan sollte nach der Vertreibung der Taliban wieder ein Staat werden. Zwar waren die Anschläge des 11. September 2001 wesentlich in Deutschland und in den USA vorbereitet worden. Dennoch hatte die Völkergemeinschaft ein nachvollziehbares Interesse daran, dass Afghanistan nicht wieder zu einer Pilgerstätte für Radikale wird, die hier in trauter Gemeinschaft und von niemandem behelligt von brutalen Überfällen auf andere Länder träumen, um dann auszuschwärmen und ihre Träume wahr zu machen. Die Weltgemeinschaft wollte Afghanistan dabei helfen, ein funktionierendes Staatswesen aufzubauen, das dergleichen unterbinden kann. Ob dieser staatliche Aufbau damit belastet werden musste, dass dieser Staat auch eine Demokratie werden sollte, sei dahingestellt.

Zunächst hatte sich auf dem Petersberg bei Bonn eine recht zufällig zusammengekommene Gruppierung von Afghanen mit Vertretern westlicher Staaten und der UNO zusammengesetzt. Sie hatten einen Plan für den Aufbau der wichtigsten staatlichen Institutionen aufgestellt: Möglichst bald sollte eine traditionelle Nationalversammlung einen provisorischen Staatspräsidenten und die wichtigsten Minister bestimmen. Diese provisorische Regierung hatte dann die Wahl eines offiziellen Staatspräsidenten zu organisieren. Danach sollte ein nationales Parlament gewählt werden. Über alles hatten die Vereinten Nationen die Oberaufsicht zu führen. Für die Anfangszeit übernahm Hamid Karzai die Führung der provisorischen Regierung. Zur Stabilisierung des Landes wurde eine internationale Truppe ISAF (International Security Assistance Force) entsandt. Ihr gehörten überwiegend Europäer an, aber keine Amerikaner. Die USA waren mit Truppen präsent, die zusammen mit einigen Verbündeten unter dem anspruchsvollen Titel „Enduring Freedom" firmierten. Ihre Aufgabe war die „Bekämpfung des Terrorismus". Es blieb unklar, welche militärischen Aufträge sich aus dieser Propagandaphrase ergaben. Sicher gehörte dazu, führende Taliban und vor allem die ausländischen Islamisten zu fassen, die internationalen Terror organisiert hatten.

Im Frühjahr 2002 ging es um die Bestimmung des provisorischen Staatsoberhauptes. In Versammlungen wurden im ganzen Land Vertreter für die traditionelle Nationalversammlung – Loya Dschirga – bestimmt, insgesamt 1500 Personen. Auf dem Petersberg hatte man beschlossen, dass keine Kriegsfürsten an der Loya Dschirga teilnehmen dürften, die im Verdacht standen, Blut vergossen zu haben. Auf den vorbereitenden Versammlungen wurde oft massiver Druck ausgeübt. Übergriffe auf Personen, die gegen die Nordallianz sprachen, waren häufig. Zum Schluss bekam die UNAMA, wie das Büro des Sondergesandten des UN-Generalsekretärs in Afghanistan jetzt hieß, kalte Füße. Sie nominierte 50 Teilnehmer an der Loya Dschirga nach, fast alles Anhänger ehemaliger Kriegsfürsten und – mit Rabbani und Sayyaf – auch zwei der sieben von Pakistan genehmigten und von dort aus agierenden Parteiführer des Widerstands gegen die Kommunisten. Sayyaf war mit Sicherheit im Bürgerkrieg zwischen 2002 und 2005 für Hunderte von Morden verantwortlich.

„Wir hatten keine andere Wahl. Die Nordallianz hatte bereits 400 Panzer bei Charikar zusammengezogen", erläuterte ein hoher UNAMA-Vertreter. Im Jahre 2005 besaß Afghanistan noch 37 fahrtüchtige Panzer. Von Charikar bis Kabul hätte es auch 2002 kaum einer der klapprigen

Kampfwagen der Nordallianz geschafft – und das ohne jede Feindeinwirkung. Die 400 Panzer waren, wie so viele Angaben der UNO, frei erfunden. Leider werden auf der Basis solcher Zahlen konkrete Entscheidungen gefällt.

Das Signal, das von der Nachnominierung der 200 Delegierten ausging, war verheerend: Der Westen war vor den alten Kriegsfürsten eingeknickt. Er stellte seine hehren Ziele – Menschenrechte, demokratische Verfahren, Rechtsstaatlichkeit – zur Disposition, sobald die geringsten Schwierigkeiten drohten. Kein Afghane konnte es sich seitdem leisten, sich ernsthaft für Prinzipien einzusetzen, für die der Westen steht. Wenn man überleben wollte, musste man sich mit den „alten Kräften" arrangieren.

Die Loya Dschirga trat schließlich zusammen. Sayyaf und Rabbani hatten sich anscheinend Chancen ausgerechnet, Staatschef zu werden. Aber Sayyafs Anhängerschaft war begrenzt, während Rabbani in der eigenen Nordallianz nicht ganz ernst genommen wurde. Beide konnten der Weltgemeinschaft nicht zugemutet werden. Man konnte sie dazu überreden, ihre Ambitionen zurückzustellen.

Ein weiterer Kandidat war Hamid Karzai, der bereits für das Provisorium der ersten Stunde als Staatschef fungierte. Er ist ein Paschtune aus Kandahar und hatte als Geschäftsmann in den USA gelebt und gearbeitet. In Afghanistan hatte er praktisch keine Hausmacht.

Ein weiterer ernsthafter Kandidat war der Exkönig Zahir Schah. Er hatte seit 1933 über Afghanistan geherrscht. 1973 war er von seinem Vetter Daud aus dem Amt geputscht worden und ins Exil gegangen. Daud wurde 1978 von den Kommunisten gestürzt und ermordet. Zahir Schah hielt sich in der Folgezeit aus den Wirren der afghanischen Politik heraus. Erst als die Kommunisten aufgegeben hatten, deutete er an, dass er in Afghanistan noch einmal eine gewisse Rolle spielen könnte. Für fast alle um die Macht kämpfenden Parteien war er damit ein lästiger Konkurrent. Zahir Schahs Einmischungen in Afghanistan blieben ängstlich und vorsichtig. Aber für die Bevölkerung verkörperte er ein Staatsoberhaupt, unter dem man besser gelebt hatte, als in der Gegenwart. Auch hatte seine Familie ein Zusammenleben der verschiedenen Völker des Landes so moderiert, dass es für alle erträglich war, auch wenn Zahirs Sippe die Paschtunen etwas bevorzugte. Jedem anderen, der versucht hätte, an die Macht zu kommen, hätte man ganz selbstverständlich unterstellt, dass er sich für die unbedingte Vorherrschaft eines Volkes oder Stammes einsetzt.

Jetzt, unter dem relativen Schutz ausländischer Truppen, kam Zahir Schah hochbetagt nach Afghanistan. Der Parteiführer Maulawi Khales rief dazu auf, die nationale Einheit unter dem Exkönig zu suchen, obwohl er selbst viele Jahre gegen diesen gekämpft habe. Es sei die einzige Chance für Afghanistan. Ähnlich äußerten sich andere Persönlichkeiten. Es ging ihnen nicht nur um die Person des Zahir Schah, deren Lebenserwartung begrenzt war. Es ging um die Familie, die damit an die Macht gekommen wäre. Viele Stammesvertreter wollten Zahir Schah in Kabul huldigen. Die Nordallianz verhinderte den Einzug der Königstreuen in die Stadt. Sie war natürlich gegen den alten Herren, der ihr die Macht streitig zu machen drohte.

Die Regierung Bush hatte einen Sonderbotschafter nach Afghanistan geschickt. Das war der Exilafghane Zalmai Khalilzad, der in den USA im Ölgeschäft reich geworden war. Seine Familie hatte sich in den USA bis zum Sturz der Taliban für deren diplomatische Anerkennung eingesetzt. Unter Bush wurde Khalilzad Sicherheitsberater und dann Sonderbotschafter. Später wurde er US-Botschafter, erst in Kabul, dann in Bagdad und schließlich in New York bei den Vereinten Nationen. In Afghanistan erwarb er in seiner Zeit als US-Botschafter erhebliche Anteile an einer großen Tankstellenkette.

Während die Loya Dschirga begann, gab Khalilzad eine Pressekonferenz, in der er verkündete, dass Zahir Schah keine Absichten habe, ein wichtiges Amt im Staat anzustreben. Der Exkönig hatte bis dahin keine Möglichkeit gehabt, sich zu seinen persönlichen Plänen zu äußern. Nun verbot ihm die Etikette, sich auf eine Streiterei einzulassen. Damit war er als Politiker erledigt.

Für die Afghanen war Khalilzads Intervention ein Aha-Erlebnis. Jetzt war klar, wer in ihrem Land zu entscheiden hatte. Weitere Spielereien mit der Demokratie hätte man sich sparen können. Hamid Karzai wurde provisorischer Staatspräsident. Alle wussten, dass er später bei der eigentlichen Wahl auch Staatspräsident zu werden hatte. Die Mehrheit der Paschtunen deutete die Entscheidung gegen Zahir Schah als eine Entscheidung gegen ihr Volk. Afghanistan sollte in der Hand der Tadschiken und ihres pseudo-paschtunischen Aushängeschildes Karzai bleiben.

Einige Minister, die den Mächtigen der Nordallianz nicht gefielen, wurden damals ermordet, ohne dass das jemals aufgeklärt wurde. Man fürchtete zurecht, dass das Karzai ebenfalls zustoßen könne. In einer Nacht- und Nebelaktion wurde seine Wachmannschaft ausgetauscht und durch 50 US-Söldner von Blackwater oder einer ähnlichen Firma ersetzt. Die USA hatten jetzt eine bequeme Marionette und glaubten, damit auch Afghanistan bequem in der Hand zu haben. Zahir Schah und seine Familie wäre ihnen sicher nicht ganz so wehrlos ausgeliefert gewesen. Dafür hätte die alte Dynastie aber die Masse der Paschtunen hinter sich bringen können, was dem Land vieles erspart hätte.

Die Weiterführung des Moschee-Schulprogrammes

Das Unterrichtsprogramm von OFARIN lief noch in einem Teil der Moscheen. Sollte dieses Grundschulprogramm der Schwerpunkt unserer Arbeit bleiben? Zur Zeit der Taliban waren unsere Moschee-Schulen wichtig. Es gab Frauen und Mädchen Hoffnung. Jetzt konnten die Mädchen wieder staatliche Schulen besuchen. Sie brauchten uns nicht mehr. Die Kinder kamen auch nicht mehr so zahlreich wie früher. Ein Teil des Unterrichtsbetriebes wurde eingestellt. In einigen Moscheen blieb der Andrang jedoch stark.

Wir besuchten unser altes Partnerministerium, das für Islamische Angelegenheiten. Die beiden neuen Staatssekretäre empfingen uns freundlich und drängten uns, unser Engagement fortzusetzen. Es gebe viele Familien, die glaubten, dass es mit dem Islam nicht vereinbar sei, die Kinder in staatliche Schulen zu schicken. Der lange Kulturkampf zwischen Moschee und staatlicher Schule wirke nach. In die Moschee schickten solche Eltern ihre Kinder dann doch, auch wenn sie dort nichts anderes lernten als in den staatlichen Schulen. Besonders Mädchen erlaube man nur kurze Schulwege. Wenn keine Mädchenschule in der Nähe sei, müssten sie zu Hause bleiben. Es wäre gut, wenn Kinder solcher Familien auch etwas Schulbildung erhielten.

Meine Kollegen bestätigten das. Mädchen werden auf der Straße oft mit zotigen Sprüchen bedacht. Im Prinzip gehört es sich, dass man die Tochter jederzeit im Auge behält. Ein langer Schulweg ist rufschädigend. Der Familie wird unterstellt, ihr sei die Unversehrtheit der Tochter gleichgültig. Auf dem Land werden solche Regeln für die Mehrheit der Mädchen zu einem unüberwindbaren Bildungshindernis. Die Regierung bevorzugt große Mittelpunktsschulen, auch für Mädchen. Mittelpunktsschulen sind modern. Man hat sie schließlich auch im Ausland. Vermutlich lässt sich eine große Schule auch einfacher kontrollieren als mehrere kleine. So gibt es nur in wenigen Orten Mädchenschulen. Sie sind dafür groß. Wenn ein Mädchen nicht in einem solchen Ort wohnt, kann es nicht in die Schule gehen. Ohne einen männlichen Begleiter aus der Familie darf es sein Dorf nicht verlassen. Und welcher große Bruder oder Onkel läuft wegen eines kleinen Mädchens täglich lange Wege?

Wir ließen uns darauf ein, die Moschee-Schulen weiter zu betreiben. Vielleicht 4000 Kinder kamen noch zu unserem Unterricht. Auch die Klassen in mehreren kleinen Moscheen des Ortes Saghumkhel in Logar wurden fortgeführt. Schulunterricht auf dem Land lag uns besonders am Herzen. Ohne ihn ist eine Angleichung der Lebensverhältnisse in Stadt und Land nicht denkbar.

Immerhin hatten wir inzwischen gewisse Erfahrungen mit dem Schulunterricht in Moscheen. Eine bestand darin, dass die Art der Lehrerfortbildung sinnlos war, die wir von anderen Organisationen übernommen und zu Talibanzeiten betrieben hatten. Zweifel hatten schon damals bestanden. Wir gaben diese Lehrerfortbildung auf. Doch ging es ganz ohne jede Einflussnahme auf die Lehrer?

Für den Unterricht in der Muttersprache wählten wir Bücher, die von verschiedenen Großorganisationen unter der Oberaufsicht der UNICEF verfasst worden waren. Sie waren gut aufgebaut. Die Taliban hatten sich nicht entschließen können, diese Buchreihe einzuführen. Die neue Regierung übernahm sie sofort. In den Büchern standen zwischen den Texten für die Schüler auch Anweisungen an die Lehrer. Die Verfasser hatten damit gerechnet, dass die Lehrer selber herausfänden, was nur für sie geschrieben war. Das war zuviel verlangt. Das erste Kapitel des ersten Dari-Buches beginnt mit dem Satz: „Dieses Kapitel dient dazu, den Buchstaben „dal" (also: d) einzuführen." Prompt schrieben die Lehrer an die Tafel: „Dieses Kapitel dient dazu, den Buchstaben „dal" einzuführen." Die Schulanfänger mussten diesen Satz abschreiben und „lesen". Das Buch wurde schnell aus dem Verkehr gezogen und durch ein anderes ersetzt, das in vieler Hinsicht unglaublich schlecht war. OFARIN führte die UNICEF-Serie für den Unterricht in der Muttersprache ein und verfasste ein kurzes Anleitungsheft für die Lehrer dazu.

Einstieg in die Didaktik der Mathematik

In Mathematik ging es nicht so einfach. Den Schülern konnten wir in diesem Fach kein Buch anbieten. Schließlich konnten sie noch nicht lesen.

Eines Tages besuchte ich eine Moschee und beobachtete den dortigen Mathematikunterricht. Der Lehrer schrieb „36" an die Tafel, darunter „+ 15", unter die 15 einen Strich und darunter „51". Dann sprach er: „36 plus 15 ist 51. Ist das richtig?" Die Klasse antwortete im Chor: „Das ist richtig." Dann wieder der Lehrer „36 plus 15 ist", und dann der Chor: „51." Das Ganze wurde dreimal wiederholt. Mein Gleichmut war dahin. Ich mischte mich ein: „Herr Lehrer! Darf ich etwas fragen?" – „Aber bitte!"

Ich fragte einen Schüler, was 6 plus 5 sei. Der kleine Kerl schluckte, rang nach Luft und fingerte an seinen Fingern herum. Aber einen Ton brachte er nicht heraus. Nach einer halben Minute erlöste ich ihn.

„Herr Lehrer, wie sollen Ihre Schüler ‚36 + 15' ausrechnen, wenn sie nicht wissen, was ‚6 + 5' ist? Das ist doch ein Teil der Aufgabe."

„Sie haben auch keinen intelligenten Schüler gefragt."

Dieses Erlebnis vertrieb die letzten Zweifel: Wir mussten in den Mathematikunterricht eingreifen. Wir beschlossen, ein ausführliches Buch zu schreiben, wie der Lehrer im ersten Schuljahr Mathematik unterrichten soll.

Das Erziehungsministerium

Wir besuchten auch das Erziehungsministerium. Dort hatten wir es mit einem Staatssekretär zu tun und später mit Abteilungsleitern. Der Herr Minister war für uns nicht erreichbar. Das war damals gerade Herr Qanuni geworden. Er ist ein Pandschiri, also einer von denen, die sich als Sieger über die Taliban sehen durften. Die Masse der Pandschiri sah das klar und einfach. Sie hatten gewonnen. Afghanistan war ihre Beute. Sie hatten jetzt Anrecht auf alles. Qanuni war einer der wenigen, die verstanden, dass man mit dieser Einstellung keinen Staat aufbauen kann. Er sah ein, dass die Pandschiri nicht alle führenden Minister stellen konnten. Er wurde deshalb nicht Innenminister und beschied sich mit dem weniger angesehenen Erziehungsministerium. Allerdings zeigte er in seiner Amtsführung deutlich, was für ein Opfer er gebracht hatte, als er dieses Ministerium übernahm. Nur selten war er im Ministerium anzutreffen. Seine einzige nennenswerte Entscheidung war es, Englischunterricht von der vierten Klasse an vorzuschreiben. Woher die Englischlehrer kommen sollten, darauf hatte er keinen Gedanken verschwendet.

Die Herren, mit denen wir es zu tun hatten, machten klar, dass das Erziehungsministerium eine Behörde sei, deren Anordnungen man zu folgen habe. Wir hätten unsere Planungen einzureichen und genau anzugeben, wie wir unser Geld auszugeben gedächten, eine nachträgliche Berichterstattung sei vollkommen unzureichend. Da wir flexibel bleiben wollten, konnten wir uns auf solche Bedingung nicht einlassen.

Bald darauf wurden Vertreter aller Hilfsorganisationen ins Ministerium gerufen. Ihnen wurde mitgeteilt, dass sie Schulgebäude nicht mehr in eigener Regie bauen dürften. Sie müssten ihre Planungen der Baubehörde des Ministeriums vorlegen. Diese würde sie nötigenfalls abändern. Und so müsse dann gebaut werden. Grundsätzlich müssten die Mauern der Gebäude aus Bruchsteinen oder gebrannten Ziegeln bestehen und das Dach eine Stahlträgerkonstruktion sein. Es gehe dabei um die Sicherheit der Kinder im Falle von Erdbeben.

Darum ging es natürlich nicht. Massive Lehmbauten sind billiger und erdbebensicherer. Vielmehr ging es um den Schein der Modernität. Man stelle sich vor, Ausländer wollten eine Schule besuchen und kämen in einen Lehmbau! Sie könnten glatt meinen, Afghanistan sei ein Entwicklungsland. Die Vertreter der NGOs protestierten heftig. Das Bauen werde durch die neuen Vorschriften massiv verteuert. Man müsse unnütz Geld fürs Bauen ausgeben, das man dringend für die Förderung des Unterrichtsbetriebes brauche. Aber solche Argumente prallten an der Hoheitlichkeit des Ministeriums ab.

Das war der letzte Anlass für unsere Hilfsorganisation, Kontakte zum Erziehungsministerium bis auf Weiteres zu meiden. Beim Ministerium für Islamische Angelegenheiten waren wir gut aufgehoben. Hier waren wir frei, neue Wege bei der Vermittlung des Schulstoffes zu gehen.

Das Erziehungsministerium hatte in seinem Bestreben, Afghanistan als ein fortschrittliches Land darzustellen, schon seit Jahrzehnten erwähnenswerten Unsinn produziert. So war es nicht nur den Lehrern, sondern auch allen Schülern vorgeschrieben, europäische Kleidung zu tragen. Kleine Jungen liefen stundenlang über Land, in der Hand ein Tuch, in das Hefte und Bücher eingewickelt waren, und unter dem Arm eine zusammengerollte Röhrenhose aus dem Altkleiderbasar. Vor der Schule wurde diese Hose über die einheimische Pluderhose gezottelt. Mädchen mussten ein schwarzes Kleid und ein großes weißes Kopftuch tragen. Für viele Familien dürfte dieser Aufwand für die Bekleidung die wirtschaftlichen Möglichkeiten überstiegen haben, sodass manche Kinder schon deshalb nicht in die Schule gingen.

Ein weiteres Zeichen der Modernität Afghanistans waren die Tische und Bänke oder Stühle für die Schüler. Zu Hause sitzen die Kinder auf der Erde auf Kissen oder auf einem Kelim. Aber die Schule musste möbliert sein wie in Europa, damit kein Ausländer entsetzt nach Hause berichtete, die armen Afghanenkinder hätten nicht einmal Tische und Bänke in der Schule.

Die modernisierende Möblierung verschlingt natürlich reichlich Anschaffungs- und Reparaturkosten. Und sie schränkt die mögliche Auslastung der Räume ein. Vor allem aber machen die Kleidervorschriften und die Möblierung die Schulen zu fremden, unvertrauten Stätten. Die Hemmschwelle, dort hinzugehen, wurde unnötig angehoben.

Prompt drehten sich die Auseinandersetzungen zwischen Modernisten und Konservativen um solche Äußerlichkeiten. Es ersparte beiden Parteien, sich über die eigentlichen Aufgaben der Schule Gedanken zu machen. Mullahs und viele Honoratioren auf dem Land reagierten jedesmal erleichtert, wenn ich ihnen erklärte, dass ich Tische und Bänke oder bestimmte Kleider für überflüssig hielt. Dagegen waren Tische und Bänke für Lehrer stets ein Anliegen, das ihnen ernst war, in der Regel wichtiger als die Lernerfolge ihrer Schüler.

Wiederaufbau?

So wie OFARIN oder die politischen Stiftungen suchten jetzt viele nach einer Rolle beim Wiederaufbau Afghanistans. Was musste denn wieder aufgebaut werden? In der Stadt Kabul lagen einige Stadtteile vollkommen in Trümmern. Fast niemand war da, der Anreize setzte, Privathäuser wieder aufzubauen. Das war auch besser so. Meist waren die Besitzverhältnisse verworren. Eigentümer, die das Land verlassen hatten, waren von den Kommunisten und auch von den Taliban enteignet worden. Diese Willkürakte überwundener Regime sollten rückgängig gemacht werden. So gab es für viele Grundstücke mehrere Parteien, die Ansprüche darauf geltend machten. Verwandte hatten ausgewanderte Vettern für tot erklären lassen. Jetzt standen diese Lieben allzu lebendig vor ihnen. Ein afghanischer Freund schätzte noch vier Jahre später, dass die Flugzeuge, die von Frankfurt nach Kabul flogen, zu 90 Prozent mit Exilafghanen besetzt seien, die Besitzansprüche auf Grundstücke zu klären hatten. Selbst wenn sich solche Probleme hätten prinzipiell gerecht lösen lassen, gab es keine Instanz, die es getan hätte.

Der Ausbau von großen Straßen kam erst nach Jahren in Gang. Hier waren internationale Ausschreibungen nötig. Meist führten ausländische Firmen, darunter viele türkische, die Aufträge aus. Die Instandsetzung kleinerer innerstädtischer Straßen blieb eine innerafghanische Angelegenheit. Prompt hat sich in Kabul nichts auf diesem Gebiet getan. Auf dem Land gab es nicht viele Schäden, die repariert werden mussten. Beschädigte Lehmhäuser bauten die Menschen selber wieder auf.

Wirtschaftlicher Neuanfang

Gab es in der Wirtschaft nichts, das man wieder aufbauen musste? Die afghanische Wirtschaft besteht ganz wesentlich aus Landwirtschaft. Vielleicht 80 Prozent der Menschen leben von ihr. Während des Krieges war sie einfach fortgeführt worden. Vermutlich hatten die Landwirte einiges hinzugelernt. Viele von ihnen waren durch den Krieg ins Ausland geraten und hatten dort Anregungen aufgenommen. Ausländische Hilfsorganisationen hatten geholfen, die Erträge zu verbessern. Das war allerdings teilweise dadurch geschehen, dass man unangepasste Spezialsaaten und sogar genveränderte Sorten verschenkt hatte, was nach kurzfristigen Erfolgen zu Ernüchterungen führte. Die Landwirtschaft hatte sogar die gnadenlosen Lebensmittellieferungen des World Food Programme und anderer Wohltäter verkraftet.

Das traditionelle Handwerk hatte ebenfalls die schlimmen Zeiten relativ gut überstanden. Die industrielle Produktion, die vor dem Krieg meist mit ausländischer Hilfe entstanden war, war dagegen verschwunden. Aber sie hatte nie eine bedeutende Rolle für die afghanische Wirtschaft gespielt. Man konnte sich jetzt überlegen, ob man neue Impulse für die Entwicklung der Wirtschaft setzen sollte. Aber dergleichen ist ohne eine gewisse Infrastruktur kaum machbar. „Infrastruktur" ist hier sehr allgemein zu verstehen. Natürlich sind für die Entwicklung der Wirtschaft Verkehrs- und Kommunikationsverbindungen wichtig. Als Grundlage für die Wirtschaft fehlte aber auch ein Bildungssystem, das geeignete Fachkräfte zur Verfügung stellt. Auch brauchte man an den Orten, wo man die Fachkräfte hinlocken wollte, geeignete Schulen für deren Kinder. Und wenn man die Wirtschaft durch den Staat oder die internationale Staatengemeinschaft fördern wollte, brauchte man eine Verwaltung, die Förderungsmittel kompetent einsetzen konnte. Eine effiziente Förderung der Wirtschaft setzte leistungsfähige Bildungseinrichtungen und eine funktionierende Verwaltung voraus.

Dabei gab es schwere Probleme, die die provisorische Regierung und ihre internationalen Unterstützer bedrängten. Aus den Nachbarländern strömten afghanische Flüchtlinge zurück, die untergebracht und irgendwie ins Wirtschaftsleben integriert werden mussten. Und es gab Tausende und Abertausende von Kriegern der verschiedenen Parteien. Diese Männer hatten etliche Jahre lang nur in schäbigen Unterkünften herumgegangen und ab und zu einen Überfall verübt. Jetzt mussten sie entwaffnet und ebenfalls ins Wirtschaftsleben integriert werden. Es mutete rührend an, wenn ein hoher UN-Vertreter darüber jammerte, dass UN-Vorschläge abgelehnt worden seien, für jeden demobilisierten Kämpfer eine Berufsausbildung durchzuführen. Es bestand praktisch keine Nachfrage nach Berufen, die relativ kurzfristig erlernt werden konnten. Wer hätte diese Ausbildung durchführen sollen? Viele Hilfsorganisationen hatten in den Flüchtlingslagern Pakistans – meist mit UN-Mitteln – Zehntausende von Schneidern ausgebildet, die jetzt nach Afghanistan zurückkamen und feststellen mussten, dass der Arbeitsmarkt nichts mit ihnen anfangen konnte.

Das Bildungswesen

Ausländische Universitätsdelegationen reisten an, um zu untersuchen, wie der Betrieb der afghanischen Hochschulen unterstützt werden könne. Ein Professor schlug der Leiterin einer solchen deutschen Delegation vor, einer Fakultät der Kabuler Universität 5000 Euro zur Verfügung zu stellen, damit Dozenten neuere Fachliteratur in die Landessprachen übersetzen konnten. „Das lohnt sich doch nicht mehr", gab sie zurück. „In zwei Jahren spricht hier doch ohnehin jeder Englisch."

Es verschlug einem jetzt öfter den Atem. Bei manchen „Experten" war das Verhältnis ihrer Sach- und Landeskenntnis zu dem, was sie an Mitteln bewegen durften, krass.

Bildung ist nicht voraussetzungslos. In den Schulen brauchte man Lehrer, die selber einen gewissen Unterrichtsstoff beherrschten und in der Lage waren, diesen Stoff an Kinder und Jugendliche zu vermitteln. Solche Lehrer hatte es in Afghanistan nie in ausreichendem Maß gegeben. Das Schulsystem war vor Krieg und Bürgerkrieg recht jung gewesen. Es hatte sehr schnell wachsen müssen, um wenigstens einen Teil der Jugend zu erreichen. Die Ausbildung von Lehrern hatte mit diesem Wachstum nie Schritt gehalten. Die meisten Lehrer waren für ihren Beruf unqualifiziert. Und dann hatte ein Krieg von über 20 Jahren alles zunichte gemacht, was es dennoch gab. Wer sollte jetzt die Lehrer ausbilden, die man brauchte?

Universitäten und Lehrerbildungsanstalten hatte der Krieg hart getroffen. Die wenigen Dozenten, die noch eine solide Ausbildung genossen hatten, waren weit über 50. Die Mehrheit war ins Ausland geflohen und hatte sich dort mit Mühen in vollkommen fremde Gesellschaften integriert. Sie hatten sich in ein anderes Wertesystem hineingelebt. Vieles in ihrer Heimat verstanden sie nicht mehr. Ihre Kinder kannten nur die neue Heimat. Man konnte nicht erwarten, dass diese Menschen nach Afghanistan zurückkehrten. Die Zukunftsaussichten in Afghanistan waren ungewiss. Ein Heimkehrer aus dem Ausland musste damit rechnen, dass er nach ein paar Jahren noch einmal im Ausland von vorne anfangen musste. Das erste Mal war er vielleicht 35 Jahre alt, jetzt war er 58. Afghanistan muss den Professoren dankbar sein, die im Ausland leben, aber in ihrem Urlaub oder nach ihrer Verrentung ihre alte Heimat regelmäßig besuchen, um hier Unterricht zu geben oder sonstwie am Wiederaufbau der Universitäten mitzuwirken.

Die wenigen qualifizierten Dozenten, die geblieben waren, hatten schlimme Zeiten durchlebt. Sie waren müde. Mit Mühe lernten einige von ihnen noch, den Computer zu benutzen. Den Anschluss an den internationalen Universitätsbetrieb schafften sie nicht mehr.

Die Studenten hatten bestenfalls eine schlechte Schulausbildung genossen. Viele hatten als Kinder in Flüchtlingslagern gelebt und jahrelang überhaupt keine Schule besucht. Die jetzigen Dozenten werden aus den jetzigen Studenten kaum ordentliche Lehrer machen können. Bis Afghanistan über ein angemessenes Bildungssystem verfügen wird, werden Jahrzehnte vergehen. Es kostet ein paar Jahre, zerstörte Häuser oder Brücken neu hochzuziehen. Ein halbwegs leistungsfähiges Bildungssystem kann man nur in mehreren Generationen aufbauen.

Man sehe sich die Bildungssysteme großer islamischer Länder wie Ägypten oder Pakistan an! Die quantitative Produktion von Akademikern ist in diesen Ländern seit Jahrzehnten immer nur gewachsen. Doch keine ägyptische Firma wird einen Mitarbeiter aufgrund des Abschlusszeugnisses einer ägyptischen Universität einstellen. Die Noten in den Zeugnissen sagen vielleicht etwas über das Schmiergeld aus, das an Prüfer und Verwaltung gezahlt wurde, aber nichts über das Können des Absolventen. In Pakistan werden Professoren, die es wagen, unfähige Kandidaten durchfallen zu lassen, an Leib und Leben bedroht. Wer in diesen Ländern eine ordentliche Anstellung haben will, muss einen ausländischen Studienabschluss nachweisen. Ein Bildungswesen, wie es Pakistan oder Ägypten haben, dürfte weder das afghanische Geistesleben befruchten noch die afghanische Wirtschaft voranbringen. Afghanistan braucht ein leistungsfähigeres Schul- und Universitätswesen, als es Pakistan oder Ägypten jetzt haben. Doch das afghanische Erziehungsministerium in seinem gegenwärtigen Zustand dürfte nicht einmal in der Lage sein, ein Schulsystem zu verwalten wie beispielsweise das pakistanische.

So waren wir bei OFARIN über die Wahl unserer Aktivitäten recht zufrieden. Schulbildung war bitter nötig. Wenn es dabei sogar gelang, die Schüler zum selbstständigen Denken anzuregen, war viel erreicht. Und es war ein großer Vorteil, dass alles recht unbehelligt von der staatlichen Verwaltung ablief. Allerdings konnten wir nicht sagen, wo wir unser Tun innerhalb der Wiederaufbaubemühungen der internationalen Gemeinschaft und der afghanischen Regierung einordnen sollten. Diese Bemühungen kosten viel Geld und bestehen aus zufälligen, unkoordinierten, oft unqualifizierten Aktivitäten. Wir begnügten uns mit der Feststellung: „Was wir tun, hilft den Betroffenen auf ihrem weiteren Weg. Das ist wenigstens etwas." Als solche Entwicklungshilfe-Inseln im Chaos sahen auch andere Organisationen ihr Tun.

Die Verwaltung

Wesentlich für den Wiederaufbau war die afghanische Verwaltung. Gleichgültig, ob Afghanistan einmal eine Demokratie würde oder nicht, mussten hier und jetzt Führerscheine ausgestellt, Bauvorhaben genehmigt, der Verkehr geregelt oder Schulen und Krankenhäuser mit Geld und Sachmitteln versorgt werden.

Aber jetzt lag wesentlich mehr an. Der Neuaufbau vieler Bereiche des Landes war gefragt. Ein solides Erziehungswesen war nötig und die

Förderung der Wirtschaft. Auch der Aufbau eines leistungsfähigen Gesundheitswesens musste administriert werden. Ein staatliches Finanzwesen musste geschaffen werden, das dem Staat in Zukunft die Einkünfte einkassierte, die für seinen Betrieb nötig waren. Noch wurden diese Mittel vom Ausland geschenkt. Auf allen diesen Gebieten sollte und musste die Verwaltung Besseres leisten als vor dem Krieg. Jetzt musste man auf den meisten Gebieten neu anfangen. Vor dem Krieg hatte sich zwar auch Neues entwickelt, aber vergleichbar langsam. Schon damals war die Verwaltung ihren Aufgaben nur unzureichend nachgekommen. Jetzt fanden internationale „Geberkonferenzen" statt, auf denen mehrere Milliarden Dollar für den Wiederaufbau versprochen wurden. Das waren Beträge, mit denen eine afghanische Verwaltung bisher noch nie etwas zu tun gehabt hatte.

Doch wer war diese Verwaltung? Schon vor Krieg und Bürgerkrieg war die afghanische Verwaltung wenig leistungsfähig und korrupt. Dann gab es den Putsch der Kommunisten. Diese neuen Machthaber verfolgten praktisch alle, die nicht zu ihnen gehörten. Vorsorglich wurden überall Honoratioren und Mullahs verhaftet und umgebracht, damit sie mit Sicherheit nicht mehr aufbegehrten. Viele Beamte verschwanden spurlos. Noch mehr flüchteten ins Ausland. Das schwächte die Verwaltung stark. Die Kommunisten konnten den Qualitätsverlust nicht mit eigenen Leuten ausgleichen. Nach dem Einmarsch der Mudschaheddin drängten Vertreter der Widerstandsparteien in den Staatsapparat. Die Taliban „säuberten" dann nochmals alles. Die Mullahs, die sie in der Verwaltung untergebracht hatten, wurden schließlich durch Kommandanten der Nordallianz ersetzt. Dieser Verwaltung konnte man 2002 praktisch keine Aufgaben übertragen. Sie hatte seit 1978 mehrere brutale Dezimierungen erlitten. Dabei war sie schon vor 1978 alles andere als effizient. Was jetzt noch übrig war, konnte nie und nimmer einen Beitrag zu dem beabsichtigten Wiederaufbau leisten.

Diese Verwaltung konnte man nicht mit den großen Aufgaben allein lassen, die jetzt zu bewältigen waren. Wenn es um „Wiederaufbau" ging, dann um den der staatlichen Strukturen. Das war die Voraussetzung für jeden weiteren Aufbau. Hier musste zuerst etwas geschehen und zwar sehr viel.

Elitebeamten werden geschult

Ein guter Bekannter war Staatssekretär im Planungsministerium geworden. Meine Frau und ich besuchten ihn in seinem Büro. Nachdem wir etwas geplaudert hatten, bat er uns um einen Gefallen: „Könnt ihr uns einen Brief in ordentliches Deutsch bringen? Wir müssen da etwas an eine deutsche Organisation schreiben." Worum ging es? Diese deutsche Organisation hatte begonnen, knapp 20 Spitzenbeamte verschiedener Ministerien zu schulen. Dazu waren 16 Personen aus Deutschland angereist: elf hoch qualifizierte Dozenten und fünf exilafghanische Übersetzer. Sie waren jetzt einmal in Kabul gewesen. Ja, sie kamen öfter; in sechs aufeinander folgenden Monaten kamen sie je eine Woche lang. Dann reisten sie wieder ab. Manche Dozenten wurden nach einigen Wocheneinsätzen ausgewechselt.

Der Minister und sein Staatssekretär waren der Meinung, dass die Kosten dieser Fortbildung mit ihren vielen Reisen unverhältnismäßig hoch seien und dass die Dozenten bei diesen Kurzaufenthalten kaum verstünden, in was für einem Land sie dozierten. Sie schlugen vor, die ganze Veranstaltung als ein einziges sechswöchiges Blockseminar durchzuführen. Außerdem sollten die Dozenten auf Englisch unterrichten. Dann könne man mit lokalen Übersetzern dienen und würde die Übersetzer aus Deutschland einsparen. Wir haben sehr gern geholfen, diesen Brief zu formulieren.

Gegenüber den Organisatoren sollte man nicht ungerecht sein. Vermutlich war es unmöglich, in Deutschland qualifizierte Dozenten zu finden, die in der Lage waren, ihre heimischen Aufgaben sechs Wochen lang liegen zu lassen, um nach Afghanistan zu kommen.

Aber solche Veranstaltungen – auch wenn sie Unsummen verschlangen – konnten die Verwaltung Afghanistans nicht zu der machen, die jetzt gebraucht wurde. Hier war eine wesentlich gründlichere Umgestaltung dringend nötig.

Das Selbstverständnis der afghanischen Verwaltung

Die afghanische Verwaltung ist ausgesprochen autoritär. Den Staat, den sie als ihr Eigentum sieht, kann sie nur als vollkommen zentralisiert denken. Von solchen Ideen gibt es auch dann keine Abstriche, wenn sich Staat und Verwaltung in einem jämmerlichen Zustand befinden, wie im Jahre 2002.

Die afghanische Verwaltung hat natürlich nichts mit Rechtsstaatlichkeit oder gar Demokratie im Sinn. Gerichte oder Parlamente stören ihre Allmacht. Jedwede Aufgabenteilung und natürlich auch föderalistische Strukturen sind ihr ein Graus. Ein föderalistischer Staatsaufbau, der für die Struktur der afghanischen Gesellschaft angemessen wäre, wird von der Verwaltung regelmäßig mit dem Hinweis auf drohenden Separatismus abgeschmettert. Separatistischen Bestrebungen bin ich in Afghanistan bisher noch nie begegnet.

Wie kommt es zu diesen Einstellungen in der afghanischen Verwaltung? Ich vermute, dass sich die heutige Verwaltung aus der Gefolgschaft der früheren Herrscher entwickelt hat, die im Auftrag ihres Chefs das Land unter Kontrolle zu halten hatte. Für diese Büttel war jedes Zeichen von Eigenmächtigkeit der Anfang des Aufruhrs, den man unterdrücken musste. Ordnung herrschte nur, wenn nirgendwo selbstständig gedacht oder gar gehandelt wurde. Ein Geheimdienstmann erläuterte mir seine Pflichten so: „Ein guter Geheimdienst muss wissen, was alle Bürger tun, vom Säugling bis zum Greis, vom Morgen bis zum Abend und auch in der Nacht." Der jeweilige Herrscher brauchte Menschen, die so dachten, denn für die Mehrheit seiner Bürger war er meist ein Fremdherrscher. Als Afghanistan ein selbstständiger Staat war, waren die Emire fast immer Paschtunen. Für die anderen Völker Afghanistans waren sie damit Fremde. Und selbst im eigenen Volk galten sie den meisten als Fremde, weil sie nicht zu deren Stamm gehörten. Die Neigungen der Untertanen, sich der Kontrolle des Herrschers und seiner Leute zu entziehen, war also immer groß.

Vielleicht greift meine obige Vermutung, die das Selbstverständnis der afghanischen Verwaltung erklären soll, zu kurz. Danach müsste die Bevölkerung jede Verwaltung und jeden Staat ablehnen. Das tut sie aber nicht. Mehrfach habe ich erlebt, dass man sich auch auf dem tiefsten Land nach einer „guten Verwaltung" sehnt, einer Verwaltung, die für das allgemeine Wohl sorgt und deren Vertreter niemals persönliche Interessen verfolgen. Woher dieser Traum kommt, weiß ich nicht. Wer dafür sorgen soll, dass eine gute Verwaltung gut bleibt – darüber hatten sich die Menschen nie Gedanken gemacht. Vielleicht ist die Sehnsucht nach einem guten Staat ein Zeichen dafür, dass man in großen Gebieten das weitgehend staatsfreie Zusammenleben als unbefriedigend empfindet. Auf jeden Fall waren sich alle Afghanen immer einig, dass die jeweils herrschende Verwaltung alles andere als die „gute Verwaltung" war, von der man träumte.

Eine Erweiterung erfuhr das Selbstverständnis der Verwaltung durch die Herrschaft des Königs Amanullah von 1919 bis 1929. Amanullah wollte Afghanistan modernisieren. Seine Verwaltung unterstützte ihn dabei. Sie machte die Modernisierung zu ihrem eigenen Anliegen. Intellektuelle verinnerlichten viele Prinzipien der Verwaltung, auch wenn sie oft Richtungen angehörten, die gegen die jeweiligen Machthaber opponierten. Der Staat muss zentralistisch organisiert sein. Schulen müssen mit Tischen und Bänken ausgestattet sein. Solche Ansichten gehören zum festen Bestand der Überzeugungen jedes „modernen" Afghanen. Wenn man gegen den Zentralismus einwendet, dass föderalistisch aufgebaute Staaten wie die USA, Deutschland oder die Schweiz gut funktionierten, hört man meistens, dass das eine Frage der Bildung sei. In Afghanistan lebten jenseits der Hauptstadt zu viele Analphabeten. Dort sei man nicht in der Lage, die richtigen Entscheidungen zu treffen. Das müsse in der Zentrale geschehen.

Die Kommunisten haben die Herrschaft des Zentralstaates sicher noch gefördert. Aber selbst die Taliban glaubten daran, dass ein allmächtiger Staat nötig sei, allerdings einer, in dem Leute regierten, die die Gebote des Korans und der Scharia richtig auslegen konnten. Die Förderung der Modernisierung war für sie keine Staatsaufgabe.

Vielleicht musste Afghanistan nicht gleich eine Demokratie werden. Aber rechtsstaatliche Prinzipien sollten schon jetzt zum Tragen kommen. Allerdings passen die überhaupt nicht zum Selbstverständnis der Verwaltung. Ein zentralstaatlicher Aufbau ist unsinnig für dieses so vielfältige Land. Und schließlich kann eine allmächtige Verwaltung vollkommen ungehindert die üppigsten Formen der Korruption entwickeln. All das war Grund genug für die ausländischen Helfer, der afghanischen Verwaltung eine ganz andere Sicht ihrer Rolle im Staat zu vermitteln, ja aufzunötigen. Das Geld dazu war da. Die Verwaltung war schließlich ganz auf ausländische Zuwendungen angewiesen. Neben etwas Druck war vor allem Überzeugungsarbeit nötig.

Die militärische Absicherung

Um den afghanischen Neuanfang militärisch abzusichern, wurde die ISAF (International Security Assistance Force) entsandt. Diese Truppe bestand damals aus verschieden starken Kontingenten aus fast 20 Ländern. Die meisten kamen aus Europa. Es waren auch Neuseeländer dabei, aber keine Amerikaner. Zunächst erstreckte sich der Auftrag der ISAF auf die Stadt und die Provinz Kabul. Später wurde er auf Nord- und Zentralafghanistan ausgedehnt.

Im Nachhinein fragt man sich, was die ISAF damals geleistet hat. Es scheint überflüssig gewesen zu sein, sie überhaupt zu entsenden. Tatsächlich hat die ISAF auch nichts getan. Sie hat allenfalls mal einen Warnschuss abgegeben. Gekämpft hat sie nie.

Im Frühjahr 1992 hatte die kommunistische Regierung kapituliert. Die Mudschaheddin zogen siegreich in Kabul ein. Die Führer der Parteien, die den Widerstand gegen die Kommunisten angeführt hatten, sollten sich die Macht teilen, indem sie sich alle sechs Monate im Amt des Staatspräsidenten abwechselten. Doch so ein Parteichef hatte allenfalls das Zeug zum Räuberhauptmann. Er hatte mit seinen Leuten den Krieg gewonnen. Jetzt gehörte ihm alles. Seine Leute konnten plündern und gelegentlich auch morden oder vergewaltigen. Schließlich waren sie die Sieger. Das einzige, was störte, war die Tatsache, dass es noch die anderen Parteien gab, die einem die Beute streitig machen konnten. Also musste man diese Konkurrenz noch verdrängen. Daraus entwickelte sich sehr schnell ein furchtbarer Bürgerkrieg, in dem um jeden Kabuler Stadtteil erbarmungslos gekämpft wurde. Jeder Mensch, der in dieser Zeit in der Hauptstadt lebte, erzählt ganz furchtbare Geschichten. Erst 1995 wurde es etwas ruhiger, als sich Ahmad Schah Massud weitgehend durchgesetzt hatte. Schon 1992 hatte die Welt auf den staatlichen Wiederaufbau Afghanistans gehofft. Doch die Führer der Mudschaheddin waren dieser Aufgabe nicht gewachsen. Sie waren aber erst recht nicht willens, anderen den Wiederaufbau des Staates zu überlassen und diese dabei vielleicht noch zu unterstützen. Solche Möglichkeiten lagen weit über ihrem Horizont.

2002 hatten fast die gleichen Parteiführer wieder einen Krieg gewonnen. Statt des fähigen Militärs Ahmad Schah Massud war jetzt „Marschall" Fahim der starke Mann der Nordallianz. Sein Niveau lag sicher nicht über dem der anderen afghanischen „Sieger über die Taliban". Die Voraussetzungen waren 2002 fast die gleichen wie 1992. Es wurde bereits erwähnt, dass die UNAMA für die Loya Dschirga, die 2002 den provisorischen Staatspräsidenten bestimmte, 200 Delegierte nachnominierte. Die UNAMA fürchtete den Ausbruch eines neuen Bürgerkrieges – und das trotz der Anwesenheit der ausländischen Truppen.

Aber genau diese Anwesenheit der ISAF war der entscheidende Unterschied zu 1992. Die potenziellen Bürgerkriegsparteien hielten sich zurück. Der Raum für einen geordneten staatlichen Neubeginn wurde freigehalten. Die ISAF hat in den ersten Jahren nach dem Sturz der Taliban den Auftrag erfüllt, der ihr bei diesem Neuanfang zugedacht war. Das geschah vollkommen unspektakulär. Daher wird es heute nicht mehr gesehen. Den Verdienst der damaligen ISAF schmälert das nicht. Dass dieser Freiraum nicht entschlossen für den zivilen Aufbau genutzt wurde und teilweise durch die Aktivitäten der US-Truppen wieder verloren ging, darf man der ISAF von 2002 und 2003 nicht anlasten.

3. Abschnitt
Über das Zusammenleben der Afghanen

Es wurde schon gesagt, dass Afghanistan geprägt ist von einer Auseinandersetzung zwischen Menschen, die ihr Land modern haben wollen, und anderen, die die althergebrachte Ordnung verteidigen. Es ist auch schon über Erfahrungen mit Mullahs berichtet worden. Doch vieles, auf das man beim Umgang mit Afghanen stößt, lässt sich allein damit nicht erklären. Welche Einflüsse sind wesentlich für das Verhalten der Afghanen? Was ist wichtig in ihrem Zusammenleben? Man kann auch fragen: Wie funktioniert die afghanische Gesellschaft?

Die treibenden Kräfte

Einen maßgeblichen Einfluss auf das Verhalten jedes Einzelnen hat sicher der Islam. Auf ihn soll im fünften Abschnitt ausführlicher eingegangen werden. Mindestens genauso prägend ist die Tatsache, dass die afghanische Gesellschaft eine Stammesgesellschaft ist. Marxistisch geschulte Leser werden auf das Stichwort Feudalismus warten. Tatsächlich hat sich in Teilen Afghanistans ein Feudalismus entwickelt. Der Grundbesitz ist dort in den Händen weniger Familien. Auf den Feldern arbeiten Pächter, die nur Anspruch auf ein Drittel der Ernte haben. In Obstanbaugebieten ist es noch krasser. Da bekommt der Grundbesitzer sechs Siebtel der Ernte, derjenige, der arbeitet, ein Siebtel. Man kann in manchen Gegenden zusehen, wie es einer Familie gelingt, den Grundbesitz zu erweitern, während andere ursprünglich eigenes Land jetzt als Pächter bearbeiten. Vor einer Generation gehörte ihnen die ganze Ernte. Jetzt steht ihnen nur noch ein Bruchteil zu. Natürlich können sie davon kaum noch leben und geraten weiter in Abhängigkeit vom neuen Besitzer, der sie jetzt zu „Frondiensten" nötigen kann.

Es gibt aber auch Gegenden, in denen jeder Bauer noch Besitzer des Grund und Bodens ist, den er bearbeitet. Das ist übrigens auch für die volle Entfaltung der Stammesgesellschaft wichtig. Nur Mitglieder eines Stammes, die eigenen Grundbesitz haben, haben Sitz und Stimme in den Stammesversammlungen. Eine Gesellschaft, in der sich der Feudalismus ausgebreitet hat, besteht also aus wenigen, die im Stamm etwas zu sagen haben, und vielen anderen. Diejenigen, die nicht mehr viel zu sagen haben, suchen die Unterstützung von einem, der Land und damit Einfluss hat. Sie versehen kleine Dienste für ihren Schutzherrn. Wenn dieser sich zu einer Wahl stellt, machen sie für ihn Propaganda. Es ist im Interesse der Gefolgsleute, dass ihr Schutzherr möglichst mächtig wird. Schließlich erwartet man von ihm Zuwendungen und Posten. Eine solche Gesellschaft ist keine reine Stammesgesellschaft mehr, sondern eine Klientelgesellschaft. Ein Ethnologe kann Stammes- und Klientelgesellschaft genau unterscheiden.

Ich will es gar nicht erst versuchen, zumal sich beide Gesellschaftsformen in der Praxis mischen.

Der Stamm

Es soll hier einiges über die Stammesgesellschaft gesagt werden. Auch wenn sie in großen Landesteilen nicht mehr in Reinform existiert, prägt sie das Verhalten jedes Afghanen.

Die afghanische Bevölkerung besteht aus verschiedenen Völkern: Paschtunen, Usbeken, Tadschiken, Hasaras, Belutschen, Turkmenen, Paschai und so weiter. Jedes der Völker besteht aus vielen Stämmen. Stämme haben einige Tausend bis zu einer Million Mitglieder. Bei den Paschtunen und Turkmenen finden wir noch stark ausgeprägte Stammesstrukturen. Aber auch bei den anderen Völkern sind die Bindungen an größere Gruppen von Verwandten sehr wichtig.

Jeder Stamm besteht aus vielen Sippen und jede Sippe aus vielen Familien. Meist gibt es noch mehr Zwischenstufen als nur Familie, Sippe und Stamm. Der Einfachheit halber erläutern wir alles an diesen drei Stufen. Die Gruppen definieren sich über die Abstammung des Mannes. Die Frau übernimmt mit ihrer Einheirat die Zugehörigkeit zu Familie, Sippe und Stamm des Mannes.

In einer Stammesgesellschaft verlässt sich der Einzelne auf den Schutz seiner Familie, seiner Sippe und seines Stammes. Jeder Afghane setzt sich entschlossen für die Belange dieser Gruppierungen ein, damit diese stark und geachtet bleiben. Jeder fördert die kleineren Gruppierungen, zu denen er gehört, auf Kosten der größeren. Innerhalb des Stammes sorgt man für seine Sippe, innerhalb der Sippe für seine Familie. Auch innerhalb der Familie versucht jeder eine möglichst wichtige Rolle zu spielen und seine Brüder zu übertrumpfen. So herrscht in einem Stamm nach außen hin ein Zusammengehörigkeitsgefühl, nach innen aber heftiger Konkurrenzkampf der einzelnen Personen, Familien und Sippen untereinander. Wenn ein Afghane zum Beispiel einen einflussreichen Posten in einem Ministerium hat, wird er versuchen, bei seiner Behörde weitere Mitglieder seines Stammes unterzubringen. Aber um seinem Neffen oder Bruder einen Job zu verschaffen, wird er sogar ein Stammesmitglied rausmobben. Die eigene Familie hat Vorrang. Gegenüber Stammesmitgliedern ist man misstrauisch, gegenüber Fremden erst recht. Das Sozialverhalten, das sich auf diese Weise ergibt, erschwert die effiziente Arbeit von größeren Strukturen – Industriebetrieben, Ministerien oder Krankenhäusern – erheblich.

Bei uns spielt der Staat eine wichtige Rolle für das Zusammenleben. Wir erwarten, dass er etwas für uns tut. Wir verlassen uns darauf, dass der Staat zuverlässig für unsere Sicherheit und unser Eigentum sorgt, dass er eine Alterssicherung und eine Krankenversicherung organisiert, dass er sich um die Ausbildung der Kinder kümmert, dass er Straßen baut, ja dass er sogar etwas für den Sport tut. Wir haben ein gewisses Vertrauen zum Staat und sprechen vom „Vater Staat".

Der Afghane hat kein Vertrauen zum Staat und zu dessen Beamten. Mit Vertretern des Staates macht man kaum gute Erfahrungen. Wie sollte man auch? Sind doch Lehrer, Polizisten oder Richter selber Mitglieder von Stämmen, Sippen und Familien. Dem Beamten ist seine Bedeutung in seiner Familie wichtig. Das Ansehen und die Macht seiner Familie innerhalb der Sippe hat für ihn Vorrang vor dem Auftrag, den er für seinen Dienstherrn zu erfüllen hat. Pflichten für den Mitbürger vermag er kaum zu erkennen. Kurz: Staatsdiener sind oft korrupt.

Man hält den Staat aus den eigenen Angelegenheiten heraus. Man schickt die Kinder oft nicht in die Schule. Rechtsstreitigkeiten lässt man von Stammesältesten oder Geistlichen schlichten, aber nicht von staatlichen Gerichten. In vielen Gegenden lassen sich kaum Vertreter des Staates sehen. Afghanistan ist ein Nationalstaat wie Frankreich oder Japan. Er empfängt ausländische Würdenträger mit Ehrenkompanie und Hymne und schließt mit anderen Staaten Verträge ab. Aber seine Regierung hat auf das Leben im Land viel weniger Einfluss als die französische in Frankreich oder die japanische in Japan. Die afghanische Staatlichkeit ist Fassade.

Afghanistan als „Durchgangsland"

Auch bei uns spricht man von Stämmen – Schwaben, Franken oder Sachsen. Das ist meist Folklore. Aber eine Gesellschaftsordnung, wie sie heute noch für die Afghanen existiert, scheint es bei uns auch einmal gegeben zu haben, bei den Germanen oder den Kelten, etwa um Christi Geburt. Warum ist dergleichen bei uns verschwunden?

Nach der Völkerwanderung wurden die Völker Europas sesshaft. Davor gab es eine Stammesgesellschaft, in der jeder zugleich Bauer und Krieger war. Nach der Völkerwanderung, als die Zeiten ruhiger wurden, ergaben sich Aufgabenteilungen. Die meisten waren nur noch Bauern. Die anderen spezialisierten sich auf die Verteidigung. Das waren die Ritter und die Adligen. Da diese die Waffen besaßen und damit umgehen konnten, nutzten sie sie, um die Bauern zu beherrschen. Die Ritter lernten auf Kriegszügen einigen Luxus kennen und schätzen. Handel entwickelte sich. Marktstädte entstanden. Dort spezialisierten sich Handwerker und Dienstleister. Erfindungen wurden gemacht. Einige Familien sammelten Reichtum an. Neue Kriegstechniken entstanden und machten Kriege für einfache Ritter unbezahlbar. Adlige machten sich von reichen Stadtbürgern abhängig, um sich eine wirksame Bewaffnung zu leisten. Nur große Fürsten blieben selbstständig. Sie schufen sich eine loyale Beamtenschaft, um effizienter zu regieren. Rechtssysteme wurden durchgesetzt, die das Leben und das Eigentum des Einzelnen sicherten. Das beflügelte den Handel und die Produktion. Neue Techniken mehrten den Reichtum städtischer Bürger.

Die Kirche beherrschte lange Zeit das Geistesleben. Über ihre Klöster und Orden wurden Ideen in der ganzen Christenheit ausgetauscht. Die Kirche sorgte für die Gründung von Universitäten. Die Gleichheit aller Menschen vor Gott war eine ihrer Botschaften. Als Konsequenz dieser Überzeugung ließen sich hierarchische Strukturen in der Gesellschaft nur mühsam aufrechterhalten. Die Adligen mussten sich fragen lassen: „Mit welchem Recht beherrscht ihr uns?" Sie konnten keine überzeugenden Antworten geben. Die Entwicklung lief schließlich auf die repräsentativen Demokratien zu, wie wir sie jetzt haben.

Warum ist die afghanische Gesellschaft weitgehend eine Stammesgesellschaft geblieben, während bei uns im Laufe von anderthalb Jahrtausenden eine deutliche Fortentwicklung stattgefunden hat? Dazu muss noch etwas über die Entwicklung in Europa ergänzt werden: Wir Europäer waren seit der Völkerwanderung „unter uns". Ungarn und Wikinger beunruhigten Teile Europas. Irgendwann gaben sie Ruhe und gehörten dann einfach dazu. Es gab Araber und Türken, die Teile des Kontinents besetzten und wieder verloren. Es gab Mongolen, die bis nach Schlesien vordrangen. Ein Zufall hielt sie davon ab, auch den Westen Europas zu verwüsten. Frankreich, England, Deutschland und der größte Teil Italiens wurden nicht von Fremden beherrscht. Sicher, Deutsche fielen in Italien ein, Engländer in Frankreich, Franzosen in Deutschland. Es gab reichlich Kriege hier. Aber europäisch gesehen waren das Bürgerkriege. Sie fanden unter Menschen statt, die nahe verwandten Kulturkreisen angehörten. Auch die, die herrschten, und die, die sich damit nicht abfinden wollten, kannten sich gut. Sie waren in der Lage, über ihre Art des Zusammenlebens miteinander zu verhandeln.

Afghanistan wird gerne als „Durchgangsland" bezeichnet. Dahinter verbirgt sich, dass seit Jahrtausenden immer andere Völker durch das Gebiet des heutigen Afghanistan gezogen sind. Die meisten von ihnen kamen aus den Steppen des Nordens oder Westens und wollten in das warme, fruchtbare Indien. Afghanistan war Teil des alten Perserreiches, bevor dieses von den Mazedoniern überwunden wurde. Alexander der Große drang bis an den Indus vor und brachte den Völkern die hellenistische Kultur, haben wir in der Schule gelernt. Die Völker, die von der

Eroberung betroffen waren, dürften das anders gesehen haben. Später fielen vom Norden her Steppenvölker ein, die zum Teil recht brutal mit den Alteingesessenen umgingen. Dann dehnte sich ein mächtiges Reich von Westindien her aus. Schließlich kamen die Araber und brachten den Islam. Dann gab es Machtzentren auf dem Staatsgebiet des heutigen Afghanistan. In Ghazni und später in Ghor entstanden bedeutende, aber kurzlebige Großreiche. Danach entvölkerten die Mongolen ganze Landstriche, indem sie die Einwohner umbrachten. Anderthalb Jahrhunderte später wiederholte sich das furchtbare Geschehen unter Timur Leng, dem Herrscher eines Nachfolgereiches der Mongolen. Später kamen wieder die Inder, die Perser, dann auch die Usbeken. Schließlich entstand der afghanische Staat, der seinerseits die Nachbargebiete ausplünderte, bevor er selber von Engländern und Sowjets mehrfach besetzt wurde.

Es folgte also Fremdherrschaft auf Fremdherrschaft. Bei jeder neuen Besetzung war man glücklich, wenn man zu den Überlebenden gehörte. Von den fremden Herrschern war nie etwas Gutes zu erwarten. Wenn man mit ihnen zu tun bekam, konnte man froh sein, wenn sie nur Steuern eintreiben, Arbeitsdienste erzwingen oder Soldaten rekrutieren wollten. Man kapselte sich gegen sie ab und lebte sein altes Leben innerhalb des Stammes weiter. Man hatte keine andere Wahl. Wenn eine Herrschaft etwas länger währte, gab es vielleicht langsam Kontakte zwischen Herrschern und Beherrschten. Aber zu gesellschaftlichen Entwicklungen blieb keine Zeit. Die Frage, „Mit welchem Recht beherrscht ihr uns?", konnte nie gestellt werden. Dann war schon die nächste Fremdherrschaft da und man musste sich in den Bergen verstecken.

Auch die gut zweieinhalb Jahrhunderte Eigenstaatlichkeit sind von den meisten Afghanen als Fremdherrschaft empfunden worden. Die afghanischen Herrscher waren fast ausschließlich Paschtunen. Also wurden sie von den anderen Völkern als Fremde gesehen. Aber auch für die Mehrheit der Paschtunen waren die Herrscher nicht aus ihrem Stamm und also auch Fremde. Die Herrscher und ihre Büttel sahen sich auch meist so, als seien sie fremde Eroberer. Sie rafften, was zu bekommen war. Schließlich mussten sie für ihre Familie, Sippe und ihren Stamm sorgen.

Leben ohne Staat

In einer Stammesgesellschaft lebt man also praktisch ohne Staat. Wenn es irgendwo so etwas wie einen Staat gibt, geht man ihm aus dem Weg. Klar, dass man als Kind weitgehend von seinen Eltern aufgezogen wird. Wenn man keinen Vater hat, gilt man als Waise. Dann wird man in der Regel in die Familie eines Onkels aufgenommen. Für das Alter gilt entsprechendes. Meist ist man als alter Mensch bei den eigenen Kindern besser aufgehoben als bei einem Neffen. Möglichst viele Kinder sind daher eine gute Alterssicherung. Die Töchter werden ohnehin in fremde Familien verheiratet und kommen für die eigene Betreuung im Alter kaum in Frage. Man braucht also Söhne. Viele Söhne machen es wahrscheinlicher, dass einer davon wirtschaftlich so gestellt ist, dass man im Alter nicht darben muss.

Doch wie steht es mit der Sicherheit von Leben und Eigentum? Was macht ein Bauer, dem ein paar Schafe gestohlen wurden? Er wird sich sehr darum bemühen, diese Tiere zurückzubekommen. Zur Not müssen ihm Verwandte helfen. Erst recht ist man dazu verpflichtet, den Verwandten zu helfen, wenn jemand getötet worden ist. Dann muss man bereit sein, gegen die Mörder zu kämpfen. Die Verwandten, die Sippe, ja manchmal sogar der Stamm, müssen dafür sorgen, dass der Frevel gesühnt wird. Alle Außenstehenden müssen wissen: „Wenn man von denen einen antastet, begibt man sich in große Gefahr." Auch im Falle von Landstreitigkeiten muss man bereit sein, zu kämpfen. Das gilt nicht nur, wenn es um den Besitz der Familie geht. Auch wenn Grund und Boden einer anderen Familie der Sippe bedroht sind, muss man bereit sein, für diese Familie zu kämpfen. Im afghanisch-pakistanischen Grenzgebiet kommt es vor, dass ganze Paschtunenstämme um den Besitz eines Hügels mit Mörsern und Raketen gegeneinander vorgehen.

Ein Freund war während der Herrschaft der Kommunisten von diesen inhaftiert worden. Man hatte ihm bereits mitgeteilt, dass er demnächst erschossen werde. Da gab es einige Wechsel in der Regierung und ein Stammesgenosse wurde Innenminister. Bald danach wurde mein Freund freigelassen. Das lag aber nicht daran, dass sich der Innenminister und mein Freund besonders mochten. Sie hassten sich. Doch die Sippe meines Freundes teilte der Sippe des Ministers mit, dass man sich an ihr rächen werde, wenn meinem Freund etwas passiere. Das rettete ihm das Leben.

Den gleichen Freund habe ich während des Krieges gegen die Kommunisten in seiner Heimat im Südosten Afghanistans besucht. Wir hatten eins seiner Projekte besichtigt und gingen durch das Tal eines Flüsschens nach Hause. Ein alter Herr machte sich an der Ableitung eines Bewässerungskanals aus dem Flüsschen zu schaffen. Als ich ihm näher kam, hob er den Spaten und bedrohte mich damit. Mein Freund ging dazwischen und es gab einen längeren Wortwechsel. Schließlich kamen zwei jüngere Männer hinzu, die aufgeregt und besorgt mit meinem Freund debattierten. Nach einer Weile gingen wir weiter und mein Freund erklärte mir, dass er diesen Fall nicht auf sich beruhen lassen werde.

„Was willst du denn machen?", fragte ich.

„Ich bringe den vor ein Stammesgericht."

„Wie bitte?"

„Ja, wir haben Stammesgerichte. Wir haben Männer, die sich in unseren Stammesgesetzen gut auskennen. Das sind sonst Bauern. Aber wenn so etwas anliegt, werden sie Richter."

„Ja, aber wenn der andere nun bessere Beziehungen hat oder den Richter besticht, dann hast du nichts davon."

„Das kann nicht passieren. Die Richter an Stammesgerichten halten sich an unsere Gesetze. Und was sie bekommen, dafür gibt es feste Tagessätze. Wenn Zeugen gehört werden, bekommen auch diese ein bestimmtes Geld für ihren Arbeitsausfall. Das liegt alles fest. Und der Schuldige muss es bezahlen. Außerdem ist das kein außergewöhnlicher Fall. So etwas passiert öfter. Der Mann hat mich daran gehindert, meinen Gastgeberpflichten nachzukommen. Ich muss dafür sorgen, dass mein Gast ohne Gefahr bei mir sein kann. Er hat dich aber bedroht. Damit hat er mich beleidigt. Die Strafe ist in solchem Fall, dass er mir ein Schaf geben muss. Das muss er zu mir bringen. Ich werde im Kreise meiner Freunde sitzen, und er wird sich bei mir entschuldigen."

„Aber wenn er das nun nicht tut, was dann?"

„Er wird. Seine Familie und seine Sippe werden dafür sorgen. Das haben die jungen Männer zugesagt. Die Leute hier oben am Fluss müssen durch das Gebiet unserer Sippe gehen, wenn sie runter in die Bezirkshauptstadt wollen oder nach Pakistan. Nach einer solchen Beleidigung müsste meine Sippe ihnen den Durchgang sperren. Wir sind aber jetzt, während des Krieges gegen die Russen, nicht auch noch an einem Sippenkrieg interessiert. Deswegen bringe ich die Sache vor das Gericht. Die Gegenseite ist auch mit einem Gerichtsverfahren einverstanden. Sie ist auf den Durchgang durch unser Gebiet angewiesen."

Es handelte sich also um reines Schlichtungsrecht. Wenn eine Seite nicht mit einem Gerichtsverfahren einverstanden ist oder wenn sie den Richterspruch ablehnt, muss der Durchgang gesperrt und dann wahrscheinlich gekämpft werden.

Persönlich fühlte ich mich übergangen. Ich sollte kein Schaf bekommen, obwohl der Angriff mir gegolten hatte. Das Stammesrecht nahm mich als Rechtssubjekt überhaupt nicht wahr. Es galt nur unter Stammesmitgliedern. Eine gewisse Rolle spielte ich nur, weil ich Gast eines Stammesmitglieds war.

In Gegenden, in denen es solche Stammesgerichte nicht mehr gibt, gibt es andere Schlichter, die zwischen streitenden Parteien vermitteln können, wenn Blutvergießen verhindert werden soll. Oft sind das Mullahs, die sich an das Scharia-Recht halten, oder reiche Grundbesitzer.

Aber auch dort, wo es keine Stammesgerichte mehr gibt, gibt es Stammesversammlungen oder Sippenversammlungen. Dort werden Fragen besprochen, die eine größere Zahl von Familien angehen. Nehmen wir an, eine Gruppe von Familien möchte einen Bewässerungskanal anlegen, der neue Felder bewässern soll! Ein solcher Kanal muss aus einem Fluss abgeleitet werden. Er führt über eine Strecke von mehreren Kilometern, bevor er die Felder erreicht. Meist durchquert er Land, das anderen Familien oder sogar anderen Sippen gehört. Diese anderen Familien oder Sippen müssen ihr Einverständnis geben. Dergleichen kann auf Stammesversammlungen ausgehandelt werden.

Stammesversammlungen sind langwierig. Es werden zuerst verschiedene Positionen von verschiedenen Personen vertreten. Dann reden alle immer wieder. Dabei versucht man, die eigene Position so zu verschieben, dass ein Kompromiss zustande kommt. Im Idealfall sagen am Schluss inhaltlich alle das Gleiche. Das ist letztlich ein einstimmiger Beschluss. Diese Art der Demokratie ist „demokratischer" als eine, in der eine Mehrheit eine Minderheit überstimmt, wie es bei uns üblich ist. Allerdings wird es bei einer kontroversen Interessenlage kaum einen Stammesbeschluss geben.

Stellen Sie sich vor, Nomaden hätten um das Recht gebeten, mit ihrem Vieh durch das Gebiet eines bäuerlichen Stammes zu ziehen! Die meisten Honoratioren des Stammes möchten gute Beziehungen zu diesen Nomaden haben. Auf einer Stammesversammlung werben sie dafür, den Nomaden den Durchzug zu erlauben. Schließlich sind 80 Prozent der Stammesversammlung dafür, den Durchzug zu erlauben. 20 Prozent sind dagegen. Es sind die 20 Prozent der Stammesmitglieder, die in der Gegend wohnen, durch die die Nomaden ziehen möchten. Das Vieh der Nomaden wird durch die Felder der Bauern laufen. Ein Teil der Ernte wird dadurch verloren gehen. Man ist auch nie sicher, ob die Nomaden nicht dieses oder jenes mitgehen lassen. Nein, die direkt Betroffenen sind dagegen, dass die Nomaden in ihr Gebiet kommen. Und die anderen 80 Prozent haben keine Möglichkeit, sie dazu zu zwingen, einen mit großer Mehrheit gefassten Stammesbeschluss hinzunehmen. Schließlich hat der Stamm keine Polizei.

Daher werden auch die Beschlüsse von Stammesgerichten nur dann wirksam, wenn beide Seiten damit einverstanden sind. Wenn eine Partei den Richterspruch nicht akzeptiert, gibt es keine Polizei, die das Urteil durchsetzen kann. Mehr als ein Schlichtungsrecht ist unter solchen Umständen nicht möglich.

Wie sehr ist der Einzelne er selbst?

Jeder Afghane erfährt also von Anbeginn seines Lebens an, dass seine Familie, seine Sippe und sein Stamm sehr wichtig für ihn sind. Für ihn kommt es darauf an, welche Rolle er selbst innerhalb dieser Strukturen spielt. Sehr vieles in seinem Leben entscheidet für ihn die Familie, manchmal die Sippe. Welchen Beruf er ergreift, wen er heiratet, das sind Fragen, die für die Familie, ja für die Sippe, wichtig sind. Darüber lässt man einen jungen Mann nicht selber entscheiden. Und wenn der Einzelne in einer Frage einen gewissen Entscheidungsspielraum hat, wird er sehr genau überlegen, welche Auswirkungen seine Entscheidung auf seine Position in der Familie und auf die Beziehungen der Familien innerhalb der Sippe haben wird. Wenn ein Onkel, der innerhalb der Sippe ein hohes Ansehen genießt, einen Toyota-Geländewagen besitzt, wird sich ein junger Mann fragen, ob es klug ist, sich eine neuere stärkere Version dieses Geländewagens anzuschaffen.

Denken Sie an Martin Luther auf dem Reichstag zu Worms! Der kleine Mönch bürgerlicher Herkunft wagt es, dem Kaiser und den Fürsten des Reiches seine religiösen Ansichten darzulegen, die vielen dieser mächtigen Zuhörer nicht passen. „Hier stehe ich. Ich kann nicht anders. Gott helfe mir! Amen." Was für ein Kerl! Er steht ganz allein zu dem, was er für richtig erkannt hat. Nur Gott ist er verpflichtet. Vielleicht hat sich die Szene nicht genau so abgespielt, wie es überliefert wird. Aber die Protestanten haben sie so weitergegeben, um den Ruhm Martin Luthers zu mehren. Denn die Eigenverantwortlichkeit des Einzelnen war schon vor 500 Jahren etwas Großartiges – für die Menschen in Europa.

Auch Afghanen schätzen es, wenn sich ein Einzelner gegen viele Gegner behauptet. Aber keine Rücksicht auf die Familie und den Stamm zu nehmen – das ist für Afghanen nicht vorbildlich. Sie würden Martin Luther, auch wenn er ganz allein vor den Mächtigen steht, als Teil seiner Sippe und seines Stammes sehen. Und er müsste sich entsprechend verhalten. Ein Afghane fragt sich vielleicht: Hat dieser Luther keinen Onkel, der bisher gute geschäftliche Beziehungen zu einem Erzbischof hatte? Hat er keine Neffen, die eine katholische Klosterschule besuchen? Ein ausgeprägter Individualismus, wie ihn Europäer für ein Ideal ansehen, steht in Afghanistan nicht ganz so hoch im Kurs. Individualismus europäischer Art wird auch nicht für erstrebenswert gehalten. Ein gutes Verhalten einer Einzelperson darf deren Familie, Sippe oder Stamm nicht schaden.

Ein Afghane ist nie so sehr „er selbst", wie ein Europäer es gerne wäre. Ein Teil von ihm gehört immer der Familie und dem Stamm. Und ähnlich steht es mit der Zugehörigkeit des Einzelnen zu seiner Religion und zu seiner Konfession.

Natürlich ist auch ein Westler nie ganz autonom und frei. Den Präsidenten der USA nennt man gern „den mächtigsten Mann der Welt". Aber der mächtigste Mann der Welt muss bei jeder seiner Entscheidungen überlegen, wie sie bei den Kongressabgeordneten und bei den Wählern ankommt. Wenn ein Europäer etwas entscheidet, wird er berücksichtigen, was sein Vorgesetzter dazu sagt. Ein anderer wird nichts tun, was sein Ehepartner nicht auch billigt. Bei manchen Entscheidungen muss der Europäer überlegen, ob der Hausvermieter es duldet. Aber diese Abhängigkeiten sind von Person zu Person verschieden. Der Stamm oder die Sippe spielen keine Rolle, allenfalls einzelne Familienmitglieder.

Ein Afghane ist in aller Regel Teil seines Stammes, seiner Sippe, seiner Familie sowie seiner Religionsgemeinschaft. Diese Abhängigkeiten gehen auch nicht verloren, wenn der Einzelne sich für die Modernisierung seiner Heimat einsetzt. Ein Beamter, der dafür eintritt, dass alle Kinder in die Schule gehen und dass in der Schule Bänke und Tische stehen müssen, hat im Prinzip auch eingesehen, dass Posten in der öffentlichen Verwaltung mit den besten unter allen Kandidaten besetzt werden müssen. Er versteht auch, dass ein öffentlicher Auftrag eigentlich an die Firma mit dem günstigsten Angebot vergeben werden muss. Wenn er aber selber entscheiden muss, wird er nur Kandidaten aus der eigenen Sippe einstellen und den öffentlichen Auftrag einem Cousin erteilen. Dafür duldet die Verwandtschaft meist, dass einige ihrer Mitglieder nach außen hin abweichende Ansichten über allgemeine politische Themen vertreten, sofern sie damit nicht die interne Politik der Sippe oder Familie über Gebühr belasten.

Ein „moderner Afghane" ist also selten modern bis auf die Knochen. Innerhalb von Familie, Sippe und Stamm kommen Modernisten und Konservative miteinander zurecht. Dagegen können die Auseinandersetzungen zwischen „Fortschrittlern" und „Rückständigen" sehr hart werden, wenn sie zwischen Menschen verschiedener Stämme und Völker ausgetragen werden.

Das Gastrecht

Stammesversammlungen und Stammesgerichte können nur für die Mitglieder eines Stammes entscheiden. Allen anderen Menschen gegenüber ist man misstrauisch. Sie haben im Prinzip kein Recht. Man kann sie berauben oder totschlagen. Unter diesen Umständen ist niemand in der Lage, sein Stammesgebiet zu verlassen. Fremde Stammesgebiete kann man nur als Feind mit Waffengewalt betreten. Es haben aber immer Reisen von

Pilgern, Handel und sonstiger Austausch stattgefunden. Das war möglich, weil es in Stammesgesellschaften schon immer das Gastrecht gegeben hat. Das ermöglicht es Menschen, über lange Strecken zu reisen. Auch der Islam verpflichtet die Moslems dazu, die Gastfreundschaft zu pflegen.

Das Gastrecht fordert von den Menschen einer Stammesgesellschaft Leistungen, die sie sonst nicht gewohnt sind. Viele Völker verherrlichen in ihren Sagen das vorbildliche Verhalten von Gastgebern, so zum Beispiel, wenn sie aus irgendwelchen Gründen Feinde als Gäste aufnehmen mussten, die ihnen übel mitgespielt hatten. Es zeigt, dass das Beherbergen von Gästen den Gastgebern einiges abverlangt. Schon rein materiell ist das Gewähren von Gastfreundschaft mit einigem Aufwand verbunden. Man muss Gästen Unterkunft und Verpflegung gewähren. Oft müssen für Gäste besondere Speisen bereitet werden.

Dafür ist der Gast verpflichtet, sich an bestimmte Regeln zu halten. Er wird in Afghanistan in einem Zimmer untergebracht, von wo aus ihm der Blick auf die Räume verwehrt ist, in denen das Familienleben stattfindet. Der Gast tut gut daran, sich in diese Unterbringung zu fügen und nicht zu versuchen, einen Blick auf die Frauen der Familie zu werfen. In Dörfern dient oft die Moschee zur Unterbringung von Gästen.

In der afghanischen Stammesgesellschaft ist man entweder Gast oder Feind. Kritisch wird diese Alternative, wenn es sich um eine größere Anzahl von Fremden handelt. Dann sind die wirtschaftlichen Möglichkeiten der Gastgeber schnell erschöpft, ihren Pflichten gerecht zu werden. Bei einer sehr großen Zahl von Fremden stellt sich die Frage, ob man als Gastgeber in der Lage ist, Herr des Geschehens zu bleiben. Die Gäste könnten sich zu Hausherrn erklären und einen vom eigenen Grund und Boden vertreiben. Im Krieg klappt die Zusammenarbeit von Verbündeten meist hervorragend, solange man mit überlegenen Kräften in fremdes Land eindringt. Heikel wird es, wenn das Gebiet eines Verbündeten zu verteidigen ist. Für die Bewohner wird es schnell teuer, die Waffengefährten als Gäste zu bewirten. Und wenn man viele Verbündete hat, ist man nicht sicher, ob sie auch wieder abziehen.

Während des Krieges gegen die Sowjets haben Militärfachleute die taktischen Fähigkeiten der Afghanen gelobt. Sie erkannten, dass man aus diesen Kriegern eine schlagkräftige Streitkraft formen könnte, sofern sie operativ geführt würden. Die afghanischen Mudschaheddin bräuchten ein Oberkommando, das ihre Kräfte auf bestimmte militärische Ziele konzentrieren kann, erläuterten sie. Die Mudschaheddin nahmen diese wohlwollenden Ratschläge nie an. Sie konnten es nicht. Eine Konzentration von Streitkräften, etwa zwecks Eroberung eines feindlichen Stützpunktes, hätte bedeutet, dass man sehr viele Kämpfer auf einem relativ kleinen

Gebiet zusammenziehen muss. Die Bewohner dieses Gebietes hätten sich mit allen Kräften dagegen gewehrt, auch wenn sie mit den Kriegszielen der Belagerer einverstanden gewesen wären. Es hätte ihre Kräfte überstiegen, die Verbündeten als Gäste aufzunehmen. Folglich mussten sie sie als Feinde behandeln. Die Verbündeten hätten damit von vornherein gerechnet und hätten sich als Feinde aufgeführt.

Kriegerische Grundhaltung

In einer Stammesgesellschaft muss man also jederzeit damit rechnen, dass man sein Leben einsetzen muss: für die Verteidigung des Eigentums, für das Leben von Familien- oder Sippenmitgliedern, für die Vergeltung eines Mordes an einem Verwandten, für die Sicherung des Landbesitzes des Stammes. In einer Stammesgesellschaft denkt jeder Mann und jeder junge Bursche oft an Kampf und Blutvergießen. Wenn jemand anderes umgebracht wurde, überlegen alle: „Was hat der falsch gemacht? Was hättest du in seiner Situation getan?" Wenn eine Blutrache fällig ist, überlegt man: „Wen bringen wir von denen um? Wie stellen wir das am geschicktesten an?" Gedanken an Kampf und Totschlag gehören zum täglichen Leben. Die entsprechenden Taten sind daher wesentlich selbstverständlicher als bei uns.

Wenn alle anderen wissen, dass die Männer dieser Familie oder dieser Sippe entschlossene und gute Kämpfer sind, wird man sie respektieren und sich nicht an sie heranwagen. Wenn man zu einer solchen Familie oder Sippe gehört, lebt man relativ sicher.

Allerdings dürfen die Außenstehenden nicht vergessen, dass die Männer der Familie entschlossene und erfahrene Kämpfer sind. Man muss also ab und zu zeigen, dass man sich nicht scheut, einen Kampf zu wagen, und dass man auch einen Kampf bestehen kann. Der Kampf und die kriegerische Leistung werden hoch geachtet. Wenn einem einige Schafe gestohlen werden, kann man sich keine Großzügigkeit leisten und sagen: „Was soll's? Wegen fünf Schafen mache ich mich nicht verrückt. Es sind in diesem Frühjahr ohnehin schon mehr Tiere geboren worden, als wir unterbringen können." Wer so denkt, verliert seine „Ehre". Alle anderen werden ihn für feige halten. Weitere Übergriffe werden folgen.

Man ist also gezwungen, keinem Kampf auszuweichen. Zumindest muss man seine Entschlossenheit, „es darauf ankommen zu lassen", ab und zu zeigen. Dazu gibt es eine reiche Vielfalt von irrwitzigen Wetten, bei denen man Haus und Hof oder die eigenen Töchter aufs Spiel setzt. Man kann aber auch andere Menschen wohlkalkuliert beleidigen. Der andere kann dann seine eigene Wehrbereitschaft zeigen oder die meine als überlegen hinnehmen. Sehr schnell sind Auseinandersetzungen um Frauen und Mädchen ein Grund, sich zu bekämpfen. Oft reicht eine Situation, aus der man nur mit viel böswilliger Unterstellung eine Absicht ableiten kann; etwa wenn ein Mann sich etwas länger an einem Ort aufhält, von wo aus ein Blick auf die Frauen einer anderen Familie gelingen könnte, oder wenn ein Mann aus einiger Entfernung einer Gruppe Menschen zuwinkt, weil er unter ihnen einen Freund erkannt hat, aber auch Mädchen zu der Gruppe gehören.

Eine Grundtugend in einer Stammesgesellschaft ist es, Feindschaften zu pflegen. Niemand kann es sich leisten, eine 150-jährige Familienfehde einfach beizulegen. Alle Außenstehenden würden daraus schließen, dass der Friedfertige Angst vor den alten Kontrahenten hat und somit überhaupt ein Feigling ist.

In einer Stammesgesellschaft herrscht also immer etwas Krieg: mit anderen Familien, mit einer anderen Sippe, unter verschiedenen Stämmen. Ein größerer Krieg, etwa ein Bürgerkrieg oder ein Krieg mit anderen Staaten, ist eine Gelegenheit, den Stammesgenossen und den anderen Familien zu zeigen, dass man wehrhaft ist und kämpfen kann. Diese Motivation addiert sich zu den übrigen Kriegsgründen. Anders ausgedrückt: Angehörige einer Stammesgesellschaft sind schnell bereit, an einem Krieg teilzunehmen. Für sie geht es nicht nur um die Kriegsziele ihrer Partei, sondern auch um die Möglichkeit, sich als wehrhafte Kämpfer darzustellen.

Manchmal spielen die Kriegsziele sogar eine untergeordnete Rolle. Man schließt sich einem alten Verbündeten an und geht mit ihm in den Krieg, ohne über dessen eigentliche Absichten genau Bescheid zu wissen. Man folgt ohne Bedenken dem Kriegsaufruf eines Stammesältesten. Dieses großzügige Verhältnis zu Krieg und Frieden nutzten die Engländer aus, als sie Britisch-Indien beherrschten. Da verteilten sie Geldgeschenke an einige Stammesfürsten der Paschtunen im Grenzgebiet zu Afghanistan. Diese führten dafür Krieg gegen andere Stämme. So waren die Paschtunen des Grenzgebietes mit Kriegen untereinander beschäftigt und kamen nicht auf die Idee, gemeinsam tiefer ins Herrschaftsgebiet der Briten einzudringen.

Grenzen der Stammessolidarität

In Afghanistan findet derzeit eine Landflucht statt. Viele Menschen ziehen vom Land in die Stadt. Bei der unsicheren Rechtslage auf dem Land können manche Familien ihr Landeigentum nicht verteidigen. Wem welches Stück Land gehört, ist zwar meist irgendwo registriert. Aber in den Kriegswirren haben einige Familien sehr an Einfluss gewonnen. Den nutzen sie rücksichtslos. Sie haben Beziehungen und können bewaffnete

Anhänger aufbieten. Wenn ihnen ein Stück Land gefällt, das einer anderen Familie gehört, setzen sie den Besitzer unter Druck. Der verkauft dann sein Land an die mächtigen Nachbarn – zu einem Preis, den diese Nachbarn festlegen. „Mit Gewalt kaufen" nennt man solche Transaktionen. Eine Familie kann ihren Landbesitz oft nur sichern, wenn sie selber in der Lage ist, genügend Bewaffnete aufzubieten. Vor allem verlieren Familien ihren Grund und Boden, die als Flüchtlinge ins Ausland geflohen waren und sich viele Jahre nicht um ihr Eigentum kümmern konnten. Ohne ihren Landbesitz haben die Menschen aber keine wirtschaftliche Existenzgrundlage in der Heimat. Sie ziehen in die Städte und hoffen, sich dort irgendwie durchzuschlagen.

In den Städten siedeln sie sich meist dort an, wo schon andere Menschen aus ihrer eigentlichen Heimat leben. So gibt es in den Außenbezirken von Kabul Ansiedlungen, in denen sich nur Mitglieder eines einzigen Stammes niedergelassen haben, dessen eigentliches Siedlungsgebiet in irgendeiner entfernten Provinz liegt. In solchen Siedlungen lebt man fast „wie zu Hause". Die Neuankömmlinge brauchen ihre Wertvorstellungen nicht zu ändern. Über die Behandlung von Frauen oder den Schulbesuch der Kinder haben die Bewohner solcher Siedlungen die gleichen Einstellungen wie die Bevölkerung in der „alten Heimat". Verglichen mit anderen Einwohnern von Kabul sind diese Neubürger meist sehr konservativ. Aber immerhin vermutet man als Ausländer in einer solchen Siedlung eine größere Solidarität der Menschen untereinander. Schließlich gehören sie alle zum gleichen Stamm.

Eine dieser Kabuler Stammessiedlungen verfügte über keinen einzigen Brunnen. Einwohner baten OFARIN darum, einen solchen anzulegen. Wir fuhren dorthin und sahen uns das an. Die Einwohner hier gehörten alle zu einem Stamm, dessen eigentliches Siedlungsgebiet in der Provinz Khost an der Grenze zu Pakistan liegt. Dort werden die traditionellen Regeln des Zusammenlebens innerhalb des Stammes ganz besonders streng beachtet.

Die Kabuler Siedlung liegt an einem Berghang, hoch über dem Grundwasserspiegel. Der Boden ist dort voller Felsbrocken. Mit einem der üblichen leichten Rammbohrer hat man es schwer, bis aufs Grundwasser durchzustoßen. Früher hatte es eine Leitung von einer Quelle oben im Berg bis in die Siedlung hinein gegeben. Dort war das Wasser aus der Leitung geflossen, und die Bevölkerung hatte ihre Gefäße abfüllen können. In Krieg und Bürgerkrieg war die Leitung zerstört worden. Jetzt mussten die Kinder bis weit hinunter in die Ebene laufen, um Wasser zu holen. Dazu mussten sie die Siedlung verlassen. Das bedeutete, dass man Mädchen, die sonst meistens das Wasser schleppen müssen, höchstens zusammen mit ihren Brüdern schicken konnte. Daher wünschten sich die

Leute, dass hier, an der Stelle, wo früher die Leitung hingeführt hatte, ein Brunnen mit einer Handpumpe gebaut würde. Ideal war die Stelle nicht. Sie lag in einer engen Gasse.

Als ich mich umdrehte, sah ich hinter der Lehmmauer, die ein Privatgrundstück abgrenzte, einen typischen Dreifuß. Hier wurde nach Wasser gebohrt. Man hatte nur eine Pause gemacht. Aber jetzt ging es weiter. Das Gewicht schlug wieder zu. Das wollten wir uns ansehen und betraten das Grundstück. Der Mann, der den Rammbohrer immer wieder runtersausen ließ, erläuterte, dass er nicht sicher sei, ob das hier zu einem guten Ende führe. Man müsse tief bohren und der Boden sei schwierig. Bisher sei man gut vorangekommen. Doch es könne durchaus sein, dass man auf einen Felsbrocken treffe und dann alles noch einmal ein paar Meter weiter weg beginnen müsse. Hoffnungslos sei es aber nicht. Zwei Grundstücke weiter gebe es schließlich schon einen privaten Brunnen.

Ich erkundigte mich nach denjenigen, die die Brunnen anlegen ließen. Ja, das seien wohlhabende Angehörige des Stammes. Sie hätten ein paar Jahre in Saudi-Arabien gearbeitet und das nötige Geld mitgebracht. Jetzt könnten sie sich eigene Brunnen leisten.

Langsam stieg in mir der Zorn auf. Vielleicht 15 Meter entfernt von einem entstehenden Privatbrunnen sollten wir diesen Stammesbrüdern einen öffentlichen Brunnen anlegen. Schließlich brach es heraus: „Ist das nicht beschämend für euren Stamm? Da bauen sich einige von euch private Brunnen und kümmern sich nicht um ihre Stammesbrüder. Aber von uns Ausländern erwartet ihr, dass wir helfend einspringen."

Einige Einwohner, die uns inzwischen begleiteten, schienen meinen Ausbruch nicht verstanden zu haben. Sie erklärten uns noch einmal geduldig, wo sie den Brunnen mit der Pumpe gern hätten, und zeigten runter ins Tal, woher ihre Kinder bisher das Wasser holen mussten.

27 bayrische Schulen hatten sich im Rahmen eines UNESCO-Programmes erarbeitet, wie schwer es überall auf der Welt ist, Wasser zur Bewässerung von Feldern oder gar zum Trinken zu gewinnen. Bei der Gelegenheit hatten sie für uns Geld gesammelt, damit wir Projekte der Wassergewinnung durchführen konnten. Kinder, Lehrer und Eltern hatten viel Idealismus und Tatkraft in das Unternehmen gesteckt und Opfer für die Menschen in Afghanistan gebracht. Das konnten die Afghanen nicht wissen. Und es hätte auch keinen Zweck gehabt, es ihnen zu erklären. Für sie waren wir westliche Ausländer, die beliebig viel Geld hatten. Wir konnten ihnen helfen, wenn wir nur wollten.

Sicher, es gibt innerhalb eines Stammes sehr viel Konkurrenz, Neid und Misstrauen. Man verzichtet selber gern auf einen kleinen Vorteil, um zu verhindern, dass ein anderer einen noch größeren Vorteil hat. Es gibt liebevoll gepflegte Feindschaften zwischen Familien und Sippen. Aber es gibt doch auch ein Gefühl dafür, dass man zusammengehört und sich gegenseitig unterstützen sollte. Und es gibt zudem einen Wettbewerb untereinander: Wer persönlich und welche Familie hat etwas für den Stamm getan? Hätte einer der Herrschaften, die sich einen Privatbrunnen leisteten, stattdessen einen öffentlichen Brunnen bauen lassen, wäre ihm und seiner Familie die Hochachtung seiner Stammesbrüder sicher gewesen. Aber die Einwohner dieser Siedlung lebten teilweise schon seit Jahrzehnten in Kabul. Da gab es eben doch viele Einflüsse, die das alte Zusammengehörigkeitsgefühl abschwächten. Vielleicht waren für diejenigen, die die Brunnen gebaut hatten, die Beziehungen zu Geschäftspartnern oder Kollegen wichtiger als der gute Ruf bei den Stammesgenossen. Vielleicht wollten ihre Frauen jederzeit Wasser haben und nicht warten, bis ihre Töchter an einer öffentlichen Pumpe an die Reihe kamen.

Zu wem soll man Vertrauen haben?

Früher, vor Krieg und Bürgerkrieg, habe ich an der Kabuler Universität unterrichtet. Damals, im vermeintlich tiefsten Frieden, beklagte sich ein Assistent über die schlechte Qualität des Unterrichtes mancher im Ausland ausgebildeter afghanischer Dozenten. „Die werden alle eingestellt – egal, woher sie kommen oder was sie können." Ich versuchte ihm zu erklären, dass es in Afghanistan niemanden gebe, der im Ausland promovierte Absolventen noch einmal prüfen könne, ob sie gut genug seien. Der Assistent meinte, dass man das einer Kommission von ausländischen Fachleuten übertragen müsse. „Willst du es tatsächlich Ausländern auf die Dauer überlassen, darüber zu entscheiden, wer an eurer Universität unterrichten darf und wer nicht?" – „Ja, natürlich! Wer soll denn so etwas sonst entscheiden?"

Später, während des Krieges, hatte ich Schulen in Zentralafghanistan besucht. Das war unter den gegebenen Umständen nicht so einfach. Man konnte schlecht kalkulieren, wie lange eine Reise von Pakistan illegal über die Grenze und zurück dauerte. Manchmal gab es auf der Route Kämpfe und man konnte wochenlang nicht reisen. Daher war es nicht immer möglich, dass jemand aus Deutschland kam, um die Schulen mit Lohngeldern zu versorgen und die Berichte und Planungen der Schulen entgegenzunehmen. Wir wollten deshalb einen Afghanen einstellen, der in Pakistan lebte und regelmäßig zu den Schulen reiste. Diese Absicht erläuterte ich Aschraf, dem Leiter des Schulprogramms. Er hörte sich den Vorschlag an, meinte, dass das wohl gehen könne. Allerdings müsse er das mit den Lehrern besprechen.

Drei Tage später fand eine Sitzung mit allen Lehrern statt. Aschraf legte mir zur Eröffnung einen Brief vor, der von allen Lehrern und etlichen Dorfältesten unterschrieben war. Sie alle wünschten, dass Aschraf der Leiter der Schule bleiben solle. Ich verstand nur allmählich: Die Afghanen glaubten, dass die Person, die künftig von Pakistan nach Afghanistan reisen solle, um Geld und Unterlagen zu transportieren, die Leitung der Schule übernehmen solle. Ich erläuterte, dass es darum nicht gehe. Der Bote werde keine Entscheidungsbefugnisse haben. Er solle nur dafür sorgen, dass die Schulen pünktlich ihr Geld und wir in Deutschland regelmäßige Berichte erhielten. Es half nichts. Man erklärte mir, dass man Berichte und dergleichen nur mir übergeben werde. Es könnten auch andere Mitglieder des Vereins aus Deutschland kommen wie zum Beispiel Margret oder Winfried. Es könne auch der Leiter des Gesundheitsprogrammes Lepco, das hier arbeitet, kommen, ein Brite oder dessen Frau. Ihnen werde man die Papiere geben; aber keinem Afghanen. Ich versuchte es auf den Punkt zu bringen: „Zu einem Afghanen habt ihr kein Vertrauen. Aber irgendeinen Ausländer können wir schicken. Dem gebt ihr die Papiere." – „Genau so ist es", sagte einer der Lehrer. „So ist unsere Kultur."

Es hat lange gedauert, bis ich solche Erlebnisse einordnen konnte. Es ist tatsächlich so, dass Afghanen Fremde als neutral einstufen. Sie haben nichts mit den Parteilichkeiten und Eifersüchteleien der Völker, Stämme, Sippen und Familien zu tun. Afghanen haben in vielen Lebensbereichen mehr Vertrauen zu Ausländern als zu den eigenen Landsleuten. Man geht davon aus, dass Fremde nicht für ihren Clan arbeiten, sondern für ein Arbeitsergebnis. Man ist bereit, von einem Ausländer zu lernen. Das alles gilt nur, solange der Ausländer seinen Nimbus der Unparteilichkeit wahrt. Wenn er aber beginnt, im innerafghanischen Kampf um Macht und Einfluss mitzuspielen – etwa indem er sich von einem Afghanen vereinnahmen lässt, oder indem er eigennützige Interessen vertritt –, sind die Afghanen von ihm enttäuscht. Sein Ansehen ist dann unwiederbringlich verloren.

Dieser Nimbus der Neutralität, den der Ausländer genießt, ließe sich bei einer Umgestaltung der Verwaltung nutzen. Die Eingriffe eines Fremden in die Verwaltung könnten mit dem Wohlwollen der Bevölkerung rechnen. Die Afghanen, die mit dem Ausländer zusammenarbeiten, würden an dem Nimbus teilhaben, solange sie korrekt arbeiten.

Stammesmitglieder als Staatsbürger

Der von Stammestraditionen geprägte Afghane soll jetzt die moderne Welt betreten. Afghanistan soll eine halbwegs leistungsfähiger Staat werden, wenn es geht sogar eine Demokratie.

Was braucht der neue Staat für Staatsbürger? Es sollten vor allem Menschen sein, die sich mit ihrem Land identifizieren. Das dürfte in Afghanistan der Fall sein, weit mehr als in anderen Entwicklungsländern. Allein die gesamte Bewegung, die Afghanistan modern machen wollte oder will, entstand aus einem Schamgefühl der Afghanen, die ins Ausland gerieten. Sie fürchteten, die Bürger ihres Gastlandes könnten Afghanistan verachten, weil es so rückständig sei. Diese Afghanen im Ausland identifizierten sich sofort mit Afghanistan; so wie sie sich zu Hause gegenüber anderen Afghanen mit ihrem Stamm oder ihrer Sippe identifizieren. Dabei ist diese Identifikation mit ihrer Heimat in keiner Weise aufdringlich. Afghanen verstehen es, ihre Zuneigung zu ihrem Land mit einer gehörigen Zutat von Selbstkritik zu mischen. Das unterscheidet sie angenehm von den Bürgern einiger Nachbarländer, deren Nationalismus bisweilen chauvinistische Züge annimmt.

Einige Nachbarländer Afghanistans haben ernste Probleme mit dem Separatismus. In Afghanistan gibt es dieses Phänomen nicht. Allerdings gibt es Bevölkerungsgruppen, die meinen, es sei ihr Recht, den Rest der Mitbürger zu dominieren – aufgrund historischer Verdienste oder aus konfessionellen Gründen.

Die Regeln des Zusammenlebens innerhalb eines Stammes bieten eine gute Basis für eine demokratisch verfasste Gesellschaft. In einer Stammesgesellschaft kontrolliert man sich gegenseitig stark und verlangt voneinander Rechenschaft. Das kommt den Grundideen von Checks and Balances, die in der US-amerikanischen Verfassung so vorbildlich berücksichtigt sind, eher entgegen als etwa die derzeit übliche Haltung der Bürger im Westen. In Deutschland lässt der normale Staatsbürger den Staat gewähren. „Die werden schon wissen, was sie tun." Erst wenn die Medien einen schlimmen oder auch einen harmlosen Fehler des Staatsapparates an die große Glocke hängen, ist der deutsche Michel für vier Tage empört, um danach wieder in vertrauensselige Ruhe zu versinken. Afghanen vergessen nicht, wer in Stammesversammlungen wen überrumpelt hat.

Afghanen denken in Stammesstrukturen und teils auch in klientelen Seilschaften. Das Misstrauen gegenüber den Mitgliedern anderer Bevölkerungsgruppen ist ausgeprägt und wirkt destruktiv. Der nationale Rahmen ist für das Denken sehr vieler Afghanen zu weit. Sie denken eher im Rahmen ihrer Sippe oder ihres Stammes. Dieses Leben und Denken zunächst im lokalen Bereich und ein gewisses Misstrauen gegenüber allem, was weiter weg liegt, verlangt geradezu nach föderalistischen staatlichen Strukturen. Hier im Kleinen, wo alles übersichtlich ist und jeder jedem auf die Finger sieht, kann sich Demokratie entwickeln. Im Lokalen kann sich eine Verwaltung allmählich die Anerkennung der Mitbürger verdienen.

Aber selbst das wird schwierig sein. Die enttäuschende Erfahrung, die wir in der Stammessiedlung am Stadtrand von Kabul machten, zeigt es. Der Sinn für das Gemeinwohl dieser Stammessiedlung war nicht stark genug, um eine konstruktive Lösung im Sinne der Allgemeinheit hervorzubringen. In der Stammesgesellschaft mangelt es eben nicht nur an Lebensmitteln, an Arbeitsmöglichkeiten, an Effizienz der Verwaltung oder an moderner Bildung. Es mangelt auch an konstruktivem Gemeinsinn. Vermutlich ist dieser Mangel an Solidarität eine wesentliche Ursache für viele andere Mängel. Anders gesagt: Mit mehr Gemeinsinn könnte die afghanische Gesellschaft viele Notstände selber beseitigen.

Aber solcher Gemeinsinn, der sich am Vorteil aller orientiert, muss sich erst entwickeln. Eine lokale Verwaltung muss unter der sozialen oder gar demokratischen Kontrolle der Betroffenen zum Wohle aller entscheiden. Da die Menschen bisher mit staatlichen Verwaltungen, die allerdings immer von Kabul aus befahlen, keine guten Erfahrungen gemacht haben, wird auch eine lokale Verwaltung Zeit benötigen, bis die Bürger ihr vertrauen.

Ein Problem, das nur langfristig gelöst werden kann, ist die gleichberechtigte Teilhabe der Frauen am politischen Geschehen. Die Frauen haben bisher kaum Erfahrungen mit Bereichen des Zusammenlebens außerhalb ihrer Familien. Sie könnten nicht von heute auf morgen die ihnen nach unseren Vorstellungen zustehende Rolle in der Politik einnehmen. Aber dazu wird es ohnehin nicht kommen. Es gibt starke gesellschafliche Kräfte, die einer größeren Teilhabe der Frauen an der Politik im Wege stehen. Sie wurzeln tief in den Stammestraditionen.

Strukturen für die Zukunft

Der zukünftige afghanische Staat braucht eine Verwaltung, die Bürgern, Firmen und Institutionen ihre Sicherheit und die Sicherheit ihres Eigentums gewährleistet und die eine wirtschaftliche und gesellschaftliche Fortentwicklung fördert. Gibt es in Afghanistan die Menschen, die man für eine dienstleistende Verwaltung benötigt? Auch die Firmen, die produzieren oder Dienstleistungen erbringen, brauchen geeignete Mitarbeiter. Viele Aufgaben für die Allgemeinheit hatten schon zu Talibanzeiten NGOs übernommen. Finden Firmen und NGOs in der afghanischen Gesellschaft die Mitarbeiter, die sie befähigen, effizient zu arbeiten?

Was für Beamte braucht der neue Staat? Der derzeitige Beamtenapparat ist nicht in der Lage, die nötigen Dienste für ein modernes Afghanistan bereitzustellen. Die afghanische Verwaltung hält sich für den Besitzer des Staates. Sie unterliegt keiner Kontrolle. Die Verwaltung kann ungehindert eine beliebige Korruption entwickeln. Und das tut sie auch. Die Beamten werden von den Clan- und Klientelstrukturen, in denen sie leben, getrieben, Staat und Mitbürger auszuplündern. Die afghanische Beamtenschaft muss sehr gründlich verändert werden.

Dazu sind energische Eingriffe des Auslands nötig. Und sie sind auch möglich, denn die afghanische Verwaltung wird für unabsehbare Zeit ganz und gar vom Ausland finanziert werden müssen. Das Ausland sollte vor allem dafür sorgen, dass der afghanische Staatsapparat dezentral organisiert wird und dass soviel wie möglich lokal oder regional entschieden wird. Wenn sich auf dieser Basis einmal eine Staatsverwaltung entwickelt hat, können die afghanischen Bürger später allein darüber befinden, ob nicht eine gewisse Zentralisierung in einigen Bereichen doch vorteilhaft wäre.

Auch etwas größere Wirtschaftsunternehmen werden Probleme haben, geeignete Mitarbeiter zu finden. Jeder Vorgesetzte wird sich immer fragen müssen, wie es um die Loyalität seiner Mitarbeiter steht. Mitarbeiter werden zu einer Firma, die Schuhe produziert oder Flugreisen verkauft, kaum eine emotionale Bindung eingehen, die mit den Beziehungen vergleichbar ist, die die Mitarbeiter zu ihrer Familie oder zu ihren Onkels und Vettern haben. Sobald ihnen die Firma die Möglichkeit einräumt, eigene Entscheidungen zu fällen, besteht die Gefahr, dass sie diese Freiheit nutzen, um ihre Firma zugunsten ihrer Sippe zu schädigen. Oft werden sie sogar von ihren Verwandten unter Druck gesetzt, dergleichen zu tun.

Im gesamten islamischen Orient ist es daher schwierig, Firmen aufzubauen, die nicht nur Einpersonendiktaturen sind. In vielen Geschäften, die höherwertige Gebrauchsgüter verkaufen, wie Computer oder gar Autos, stößt man auf eine ganze Reihe gut gekleideter Herren. Während man verhandelt, stellt sich heraus, dass nur einer von ihnen tatsächlich entscheiden darf.

Man kann nur hoffen, dass sich allmählich Erfahrungen einstellen und immer mehr Mitarbeiter einsehen, dass ein ordentlich bezahlter dauerhafter Arbeitsplatz mehr bietet als ein einmaliges Abkassieren durch einen Betrug.

Ganz Ähnliches gilt für NGOs. Auch deren Mitarbeitern geht es in erster Linie um ihre Rolle in ihrer Familie und in der Sippe. Es ist möglich, dass sich Mitarbeiter von NGOs ihrer Aufgabe und damit ihrer Organisation stärker verpflichtet fühlen als ihren Verwandten. Dazu müssen sie verstehen, dass ihre Aufgabe besonders wichtig ist. Stellen Sie sich vor, eine NGO arbeitet im Gesundheitsbereich! Wenn die Patienten den Mitarbeitern der NGO ihre Dankbarkeit und Hochachtung zeigen, erfahren die NGO-Leute fast physisch, dass ihre Arbeit gebraucht wird.

Doch in der Regel können sie diese Erfahrung nicht machen. Afghanische NGOs sind meist darauf angewiesen, von größeren Hilfsorganisationen Aufträge zu bekommen. In den Lagern in Pakistan erhielten afghanische Hilfsorganisationen Mittel von UN-Unterorganisationen, um Flüchtlingen die Produktion von Kerzen beizubringen sowie um Schneider und Teppichknüpfer auszubilden. Die Flüchtlinge kamen zu solchen Schulungen, denn sie erhielten ein Tagegeld für ihr Kommen. Aber alle Beteiligten wussten, dass sie die Kerzen nur zu Kosten produzieren lernten, die weit über dem Preis entsprechender Kerzen im Basar lagen. Alle wussten, dass es bereits viel zu viele Schneider gab, als dass man sich mit diesem Handwerk sein Auskommen verdienen konnte. Alle wussten, dass Teppiche auf dem Weltmarkt kaum nachgefragt wurden. Nur wenn die Flüchtlinge auch die eigenen Kinder zum Teppichknüpfen heranzogen, konnte ihre Familie mit Mühe einen bescheidenen Lebensunterhalt erwirtschaften. Allerdings nahmen sie dafür die Schädigung der Lungen und Augen der Familienmitglieder in Kauf.

Die afghanischen NGOs nahmen solche Ausbildungsaufträge an, um zu überleben und um ihr Personal entlohnen zu können. Aber die NGO-Mitarbeiter wussten, dass ihr Tun sinnlos war. Sie empfanden gegenüber ihrer Arbeit und ihrem Auftraggeber Abneigung und Zynismus. Die UN-Agentur, von der sie ihre Aufträge bekamen, wurde betrogen, wo immer es ging. Und es ging immer. Die meisten afghanischen NGOs waren gar nicht in der Lage, korrekte Abrechnungen zu erstellen. Dazu fehlte ihnen das geeignete Personal. Aber die UN-Agenturen nahmen es nicht so genau. Sie öffneten dem Betrug Tür und Tor. Hauptsache sie hatten einen ordentlichen Umsatz und hohe Teilnehmerzahlen bei den Schulungen. Was bei den NGOs geschah, hielten die UN-Agenturen nicht für einen Teil ihres Verantwortungsbereiches. So hatte die UNO in den Flüchtlingslagern Pakistans bereits eine Kultur des Betrugs unter den afghanischen NGOs ausgebrütet, bevor der Neuaufbau Afghanistans begann.

NGOs unter ausländischer Führung waren meist nicht so fremdbestimmt wie afghanische Hilfsorganisationen. Ihre Verantwortlichen konnten wesentlich selbstständiger darüber entscheiden, welche Arbeiten sie übernahmen. Wenn dabei eine glückliche Wahl getroffen wurde und wenn die ausländische Leitung in der Lage war, die afghanischen Mitarbeiter davon zu überzeugen, dass sie etwas Wichtiges für ihr Land taten, so konnte die Belegschaft durchaus eine Loyalität für ihre Arbeit und für ihre Organisation entwickeln, die die Loyalität gegenüber der Sippe und Familie überwog. Natürlich kann kein ausländischer Leiter beliebig viele Mitarbeiter vom Sinn ihres Tuns überzeugen. Er kann so viele Leute führen, wie er mit seinem Charisma erreicht. Aber das wussten Sie ja schon.

4. Abschnitt
Aus den Jahren 2004 und 2005

Afghanische NGOs

Gut zwei Jahre nach dem Neuanfang hatten die großen ausländischen Hilfsorganisationen längst ihre Wege gefunden, die gewünschten Umsätze zu erreichen. Sie arbeiteten mit afghanischen NGOs zusammen. Während des Krieges gegen die Kommunisten sahen die ausländischen NGOs allmählich ein, dass sie trotz der relativ hohen Personalkosten für ausländische Mitarbeiter viele Ziele nicht erreichten. Plötzlich – es war Ende 1991 oder Anfang 1992 – wurde die Parole ausgegeben, dass es ein Riesenfortschritt sei, Projekte durch afghanische NGOs durchführen zu lassen. Afghanische NGOs müssten keine Ausländer bezahlen. Die Mitarbeiter hätten keine Sprachprobleme mit den „Begünstigten". Sie wüssten, wie man mit den eigenen Landsleuten zurechtkäme. Die meisten ausländischen Organisationen verteilten nur noch das Geld an afghanische NGOs und „supervisten" diese afghanischen Partnerorganisationen. Für ausländische Organisationen wurde es schwierig, noch Geld für Projekte zu bekommen, die sie selber durchführten.

Im Nu standen Hunderte von afghanischen NGOs bereit, die es vorher nie gegeben hatte. Die meisten dieser plötzlich entstandenen Hilfsorganisationen konnten nicht wissen, wie man seine Arbeit ordentlich dokumentiert. Wo sollten sie so etwas gelernt haben? Die leitenden Mitarbeiter wirtschafteten soviel wie möglich in die eigene Tasche. Hatte die afghanische NGO Mittel, um für Menschen Unterkünfte zu bauen, so mussten diejenigen, die Wohnraum brauchten, eine ordentliche Bestechung zahlen, bevor sie als Begünstigte bedacht wurden. Baumaßnahmen erfüllten selten auch nur die bescheidensten Qualitätsansprüche. Zahlreiche Projekte wurden von verschiedenen Geldgebern mehrfach bezahlt. Oft wurden selbst die eigenen Mitarbeiter betrogen. Sie erhielten nur einen Bruchteil des Lohnes, den sie für den ausländischen Geldgeber quittieren mussten.

Das „Supervising" der ausländischen Geldgeber deckte nicht viel von solchem Betrug auf. Schließlich hatten sich die Ausländer zur Zusammenarbeit mit afghanischen Hilfsorganisationen entschlossen, um Personalkosten zu sparen. Um eine halbwegs korrekte Durchführung von Entwicklungs- und Nothilfevorhaben durchzusetzen, hätten die Geldgeber neben jeden zweiten oder dritten Mitarbeiter der afghanischen NGO einen zuverlässigen Überwacher stellen müssen. Aber woher sollten sie so viele loyale Supervisoren nehmen? Und wie sollten sie sie bezahlen? Dann hätten sie das Vorhaben ja gleich selber als ausländische NGOs durchführen können. Doch dafür gab es, wie gesagt, kaum noch Mittel.

Natürlich gab es Betrug, wie er oben aufgezählt wurde, auch bei ausländischen Hilfsorganisationen, allerdings nicht in dem Ausmaß wie bei den afghanischen. Für die ausländischen NGOs waren solche Betrugsfälle im eigenen Bereich schlimm. Wenn der Geldgeber oder gar die Öffentlichkeit davon erfuhren, war die Existenz gefährdet. Jetzt hatten die geldgebenden ausländischen NGOs das peinliche Geschehen „ausgelagert". Man konnte mit beliebig vielen „Partnern" beliebig hohe Umsätze erzielen und blieb selber „sauber".

Es kann sein, dass in anderen Ländern der Anteil seriöser einheimischer NGOs höher ist als in Afghanistan. Das setzte die Existenz einer zivilen Gesellschaft voraus, die in der Lage ist, gemeinnützig handelnde Organisationen zu tragen. Was man von Entwicklungshelfern hört, die in anderen Ländern arbeiten, macht eher skeptisch. Afghanistan hatte aber praktisch keine zivil-gesellschaftlichen Voraussetzungen, um seriöse NGOs zu entwickeln. Diese Szene entstand von heute auf morgen, als bekannt wurde, dass es Geld zu holen gab.

Manche „Experten" sehen den Betrug, der sich an Entwicklungs- und Nothilfeprojekten festmacht, nicht so problematisch. „Die Hauptsache ist doch, dass ein Teil der Hilfe ankommt." Dieses Kalkül geht nicht auf. Eine fehlgeleitete Not- oder Entwicklungshilfe kann mehr Schaden als Nutzen anrichten. Afghanische NGOs sind oft an bestimmte Familien oder Sippen gebunden. Sie begünstigen mit dem, was sie zu verteilen haben, die eigenen Leute und schließen andere Gruppen aus. Während des Krieges hat solche einseitige Hilfe bisweilen zu Kampfhandlungen zwischen konkurrierenden Gruppen geführt und Menschenleben gefordert. Veruntreute Entwicklungshilfe kommt oft nicht bei den Bedürftigen an, für die sie bestimmt ist, sondern bei denjenigen, die ohnehin schon die wirtschaftliche Macht haben. Sie können diese weitere Stärkung dazu nutzen, die Schwächeren endgültig an die Wand zu drücken. Vor allem sollte man die moralischen Schäden, die durch die Verleitung zum Betrug angerichtet werden, in die Kosten-Nutzen-Rechnung einbeziehen. Dadurch, dass ausländische Geldgeber afghanischen Hilfsorganisationen durch mangelnde Kontrolle den Betrug leicht machen, fördern sie die Korruption.

Gewachsene Strukturen

Der Leiter des Departments für Forstwirtschaft in der Landwirtschaftsfakultät der Universität Kabul ist viel beschäftigt. Ausländische Fachleute suchen die Zusammenarbeit mit ihm. Er versteht etwas von den Zusammenhängen zwischen Pflanzenwuchs, Klima und Umweltschutz. Nach seinem Studium in Deutschland hat er vor Krieg und Bürgerkrieg länger in einem Forstprojekt im Südosten Afghanistans gearbeitet. Dieses wurde von deutschen Experten geleitet. Im äußersten Südosten und

Osten Afghanistans gibt es noch Wälder. Hier sorgen Monsunausläufer für ausreichende Niederschläge. Allerdings wurden diese Wälder von den Bewohnern dort mehr und mehr abgeholzt. Das Holz wurde nach Britisch-Indien und später nach Pakistan verkauft. Das deutsche Projekt sollte diese Wälder retten und eventuell eine Wiederaufforstung leisten. Die afghanische Regierung stellte die Wälder unter ihren Schutz. Das half gar nichts. Für die Einheimischen war die Regierung traditionell der Feind, dem man gern eins auswischte. Die Regierung war auch nicht in der Lage, das bergige Land ausreichend zu kontrollieren. So wurde weiter abgeholzt. Das deutsche Forstprojekt war ein Verteidigungskampf um die Bäume.

Im Jahre 2004 kam ein britischer Forstexperte nach Afghanistan. Er bat unseren afghanischen Forstwirtschaftler, ihm einen Vortrag zu übersetzen, den er vor hohen Beamten des Landwirtschaftsministeriums halten wolle. Das geschah. Der Brite erläuterte den Beamten, dass eine Rettung der Wälder im Osten und Südosten nicht möglich sei, wenn die Regierung weiterhin der Waldbesitzer bliebe. Die Wälder müssten den dort lebenden Stämmen als Eigentum überlassen werden. Man müsse die Bevölkerung allerdings schulen, den Wald so zu bewirtschaften, dass auch noch kommende Generationen Gewinn davon hätten.

Der Forstwirschaftsprofessor berichtete, dass die Beamten schon während des Vortrages ihren Unwillen zeigten, ihre Hoheit über den Wald abzugeben. Der Brite habe sich nach dem Vortrag verabschiedet und sei gegangen. Danach sei das Unwetter vollends losgebrochen. Die Beamten hätten geschimpft: „Die Ausländer wollen unsere gewachsenen Verwaltungsstrukturen vernichten. Sie wollen uns die Kontrolle über die Wälder nehmen. Wir dürfen uns auf keinen Fall auf solche Geschichten einlassen."

Ganz normaler Alltag

Schaima heißt die treue Seele, die unser Büro sauber hält. Sie wäscht die Wäsche und springt auch mal als Köchin ein, wenn der Koch abwesend ist. Eines Tages bat sie um Urlaub. In ihrer Heimat sei ein junges Mädchen umgekommen. Sie wolle an den Trauerfeierlichkeiten teilnehmen. Das Ganze sei sehr schlimm.

Ich wollte Näheres wissen. Schaima erzählte, dass man eigentlich einen elfjährigen Jungen habe erschießen wollen. Da habe sich die ältere Schwester vor den Bruder gestellt und sei erschossen worden. Schrecklich! Natürlich bekam Schaima Urlaub, um in ihre Heimat zu reisen. Allerdings fragte ich noch, ob es in ihrer Heimat Kämpfe zwischen Taliban und Regierungstruppen gäbe. „Ja", meinte sie, „so etwas gibt es da auch.

Aber damit hat dieser Mord nichts zu tun. Das war eine ganz normale Sache zwischen drei verfeindeten Familien. Jeder, der dort vor sein Haus tritt, muss damit rechnen, aus einem Haus der beiden anderen Familien beschossen zu werden."

Korruption im Sommer 2004

Ein Thema beherrschte viele Gespräche in Kabul: Kinderverschleppungen. Schüler blieben zu Hause. Eltern fürchteten, dass ihre Kinder auf dem Schulweg gekidnappt werden. Verschleppten Kindern würden Organe entnommen, hieß es. Manchmal finde man die Leichen irgendwo. Ärzte sagten: Für Transplantationen müssen die Organe vor der Entnahme genau untersucht und der Empfänger bestimmt werden. Bis zur Implantation hat man dann nur wenige Stunden Zeit. Organraub ist in Afghanistan also sinnlos. Nur die Augen der Opfer könne man verwerten. Die Hornhaut der Linsen lässt sich noch später einsetzen. Tatsächlich waren tote Kinder gefunden worden, denen die Augen fehlten. Die meisten entführten Kinder wurden wohl als Arbeits- oder Sexsklaven verkauft.

Kinderverschleppungen sind auch aus anderen Ländern bekannt. Über einzelne Fälle in Afghanistan war schon zu Talibanzeiten berichtet worden. Warum erregte das Thema die Menschen jetzt so sehr? Die Medien hatten sich seiner angenommen. Täglich verbreitete der Rundfunk die Namen von Kindern, die von ihren Eltern vermisst wurden. Das Fernsehen berichtete über Einzelfälle. Es untersuchte auch die juristische Aufarbeitung von Verschleppungen. Einige Täter waren zu lächerlich niedrigen Strafen verurteilt worden. Staatsanwälte beschuldigten Richter der Korruption. Richter wurden vor laufender Kamera gefragt, wie viel Schmiergeld ihnen der Angeklagte gezahlt habe.

Die immer schlimmer werdende Korruption traf auf eine Pressefreiheit, wie es sie noch nie zuvor in Afghanistan gegeben hatte. Wegbereiter für eine offene Berichterstattung der Medien waren Radiosender und Zeitungen des ausländischen Militärs, besonders des Bundeswehr-Kontingentes. Inzwischen gab es zahlreiche afghanische Zeitungen und Zeitschriften, die ohne Furcht über Missstände berichteten. Fernsehen und Rundfunk nahmen kaum mehr ein Blatt vor den Mund.

Das staatliche digitale Telefonnetz sollte auch in unserem Stadtteil verlegt werden. Es hätte einen günstigen Datenverkehr ermöglicht. Die Maschinen für die Verlegung der Kabel standen seit vier Monaten hier. Doch seitdem tat sich nichts mehr. Es hieß, die beiden Firmen, die in Kabul ein Mobilfunknetz betreiben, hätten den zuständigen Minister bestochen. Ein Ausbau des Festnetzes wäre ihnen ungelegen gekommen.

Unser Gärtner war eigentlich Lehrer an einer staatlichen Schule. Nachmittags kümmerte er sich manchmal um unsere Blumen. Der Verwaltungschef seiner Schule teilte ihm eines Tages mit, dass er seine Stelle verliere – es sei denn, er träte ihm, dem Verwaltungschef, 1000 Afghani von seinen 2500 Afghani Monatslohn ab. 2500 Afghani sind ungefähr 50 US-Dollar.

Kriegsfürsten aus der Umgebung von Kabul, der Verteidigungsminister Fahim und hohe Militärs verkauften große Areale der Stadt als Grundstücke oder ließen sie mit Wohn- und Geschäftshäusern bebauen. Erworben hatten sie diese Flächen nie. Es handelte sich um staatliches Land, das für andere Nutzungen vorgesehen war. Die Herren ließen die Flächen einfach besetzen und „privatisierten" sie.

Der Brotpreis stieg. Die Bevölkerung stöhnte. Die Stadtverwaltung verhandelte mit den Bäckern. Diese gaben nach. Sie erklärten sich bereit, wieder zum alten Preis zu verkaufen. Es wäre auch ein Unding gewesen. Ohne jede Rücksicht auf die heimische Produktion importierte die UNO Mehl. Der Bauer bekam fast nichts für seinen Weizen. Wie konnte der Brotpreis unter diesen Umständen steigen? Hatte man die Marktmechanismen außer Kraft gesetzt? Ja, man hatte. Am Tag nach der Einigung mit der Stadtverwaltung blieben alle Bäckereien einen Tag lang geschlossen. Danach wurde wieder zum erhöhten Preis verkauft. Bäcker berichteten im Fernsehen, am Morgen nach der Einigung seien bewaffnete Männer vor ihren Läden erschienen. Die hätten gedroht, den Bäckern werde etwas passieren, wenn sie heute öffneten oder in Zukunft den erhöhten Preis unterböten. Ein Teil der Bäckereien war im Besitz von Kommandanten. Diese konnten Bewaffnete aufbieten und die Preise diktieren.

Der Generalstaatsanwalt

Ein Mensch kämpfte tapfer gegen die immer bedrückender werdende Korruption der Verwaltung an, der Generalstaatsanwalt Abdul Jabar Sabet. Er hatte Kommandos aufgestellt, die verschiedene Regierungsämter heimsuchten. Die staatsanwaltlichen Untersuchungen waren denkbar einfach. Die Schubladen der Schreibtische der Beamten wurden herausgezogen. Wenn Geldscheine darin lagen, wurde der Beamte entlassen, der an diesem Tisch saß. So wurde das Personal ganzer Dienststellen vollständig ausgetauscht – ohne dass sich an der Korruption etwas änderte. Allmählich nutzten sich die resoluten Methoden ab. Ein Stellvertreter des Generalstaatsanwaltes meinte resignierend: „Inzwischen kassieren unsere eigenen Leute auch."

Die berüchtigten Verkehrsbürokraten, die Führerscheine und Kfz-Zulassungen abstempeln müssen, waren vorsichtiger geworden. Die benötigten Papiere erhielt man abgestempelt in einem Obstgeschäft in der Nähe, wenn man dort den vereinbarten Betrag hinterlegt hatte. Die Schreibtischschubladen der Beamten blieben leer. Bei den Verkehrsbehörden hatte ein Beamter seinen Stuhl an die Treppe im Flur gerückt. Wenn man in das nächste Stockwerk wollte, verlangte der Staatsdiener zehn Afghanis.

Der Generalstaatsanwalt war angreifbar. Er war ein Mann von altem Schrot und Korn. Er war leicht erregbar und sagte, was er dachte. Er hielt nicht viel von der Pressefreiheit. Unter gewissen Umständen wollte er die Todesstrafe zulassen. Das war natürlich ein gefundenes Fressen für seine Gegner. Diese ließen den wackeren Mann im Fernsehen von ausländischen Diplomaten und UN-Funktionären beschimpfen.

Während dieser Mann sich tatkräftig und ungestüm im Kampf gegen die Korruption verbrauchte, sah ihm das gesamte staatliche Establishment amüsiert, aber untätig zu. Niemand versuchte, seinerseits etwas dagegen zu tun, dass viele wirtschaftliche Investitionen unterblieben, nur weil Beamte immer noch mehr für einen Stempel unter eine Genehmigung herausschlagen wollten.

Afghanen und Korruption

Einmal habe ich mit einem berüchtigten afghanischen Mittelempfänger einige Tausend Baumwolldecken an Flüchtlinge verteilt. Soweit es ging, habe ich alle Schritte der Verteilung überwacht und vor allem dem afghanischen „Partner" auf den Füßen gestanden. Er war sehr ärgerlich und versuchte, mir manchen Streich zu spielen. Irgendwann fügte er sich in sein Schicksal, und die Zusammenarbeit lief. Zum Schluss waren wir beide stolz auf das, was wir vollbracht hatten. Er fragte mich: „Warum machen das die anderen Ausländer nicht auch so wie du? Die könnten doch auch gründlich kontrollieren." Er würde also ganz gern ehrlich arbeiten, bräuchte allerdings jemanden, der ihn manchmal vor Versuchungen bewahrt. Ausländische Geldgeber können aber ihre „Partner" fast nie gut genug kontrollieren. Sie haben nicht das Personal dafür.

Oft habe ich mich gefragt, wie Afghanen zur Korruption stehen. Es wurde schon gezeigt, dass die Menschen einer Stammesgesellschaft ganz anderen mitmenschlichen Zwängen ausgesetzt sind als Bürger im Westen, die wissen, dass ein gut funktionierender Staat nützlich ist und dass man etwas für diesen tun muss. Aber auch in Afghanistan verspricht jeder, der politischen Einfluss gewinnen will, dass er sich gegen die Korruption wenden wird. Es scheint also ein allgemeines Empfinden dafür zu geben, dass Korruption an sich schlecht ist. Wenn Afghanen die Korruption geißeln, fällt es schwer abzuschätzen, ob sie vielleicht nur die Korruption der anderen meinen.

Schon 1973 erhielt ich eine frühe Lehrstunde über das komplexe Verhältnis zur Korruption. Damals hatte ich gerade begonnen, in Afghanistan zu arbeiten. Kurz zuvor war der König Zaher Schah von seinem Vetter Mohammad Daud gestürzt worden. Afghanistan wurde Republik.

Wir hatten einen Koch und Hausmann namens Khodabakhsch eingestellt. Khodabakhsch hatte sich gerade von seiner Frau getrennt. Es sah so aus, als ob ihn seine Frau verlassen hatte. Die Dame war, um es höflich zu sagen, ausgesprochen schwierig. Doch darüber soll hier nicht gerichtet werden. Jedenfalls stand Khodabakhsch mit zwei Kleinkindern alleine da und sah sich gezwungen, schnell eine neue Partnerin zu finden. Keine zwei Monate danach heiratete er ein sehr junges Mädchen, das kurz zuvor mit seinen Eltern vom Land nach Kabul gezogen war.

Sechs Wochen später kam er aufgeregt zu uns. Er müsse für ein oder zwei Wochen untertauchen. Er schicke uns seinen Bruder als Ersatzmann. Das wollte ich genauer wissen. Er berichtete, dass ein Mann aus der Heimat seiner jungen Frau gekommen sei und behaupte, er sei schon zuvor mit dieser verheiratet gewesen. Ich hatte Khodabakhschs neuen Schwiegervater kennengelernt – ein ausgemachtes Schlitzohr. Außerdem war ich zu diesem Zeitpunkt mit manchen Landessitten schon etwas vertraut. Ich vermutete, dass der Schwiegervater seine Tochter dem anderen Mann in der Heimat verkauft hatte, dann mit ihr in die Stadt gezogen war und sie Khodabakhsch ebenfalls verhökert hatte. Khodabakhsch wollte diese Möglichkeit nicht ausschließen.

Was war zu tun? Ich fragte Khodabakhsch, ob er keine Papiere über die Trauung habe. Die habe er schon. Allerdings habe die neue Regierung ein neues Formular für die Eheschließung vorgeschrieben. Das sei riesengroß und beide Ehepartner müssten dort alle zehn Finger aufdrücken. Der Mullah habe ihm aber nur ein altes Formular ausgefüllt. Da hätte man nur je einen Daumenabdruck abliefern müssen. Wahrscheinlich war das eine Kostenfrage gewesen. Ich wollte wissen, ob denn der Widersacher das vorgeschriebene Formular vorweisen könne. Nein, der habe überhaupt nichts Schriftliches.

„Na also! Dann bist du doch fein raus. Dann geh doch einfach zur Polizei und leg denen das Papier vor! Die können den Mullah anrufen, der euch getraut hat. Der wird bestätigen, dass du rechtmäßig verheiratet bist." Khodabakhsch schüttelte über soviel Naivität den Kopf. „Weißt du, was passiert, wenn ich mich bei der Polizei zeige? Die verhaften uns beide, weil wir beide illegal verheiratet sind – der, weil er gar keine Papiere hat und ich, weil ich nicht die richtigen Papiere habe. Dann werden wir jeden

Nachmittag verprügelt, wenn wir uns nicht mit 20 oder 50 Afghani freikaufen. Und wir bleiben inhaftiert, bis unsere Familien genug Geld bei der Polizei abliefern. Deswegen darf ich mich nicht von denen finden lassen. 20 bis 30 Freunde gehen täglich auf die Wache und erzählen den Polizisten, dass ich ein guter Mensch bin und dass sie alle auf meiner Hochzeit Reis gegessen haben. Aber ich selber darf mich bei der Polizei nicht zeigen. Ich muss verschwinden, bis sich alles beruhigt hat."

„Früher, unter dem König, war es einfach", fuhr er fort. „Da wusste man, was man einem Polizeioffizier unter der Tischplatte zuschieben musste, um seine Ruhe zu bekommen. Aber das neue Regime macht soviel Propaganda gegen die Korruption, dass niemand mehr weiß, woran er ist. Wahrscheinlich muss man heute mehr aufwenden. Vielleicht wird man aber auch verhaftet, wenn man es versucht."

Ich meinte, dass es im Grunde richtig sei, dass die Regierung die Korruption unterbinden wolle. Sonst bekäme ja nur der Recht, der mehr Geld habe. Khodabakhsch sah mich fassungslos an. Dann sagte er sehr ernst: „Daran besteht ja wohl kein Zweifel, dass ich mehr Geld habe als der."

Er tauchte unter und nach zwei Wochen wieder auf. Der Widersacher hatte eine Abfindung erhalten und war in seine Heimat zurückgekehrt.

Das Mathematikbuch

2004 hatte sich die Belegschaft von OFARIN tief in den elementaren Unterricht hineingearbeitet und damit begonnen, ein Mathematikbuch für Lehrer zu schreiben. Den Schülern konnten wir keine Mathematikbücher geben, da sie ja gerade erst anfingen, lesen zu lernen. Ich hatte ein recht ausführliches Buch in Englisch verfasst. Nach einer Einführung, die die Lehrer auf ihre Aufgaben einstimmen sollte, wurden einige geometrische Grundbegriffe wie Kreis, Dreieck oder Rechteck vorgestellt. Darauf folgten die Zahlen. Alle ein- und zweistelligen natürlichen Zahlen wurden eingeführt, die Ordnung nach der Größe sowie die Addition und die Subtraktion. Großer Wert wurde auf den „Zehnerübergang" gelegt, der überall in der Welt eine Hürde für Schulanfänger ist. Da wird zu einer einstelligen Zahl etwas addiert und das Ergebnis ist zweistellig (z.B. 7 + 5 =) oder von einer Zahl, die größer ist als 10, wird etwas abgezogen und das Ergebnis ist kleiner als 10 (z.B. 11 – 4 =).

Irgendwann war das Buch „fertig". Ein im Ausland promovierter Universitätsprofessor der Mathematik, den ich aus langer Zusammenarbeit als sorgfältigen Arbeiter kannte, hatte den Text handschriftlich übersetzt. Ein anderer Kollege hatte alles in den Computer getippt. Nun gut, es war noch einiges zu normieren. Die Überschriften waren verschieden groß und die Abstände zwischen den Abschnitten manchmal auch. Aber das konnte man leicht berichtigen. Sollte ich den Inhalt noch grob überprüfen? Für alle Fälle warf ich einen Blick auf den ersten Absatz. In meiner englischen Version bestand dieser aus fünf Sätzen. In der Dari-Version fand ich aber nur zwei Punkte, die Sätze beendeten. Daraufhin ließ ich mir den Abschnitt vorlesen.

Danach war ich aufgeschreckt und sah mir weitere Teile des Buches an. Sehr oft stand da etwas anderes, als ich auf Englisch niedergeschrieben hatte. Manchmal stand glatt das Gegenteil des von mir Gemeinten da. Anstelle von Hinweisen, worauf der Lehrer beim Erklären einer Lösung besonders achten soll, stand eine generelle Aussage über die Wichtigkeit der Wissenschaft. Der Übersetzer hatte den Hinweis nicht verstanden und stattdessen etwas hingeschrieben, was nicht falsch sein konnte. Am hartnäckigsten verteidigte er seine Version, wenn ich darauf bestand, auf hochgestochene Ausdrücke zu verzichten. Der Unterschied zwischen dem, wie das Volk sich ausdrückt, und der mit vielen arabischen Lehnwörtern angereicherten Hochsprache ist so groß, dass einfache Leute die Rundfunknachrichten nicht verstehen. Während mir daran gelegen war, dass unser Buch eine Lehrerin lesen kann, die auf dem Land lebt und nur fünf Jahre in die Schule gegangen ist, wollte der Übersetzer zeigen, dass das Buch von gebildeten Leuten verfasst worden war. Schließlich ist Mathematik eine Wissenschaft.

Solche Auseinandersetzungen waren zeitraubend. Mehr als die Revision von zwei Seiten war pro Tag nicht zu schaffen. Ich suchte nach Auswegen. Afghanische Bekannte, die gut Englisch sprachen, bat ich, Abschnitte des Buches zu übersetzen. Auch gab es inzwischen Übersetzungsagenturen. Dort versuchte ich es auch. Die Ergebnisse rehabilitierten den wackeren Professor, der als erster übersetzt hatte. Alle anderen Versuche gingen noch schlimmer aus. Wir kamen nicht drum herum. Wir mussten das Buch selber übersetzen. Ich musste mir Satz für Satz vorlesen lassen. Mühsam lernte ich selber lesen. Die Dari-Fassung wurde immer noch einmal durchdiskutiert. Für den laufenden Unterricht verteilten wir Ausdrucke von Teilen, die wir schon übersetzt hatten. Ich kann heute nicht mehr sagen, wie viele Monate es dauerte, bis die 70 Seiten des Buches vollständig übersetzt waren. Es dauerte ewig.

Elementare Geometrie

Der Abschnitt über die elementare Geometrie war schon früh fertig. Eines Morgens besuchten wir eine Moschee. Auf der Veranda saßen mehrere Klassen. Ein Lehrer vermittelte gerade diesen Stoff. In die rechte untere Ecke der Tafel hatte er die geometrischen Figuren gezeichnet, um die es ging: eine Gerade, einen Kreis, ein Dreieck, ein Rechteck und ein Quadrat. In der Rechten hielt er seinen Vielzweckstock. Er zeigte damit auf das Dreieck und fragte die Klasse. Ein kleines Mädchen sagte, das sei ein Dreieck. Immerhin hatten wir durchgesetzt, dass die Klasse nicht im Chor antworten durfte. Dann zeigte er auf das Quadrat. Ein Mädchen sagte, dass das ein Quadrat sei. Und so ging es weiter.

Ich verlor die Geduld, malte ein Rechteck an die Tafel und fragte, was das sei. Alle meldeten sich. „Das ist ein Rechteck."

„Schön!", sagte ich. „Woran erkennt man, dass das ein Rechteck ist?"

Das war eine verwegene Frage. In unserem Unterricht für die erste Klasse war natürlich keine Definition eines Rechtecks vorgesehen. Dennoch meldeten sich einige Kinder.

„Das ist ein Rechteck, weil die Seite oben wie die Seite unten ist und die Seite rechts wie die Seite links." Das war die offizielle Definition, die ältere Kinder in afghanischen Schulen lernen. Vielleicht hatte sie der Lehrer den Kindern gesagt. Allerdings ist die afghanische Definition nicht ganz korrekt. Ich malte ein Parallelogramm an.

„Und, was meint ihr dazu? Ist das ein Rechteck? Hier sind doch auch die Seiten rechts und links gleich und die Seiten oben und unten."

Es blieb ruhig. Dann meldete sich ein Mädchen: „Nein, das ist kein Rechteck."

„Warum?"

„Es ist schief."

Ich war begeistert. Jetzt malte ich ein Quadrat an. „Und was sagt ihr dazu?"

„Das ist ein Quadrat."

„Richtig. Aber mich interessiert, ob das nicht auch ein Rechteck ist. Die Seiten rechts und links sind gleich. Die Seite oben ist wie die Seite unten. Und schief ist auch nichts."

Die Klasse blieb still. Wieder meldete sich ein ganz kleines Mädchen. „Dann ist das auch ein Rechteck."

Bevor ich mich richtig freuen konnte, polterte der Lehrer dazwischen: „Das ist kein Rechteck. Das ist ein Quadrat."

Food, Work, Cash

Die Jahre um den Jahrtausendwechsel waren von einer Dürre gekennzeichnet. Ein Freund besitzt ein paar Felder in seiner Heimatprovinz Logar. Er bearbeitet sie als Nebenerwerbslandwirt. Hauptberuflich ist er

Angestellter unserer Hilfsorganisation. Dadurch hat er etwas Geld. Er hatte Wasser gekauft, damit er seine Felder bearbeiten und etwas ernten konnte. Die Bewässerungskanäle waren schon im Frühsommer trocken. Nur ganz unten im Fluss stand hier und da Wasser. Es lief über lange Strecken unterirdisch und tauchte an manchen Stellen wieder auf. Ein findiger Unternehmer hatte sich mit einer Dieselpumpe und einigen Feuerwehrschläuchen eingefunden. Gegen einen Stundenpreis pumpte er einem Wasser aus dem Fluss auf die Felder. Mein Freund hatte ordentlich bezahlt und konnte so seine Felder bebauen und Mais und Weizen ernten. Doch als er das mühsam und teuer erworbene Erntegut verkaufen wollte, musste er feststellen, dass man fast nichts dafür bekam. Die Weltgemeinschaft hatte nämlich Unmengen von Lebensmitteln nach Afghanistan geschafft. Mais und Weizen waren spottbillig.

Im Sommer 1996 traf ich in Masar-e-Scharif auf einen Landsmann, der dort das Büro einer Hilfsorganisation leitete. Ihm hatte man einige Zigtausend Tonnen Mehl bewilligt. „Bis Dezember muss alles mit Brüssel abgerechnet sein." Er bereiste ganz Nordafghanistan und suchte geeignete Projekte: Muss irgendwo ein verschlammter Bewässerungskanal ausgeschaufelt werden? Wurde ein Stück Schotterstraße weggespült? Bedroht Treibsand ein Schulhaus? Sind in einem öffentlichen Garten ein paar Hundert Bäume zu setzen? Wenn er von solchen Möglichkeiten hörte, eilte er hin und versuchte, mit den lokalen Behörden einen Vertrag abzuschließen. Gelang das, kamen seine Ingenieure und rechneten die Haufen Sand, die bewegt werden mussten, oder die Bäume, die gesetzt werden sollten, in Arbeitsstunden um – und die Arbeitsstunden schließlich in Säcke Mehl. Menschen wurden angeheuert, um die Arbeit zu verrichten. Sie wurden mit Mehl bezahlt. Solche Projekte heißen Food-for-Work-Programme.

Ging es bei diesen Programmen um die Verbesserung der Infrastruktur in Nordafghanistan? Wohl kaum, denn wenn die Arbeiten erst einmal durchgeführt waren, kümmerte sich niemand mehr um die Ergebnisse. Weder „Brüssel" noch die Hilfsorganisation hatten Mittel eingeplant, um zu überprüfen, was aus den Reparaturen an den Kanälen, Straßen und Gärten geworden war. Vielmehr sollten die Lebensmittel wirklich Bedürftige erreichen. Um vorübergehende Lohnarbeit, die körperlichen Einsatz verlangt, bemühen sich keine Bessergestellten.

Letztlich ging es auch nicht um die gerechte Verteilung von Lebensmitteln. Es ging um die Beseitigung von Überschüssen aus der Agrarproduktion der EU. Die EU hatte den europäischen Bauern ihr Mehl zu überhöhten Garantiepreisen abgekauft und musste es jetzt loswerden. Theoretisch hätte man es vernichten können. Aber in Europa und Amerika bitten viele Menschen Gott um das tägliche Brot. Ihnen wollte man die Vernichtung von Mehl lieber nicht zumuten. Bei Obst sieht man das nicht so eng. Obst wird in Europa schon mal vernichtet. Vielleicht ging es aber auch darum, die Entwicklungsländer von unseren Lebensmittelhilfen abhängig und damit gefügiger zu machen.

Einige Monate danach veröffentlichte genau die Organisation, für die unser Freund arbeitete, eine Presseerklärung. Darin wurde darauf hingewiesen, dass Lebensmittelhilfsprogramme der Landwirtschaft der Entwicklungsländer schwere Schäden zufügten. Man forderte die Einstellung solcher Aktivitäten, auch der Food-for-Work-Programme. Soviel „Flexibilität" hätte ich dieser Hilfsorganisation nicht zugetraut.

Es liegt auf der Hand, dass die Verschenkung von Lebensmitteln in den Entwicklungsländern die lokalen Preise für diese Güter drückt. Da spielt es keine Rolle, ob die Lebensmittel nur verschenkt werden oder ob sie als Lohn für Arbeit vergeben werden. Tausende von Menschen fallen als Kunden der einheimischen Bauern aus. Glücklicherweise sind solche Lebensmittelverteilungsprogramme sehr betrugsanfällig. Volkswirtschaftlich ist es noch am günstigsten, wenn die fremden Lebensmittel veruntreut werden. Die korrupten Mitarbeiter der Hilfsorganisationen und die Staatsdiener, die die Food-for-Work-Programme nur gegen persönliche „Food-Beteiligungen" genehmigen, verkaufen ihre Beute möglichst teuer auf dem Markt. Der lokale Produzent muss in diesem Fall nicht gegen den Preis null konkurrieren.

Die vom Ausland geschenkten Lebensmittel sind für den einheimischen Bauern eine gefährliche, bisweilen tödliche Konkurrenz. Er bräuchte einen Anreiz, die eigene Produktion zu erhöhen. Er bräuchte Erzeugerpreise, für die es sich lohnt, zu arbeiten. Stattdessen bekommt er den Anreiz, seinen Betrieb aufzugeben und sich selbst in die Schlange derjenigen einzureihen, die um fremde Lebensmittel betteln.

Aber ist die Lebensmittelhilfe für die Dritte Welt nicht in erster Linie eine humanitäre Nothilfe, um den Hungertod von Menschen zu verhindern? Denken Sie an Erdbeben, Überschwemmungen, Dürren und Kriege! Ja, es gibt Situationen, in denen nur der schnelle, gezielte Einsatz von Lebensmitteln Leben retten kann, allerdings sind solche Situationen selten.

Die allermeisten Lebensmittelnothilfeprogramme sind vom Konzept der Geber her dermaßen gemütlich, dass sich die Bezeichnung „Nothilfe" verbietet. In einem ausführlichen Antrag muss die Organisation, die das Programm durchführen will, dem Geber nachweisen, dass die Lage im Entwicklungsland tatsächlich eine Notlage ist. In der Zentrale des Gebers wird der Antrag von peniblen Sachbearbeitern „sachbearbeitet". Von diesen Gutachtern kann niemand verlangen, dass sie sich in die Notlage im Entwicklungsland hineindenken. Es vergehen Wochen, bis die Nothilfe bewilligt ist, und es vergehen weitere Wochen, bis die Lebensmittel an der Unglücksstelle eintreffen. In tatsächlichen Notsituationen wären die Menschen längst verhungert.

Allein in der Stadt Kabul erhielten während der Talibanherrschaft einige Hunderttausend Familien Lebensmittelgeschenke: Kriegsversehrte, Witwen und andere Benachteiligte bezogen etliche Jahre lang verbilligtes Brot oder monatliche Lebensmittelrationen. Konnte man den Notleidenden nur auf diese Weise helfen? Nein! Man hätte sämtliche Lebensmittelhilfsprogramme durch Bargeldhilfsprogramme ersetzen können und müssen.

Diejenigen, die Lebensmittelspenden erhalten, verkaufen diese Gaben sehr oft. Sie brauchen eben nicht allein das Mehl, die Bohnen oder das Fett, womit sie beschenkt werden, sondern vielleicht Medikamente für ein krankes Kind. Oder sie möchten sich etwas Tee leisten und etwas Zucker. Mit dem Verkauf der geschenkten Lebensmittel zeigen sie, dass ihnen mit Bargeld besser gedient wäre.

Auch die Hilfsorganisationen könnten mit Bargeld leichter umgehen als mit Lebensmitteln. Geld kann wesentlich schneller an den Ort der Not gebracht werden als Mehl. Die Durchführung einer Geldverteilung kostet weit weniger Aufwand als eine Lebensmittelverteilung. Die zugegebenermaßen erhebliche Betrugsanfälligkeit dürfte bei beiden Hilfsarten gleich groß sein.

Vor allem aber helfen Geldspenden der einheimischen Landwirtschaft. Denn natürlich kaufen die Beschenkten vor allem Lebensmittel. Und wenn der heimische Markt nicht genug anbietet, steigen die Preise. Das ermuntert den einheimischen Bauern, im nächsten Jahr mehr zu produzieren. Die Versorgung der Bevölkerung bleibt aber auch kurzfristig gesichert, denn schnell locken die gestiegenen Preise Importe an. Und wenn in den Nachbarländern die Lebensmittel knapp sind, bekommen die entwickelten Länder mit ihren Überschüssen doch noch eine Chance – allerdings nur eine faire Marktchance.

Beim Malik

Während der Dürre, die gegen Ende der Talibanzeit herrschte, wollten auch wir helfen. Man konnte Felder bewässern. Das hätte eine Ernte gerettet. Wir entschlossen uns, Weingärten im Bezirk Dehsabz in der Kabul-Provinz mit Wasser zu versorgen. Wenn Weinstöcke verdorren, muss man den Weingarten einige Jahre brachliegen lassen, bevor man neue Stöcke anpflanzt. Danach dauert es noch einige Jahre, bis man wieder Weintrauben ernten kann. Rettet man Weinstöcke, rettet man gut zehn Ernten, rettet man Weizen oder Mais, rettet man eine Ernte. Unsere Hilfe bestand darin, dass wir beim Bau eines Brunnens für Bohrkosten und eine mit Diesel getriebene Wasserpumpe aufkamen. Vorher mussten die Bauern einen 16 Meter tiefen Schacht ausheben, auf dessen Grund die Bohrung ansetzte. Die Unterstützung wurde nur als Kredit vergeben. Unter diesen Umständen baten nur Bauern um Hilfe, die es nötig hatten. Meist taten sich mehrere für einen Brunnen zusammen. Insgesamt wurden mit unserer Hilfe über 60 Brunnen errichtet und fast eine Million Weinstöcke gerettet.

Inzwischen waren einige Jahre ins Land gegangen und wir bemühten uns um die Rückzahlung der Kredite. Ein Malik ist ein Dorfältester. Die Verträge waren damals von den Maliks der Dörfer gegengezeichnet worden. Und jetzt suchten wir einen der Maliks auf, um mit seiner Hilfe unsere Kredite zurückzubekommen. Wir konnten sein Haus nicht gleich finden. Auf der Straße fragten wir einen alten Herrn in weißem Gewand und Turban, wo das Haus des Malik sei. „Dann sind wir gemeinsam Gäste des Malik", sagte der Mann. „Ihr steht vor seinem Haus."

Wir stiegen gemeinsam in den Gästeraum im ersten Stock. Mindestens 25 Meter war dieser Saal lang. Hier konnten bestimmt 200 Personen Platz finden. Auf den Kissen, die an den Wänden ausgelegt waren, saßen drei jüngere, europäisch gekleidete Afghanen. Der Malik sei auf seinen Feldern. Es sei schon jemand unterwegs, ihn zu holen.

Die drei Herren kamen aus Peschawar. Sie arbeiteten für eine afghanische Organisation und führten mit UN-Geldern ein Programm durch. Sie unterstützten Afghanen, die aus dem Ausland zurückgekehrt waren. Sie untersuchten die Wohnverhältnisse solcher Rückkehrer und konnten Mittel zur Verfügung stellen, um es diesen Menschen zu ermöglichen, Räume auszubauen oder anzubauen. Der Malik sollte ihnen eine Liste solcher Rückkehrer aufstellen.

Mein Kollege wandte sich an den Gast, mit dem wir gekommen waren. Er war aus Bagram, vielleicht 40 Kilometer von Dehsabz entfernt. Vor zwei Jahren habe er einem Mann aus diesem Dorf hier zwei Kühe verkauft. Der habe die Tiere weiterverkauft, noch bevor er sie ihm bezahlt habe. Das Geld, das der andere eingenommen habe, habe der verspielt, sodass er nichts erhalten habe. Er habe sich an den Malik gewandt. Durch dessen Vermittlung habe man sich auf eine monatliche Ratenzahlung geeinigt. Aber die monatliche Rate war kaum höher als die Kosten seiner Reise von Bagram nach Dehsabz und zurück. So käme er nur alle zwei Monate her, um je zwei Raten in Empfang zu nehmen. Jetzt sei das wieder mal fällig und er hoffe, dass er diesmal etwas bekomme. Mein Kollege sah mich an. Wir dachten an unsere Kredite.

Tatsächlich setzte sich der Malik tatkräftig für unser Anliegen ein. Als wir es drei Jahre später aufgaben und auf weitere Rückzahlungen verzichteten, hatten wir knapp die Hälfte der Kredite zurückerhalten.

Beim Minister

Nach der Präsidentschaftswahl im Herbst 2004, durch die Hamid Karzai erwartungsgemäß offizieller Staatspräsident wurde, dauerte es bis Anfang 2005, bis das Kabinett aufgestellt war. Einen der neuen Minister mussten wir dringend sprechen. Zwei Monate lang konnte er uns keine Audienz gewähren. Auch für sonstige Amtsgeschäfte hatte er einfach keine Zeit. Er war nur damit beschäftigt, Besucher aus seiner Heimat zu empfangen, die ihm huldigten – und natürlich Erwartungen mit diesen Huldigungen verbanden. Wir mussten sehr aufdringlich werden, um schließlich doch vorgelassen zu werden.

Wir waren noch nicht lange im Amtszimmer des hohen Herrn, als der Büroleiter noch eine UN-Mitarbeiterin mit Dolmetscher einließ. Sie war zur gleichen Zeit bestellt worden wie wir. Einem Afghanen war es gelungen, mit den UN-Leuten ins Zimmer zu schlüpfen. Er stürzte sich an allen vorbei auf den Minister zu und umarmte ihn innig. Der Minister reagierte leicht indigniert und bedeutete dem Eindringling, dass er gerade andere Gäste habe. Doch der Mann gab nicht auf. Er sei ja nur gekommen, sagte er unbeirrt, um dem Herrn Minister von ganzem Herzen zu gratulieren. Er sei – der Herr Minister möge sich doch bitte seinen Namen merken – Ingenieur Mohammad Hakim. Dann verneigte er sich und ließ sich von einem Diener hinausgeleiten.

Bei der UNICEF

OFARIN hat lange Zeit eine Waisenschule in Wardak unterstützt. Waisenschulen unterstehen nicht dem Erziehungsministerium, sondern dem Ministerium für Arbeit und Soziales. Allerdings sind Waisenschulen gehalten, den gleichen Unterrichtsstoff durchzunehmen wie die Schulen des Erziehungsministeriums und dazu die gleichen Schulbücher zu benutzen. Die offiziellen Schulbücher dürfen nicht frei gehandelt werden. Man ist darauf angewiesen, sie über die staatlichen Kanäle zu beziehen. Diese Kanäle beginnen bei der UNICEF, die die Schulbücher bezahlt und beschafft hat. An die UNICEF hatte sich deshalb eine Gruppe von Lehrern der Waisenschule gewandt. Sie waren bis an den Tisch einer Sachbearbeiterin gelangt. Diese hatte ihnen bestätigt, dass sie bei der UNICEF richtig seien. Zwar seien die Bücher für die Schulen des Erziehungsministeriums an die Schulbehörden der Provinzen ausgeliefert worden. Dort müssten die Schulen des Erziehungsministeriums sie abholen. Aber für eine Waisenschule sei die UNICEF direkt zuständig. Leider wusste die Sachbearbeiterin nicht, wo die Schulbücher zu finden waren. Die Bücher seien nicht ihre Aufgabe. Die zuständige Kollegin sei auf einer Dienstreise. Sie sollten doch in zwei Wochen wiederkommen. Die wackeren Lehrer machten noch zwei weitere Anläufe bei der UNICEF. Doch sie kamen nie weiter als in den Raum, wo man sich anmelden musste. Dort durften sie sich hinsetzen und warten. Aber die zuständigen Leute waren immer in einer wichtigen Sitzung. Unsere Lehrer zogen jedesmal unverrichteter Dinge ab.

Schließlich wandten sie sich verzweifelt an mich. Ich reiste mit ihnen zur UNICEF. Die hatte inzwischen zusammen mit der UNAMA und einer weiteren UN-Unterorganisation ein sehr geräumiges Areal am Rande der Stadt bezogen, mitten zwischen den verschiedenen Kontingenten der ISAF.

Da ich dabei war, wurden wir in die Räume der Sachbearbeiter geleitet, obwohl dort niemand war, denn die UNICEF-Mitarbeiter befanden sich tatsächlich in einer Sitzung. Wir machten es uns bequem und warteten. Nach einer halben Stunde kam ein Afghane. Er hatte die Sitzung kurz verlassen. Nachdem die Lehrer ihr Anliegen vorgetragen hatten, wurde der Mann ärgerlich. Die Lehrer hätten sich dumm angestellt. Die Bücher würden von den Provinzbehörden ausgegeben. Das war mir zuviel. Ich erklärte, dass die Situation für Schulen, die nicht dem Erziehungsministerium unterstünden, anders sei. Der UN-Angestellte wurde kleinlaut. Er sei ja nur wegen uns aus der Sitzung gekommen. Er sei ja auch gar nicht für Schulbücher zuständig. Das sei eine Kollegin. Diese käme so bald als möglich. Er verschwand und wir warteten wieder.

Schließlich kam die Kollegin, eine afghanische Ärztin, die im UN-Büro mehr verdiente als in einem Krankenhaus oder in einer Praxis. Sie bestätigte, dass in diesem Fall die UNICEF die Bücher ausliefern müsse. Nur wisse sie nicht, wo die jetzt seien. Sie versprach, sich darum zu kümmern und mich anzurufen. Wir tauschten die Telefonnummern aus.

Die Ärztin machte von meiner Telefonnummer keinen Gebrauch, aber ich rief sie einmal in der Woche an oder versuchte es wenigstens. Schon beim dritten Mal hatte ich Erfolg. Sie war ganz aufgeregt und bat mich, nicht aufzulegen. Die zuständige Ausländerin sei da. Die könne mir alles erklären. Und dann übergab sie mich an eine englischsprechende Dame. Diese beschied mir, dass die UNICEF jetzt überhaupt nichts mehr mit Schulbüchern zu tun habe. Die Schulbücher habe man schon vor einem guten Jahr an das World Food Programme abgegeben.

Andauernde Freiheit

Der merkwürdige Titel dieses Abschnittes ist die Übersetzung des Namens des militärischen Programmes „Enduring Freedom", für das die USA federführend sind. Der Auftrag dieser Truppen ist der „Krieg gegen den Terrorismus". Auch wenn das eine Propagandaformel ist und kein militärischer Auftrag, so war klar, dass „Enduring Freedom" vor allem führenden Taliban- und Al-Qaida-Funktionären ihre andauernde Freiheit entziehen sollte. Folglich beschränkten die Freiheitskämpfer ihr Wirken auf die Siedlungsgebiete der Paschtunen im Osten und Süden Afghanistans, wo die Taliban ihre Hochburgen hatten. Die Welt erfuhr dann alle drei bis sechs Monate, dass wieder mal die Nummer zwei oder drei von Al Qaida gefangen oder liquidiert worden sei. Angesichts der anarchischen Strukturen des islamischen Terrornetzes sind solche Rangangaben albern. Diese Verhaftungen und Liquidierungen hatten in Pakistan oder sonstwo auf der Welt stattgefunden, nie in Afghanistan. Spätestens 2003 konnte man erkennen, dass die „andauernde Freiheit" in Afghanistan kaum prominente Bösewichte schnappen würde.

Jetzt hätte man die Kriegsziele überprüfen müssen. Es ging doch darum, dass Afghanistan nicht wieder eine Brutstätte des Terrorismus würde. Dazu mussten staatliche Strukturen aufgebaut werden, die dergleichen verhindern konnten. Vermutlich hätten die US-Truppen jetzt einen sehr defensiven Auftrag gebraucht, der dem der ISAF ganz ähnlich gewesen wäre. Aber sie kämpften im Süden und Osten Afghanistans weiter gegen den Terrorismus.

Hubschrauber setzten Bodentruppen in der Nähe von Dörfern ab. Soldaten stürmten die Häuser, traten die Türen ein und drangen in alle Räume vor. Frauen wurden nach Waffen abgetastet. Alte Männer wurden nackt schräg gegen die Wand gestellt, mit den erhobenen Handflächen nach oben abgestützt. Frauen begingen nach solchen Demütigungen oft Selbstmord. Afghanen erklärten mir, dass das der Unterschied sei: Die Russen seien auch grausam gewesen und hätten Menschen umgebracht. Aber die Gemächer der Frauen seien für sie tabu gewesen.

Bei solchen Überfällen wurden auch Personen erschossen oder verschleppt. Manchmal griffen die Amerikaner zusammen mit afghanischen Regierungstruppen an. Die Regierungstruppen bestanden meistens aus Tadschiken oder Hasara. Ihre Soldaten plünderten die überfallenen Häuser aus. Die US-Soldaten genossen das Schauspiel.

Oft wurde auch die Luftwaffe eingesetzt, die Gehöfte mit einer gezielten Bombe vernichtete.

Sehr viele Übergriffe gingen offenbar auf Denunziationen zurück. Afghanen meldeten den Amerikanern, dass jemand ein gefährlicher Terrorist sei. Die Amerikaner überfielen dessen Anwesen, drangsalierten, töteten und verschleppten. Oder sie warfen einfach eine Bombe drauf. Danach konnten sie ihrer Statistik wieder einen erfolgreichen Schlag gegen den Terrorismus hinzufügen. Dabei waren die Überfallenen harmlose Bauern, die allerdings schon immer eine Fehde mit der Familie hatten, von der sie denunziert worden waren.

Man muss kein Militärexperte sein, um sich die Folgen dieses Vorgehens auszudenken. Die Afghanen, die solche Überfälle überlebt hatten, griffen zu den Waffen. Wenn sie keine hatten, standen prompt die Förderer der alten Talibanbewegung bereit. Sie statteten die Männer, die es den Amerikanern zeigen wollten, mit dem Nötigen aus und spannten sie so vor ihren Karren.

Einen bösen Nebeneffekt liefert die Unterstützung dieser Militäraktionen durch afghanische Soldaten oder Polizisten. In den Gebieten der Paschtunen, also dort, wo die US-Truppen sich austoben, kann es sich kein Mann mehr leisten, zur afghanischen Armee oder Polizei zu gehen. Daher gibt es fast keine Paschtunen in den eingesetzten afghanischen Militär- und Polizeikontingenten. Der Einsatz dieser Hilfskräfte wird zu einer Konfrontation von Paschtunen mit Nichtpaschtunen, was die Einheit der Nation zu gefährden droht.

Es scheint, dass die Amerikaner nicht verstehen, dass sie sich ihren Feind selber reproduzieren, obwohl sie das schon in Vietnam und im Irak getan haben. Für die US-Führung ist es klar, dass der Feind in beliebiger Anzahl direkt aus der Hölle kriecht, die sich irgendwo im afghanisch-pakistanischen Grenzgebiet befindet. Es stimmt, dass auch Kämpfer aus Pakistan nach Afghanistan kommen. Aber die Masse des Fußvolkes der neuen Talibanbewegung sind bodenständige Afghanen. Das Gastrecht in der Stammesgesellschaft macht es für die Drahtzieher der neuen Talibanbewegung heikel, größere Kontingente von Fremden in Afghanistan zu stationieren.

Zu ihren Übergriffen sagen die Amerikaner gerne, sie „setzten den Feind unter Druck." Mit welchem Ziel tun sie das? Vermutlich war es 1944 in Frankreich für die Amerikaner richtig, die Wehrmacht immer wieder anzugreifen. Man schwächte sie dadurch. Das galt ohne Abstriche, auch wenn bei amerikanischen Luftangriffen französische Zivilisten umkamen. In Afghanistan dagegen produzieren die amerikanischen Übergriffe mehr Feinde als sie töten. Die Amerikaner halten die ständig steigenden Zahlen der getöteten Gegner für den Indikator ihres Erfolges. Schon in Vietnam haben sie nach der Bombardierung von Dörfern die Toten postum zu Kommunisten erklärt und so ihre Abschussraten steigern können – bis der Krieg verloren war.

In jedem Krieg entspricht es militärischem Zweckdenken, mit der Bevölkerung eines eroberten Landes möglichst leicht zurechtzukommen. In der Regel geschieht das dadurch, dass man Feindseligkeiten vermeidet. Afghanistan war kein Feindesland für die USA, als die Taliban flohen. Die USA hatten ein befreundetes Land von einer Diktatur befreit. Sowohl militärisches Kalkül als auch der gesunde Menschenverstand verboten das brutale Verhalten, das die US-Truppen an den Tag legten.

Als Grund für das sinnlose und vollkommen unsensible Vorgehen führt man gern den sozialen Hintergrund der einfachen GIs an. Es ist sicher so, dass die meisten von ihnen nur wenig Erziehung genossen haben. Die übelsten Produkte der heimischen Verblödungsindustrie wie Rambo sind Vorbilder für viele von ihnen. Von dem Land, in dem sie sich aufhalten, wissen sie nicht viel mehr, als dass es von gefährlichen, heimtückischen Aliens bewohnt wird. Doch auch fast alle einfachen Soldaten der ISAF-Kontingente sind Berufssoldaten. Auch sie wurden nicht in Universitätsseminaren oder Eliteschulen rekrutiert. Und trotzdem konnten ihnen ihre Vorgesetzten vermitteln, dass sie in ein Land gekommen waren, dessen Bewohner eine persönliche Würde haben, aber einer anderen Kultur angehören, die man zu respektieren hat. Niederländer, Neuseeländer, Italiener, Deutsche, Türken, Franzosen oder Rumänen werden von der Bevölkerung geschätzt. Die Amerikaner, die noch 2001 die beliebten Sieger waren, waren 2004 bereits hoffnungslos verhasst. In politischen Versammlungen wurde um diese Zeit mehrfach verlangt, dass die Amerikaner abziehen sollen, aber „die NATO" bleiben soll.

Es war nicht der kleine GI, der die Bombenziele festlegte oder der entschied, wie man bei der Besetzung eines Dorfes vorging. Und mit den operativen Entscheidungen, in welchen Provinzen man weiter nach Osama bin Laden und Mullah Omar suchen oder ob man auf wesentlich defensiveres Vorgehen umschalten solle, hatte er erst recht nichts zu tun. Es war das amerikanische Offizierskorps, das hier versagte. Die US-Armee ist in einem Wust von Vorschriften gefangen, in denen die Erfahrungen des zweiten Weltkrieges und des Kalten Krieges verewigt wurden und die jedem Soldaten die Verwendung des gesunden Menschenverstandes untersagen. Hinzu kam in diesen Zeiten sicher noch die unsägliche Regierung der USA, die in ihrer schlichten Wahrnehmung der Welt mit ihren Aufgaben in Afghanistan vollkommen überfordert war.

Immerhin schienen einige Mitglieder des US-Kabinetts etwas weiter zu denken. Die ehemalige Außenministerin Condoleezza Rice erkannte, dass es darum ging, „die Herzen der Afghanen zu gewinnen". Damals entstand das PRT-Konzept. Es bot den Bedenkenträgern in den USA, die Zweifel daran hatten, dass mit den Methoden ihrer Truppen ein Krieg zu gewinnen sei, ein oberflächlich wirkendes Beruhigungsmittel an. PRT ist die Abkürzung für „Provincial Reconstruction Team". Für bestimmte Regionen wurden militärischen Einheiten zivile „Wiederaufbauhelfer" zugeordnet. Die Wiederaufbauhelfer bauten irgendetwas auf, meist Schulen. Die Soldaten schützten diese Zivilisten bei ihrem Tun. Schon der Begriff „Wiederaufbau" hat hier nichts verloren. In den ländlichen Regionen des Südens und Ostens war ja fast nichts zerstört – jedenfalls nicht, bevor die US-Truppen erschienen. Man kann sich vorstellen, mit welcher Freude die US-Wiederaufbauhelfer begrüßt wurden, nachdem die US-Truppen Familien gedemütigt und Männer verschleppt hatten. Die Schulgebäude, mit denen sie dann beglückt wurden, waren nicht gerade die Geschenke, von denen die Paschtunen geträumt hatten. Gerade in diesen Gegenden sind Schulen umstritten. Und da sie ausgerechnet von den Amerikanern kamen, trugen sie eher zur Diskreditierung des Schulgedankens bei als zur Eroberung der Herzen.

Nur langsam erkannte die Weltöffentlichkeit, dass die Amerikaner nicht nur echte Truppen ins Feld führten. Es kamen immer mehr Söldner nach Afghanistan, anfangs US-Bürger mit soldatischen Erfahrungen, später Menschen aus verschiedenen Ländern. Sie wurden zunächst nur zur Bewachung von Lagern und Kasernen sowie zum Personenschutz und zu Transportaufgaben eingesetzt. Die US-Führung bemühte sich aber, die Verwendung dieses Personenkreises immer weiter in Richtung auf Kampfeinsätze auszudehnen. Die Söldner sind Angestellte von Privatfirmen wie Blackwater. Die Söldner verdienen während ihrer relativ kurzen Vertragsdauer sehr gut – sofern sie US-Bürger sind. Da sie aber keine Pensionsansprüche haben, kommen sie den Staat recht billig. Sie unterstehen nicht dem amerikanischen Militärrecht. Die USA bemühen sich, den Söldnern in ihren Einsatzländern einen möglichst rechtsfreien Raum für ihr Tun zu schaffen. Für die US-Regierung waren die Söldner die Lösung eines Problems. Die echten Truppen reichten nicht für alle Abenteuer, die man gern riskiert hätte. Eine Aufstockung war zu teuer. Außerdem waren „echte Soldaten" durch zu viele Vorschriften nicht so flexibel verwendbar, wie man es gern gehabt hätte. Zudem lieferten die Verbündeten nur unwillig die Hilfstruppen, die man von ihnen erwartet hatte. Für die „echten" US-Soldaten sind ihre privatwirtschaftlich arbeitenden Kameraden eine Schande. Sie hassen und verachten sie. Das will etwas heißen, auch wenn diese Abneigung viel mit der Bezahlung der Söldner zu tun haben dürfte.

Wie weit das Spektrum der Aktivitäten reichte, die sich im Umfeld der US-Truppen abspielten, zeigte sich, als im Kabuler Stadtteil Karte-

Parvan ein unterirdisches Gefängnis ausgehoben wurde. Es war von einer Gruppe US-Abenteurer angelegt worden, die sich die Kopfgelder verdienen wollten, die auf prominente Terroristen ausgesetzt waren. Diese Gruppe fing afghanische Staatsbürger ein und versuchte aus ihnen durch „innovative Befragungsmethoden" Verbindungen zu Topterroristen auszukundschaften. Die Kopfgeldjäger traten als Teil der US-Armee auf. Wie weit sie tatsächlich mit der Armee zusammenarbeiteten, ist unklar. Als sie von der afghanischen Polizei verhaftet wurden, behauptete die Armee, sie habe nie etwas mit dieser Gruppe zu tun gehabt. Die Kopfgeldjäger wurden in das riesige Pul-e-Charki-Gefängnis eingeliefert, in dem auch militante Islamisten einsaßen. Diesen gelang es, an Waffen zu kommen. Es gab Kämpfe im Gefängnis, bei denen die Islamisten versuchten, die Kopfgeldjäger umzubringen.

Die „andauernde Freiheit" ist kein rein amerikanisches Unternehmen. Es gehörten auch kleine Kontingente anderer Länder dazu. Besonders die Briten drängten sich in der Regierungszeit von Tony Blair dem atlantischen Partner auf. Aber im Bestreben, nach den furchtbaren Ereignissen vom 11. September 2001 den USA ihre Solidarität zu zeigen, ließen sich auch andere Länder dazu hinreißen, kleinere Verbände und Einheiten für die „andauernde Freiheit" nach Afghanistan zu schicken. Deutschland entsandte Soldaten der Eliteeinheit KSK. Die ganze deutsche Sondertruppe umfasste damals keine 200 Personen. Davon war nur ein Bruchteil für eine begrenzte Zeit in Afghanistan. Natürlich kann man eine so kleine Einheit nicht vom Bundestag aus führen. Sie war den US-Truppen unterstellt. Was schon damals von den Erlebnissen der KSK-Krieger zu erfahren war, hat vermutlich die Alarmglocken schrillen lassen. Die Möglichkeit, ein solches Kontingent nach Afghanistan zu entsenden, wurde zwar mehrmals vom Bundestag verlängert. Tatsächlich wurden aber nur in den ersten Jahren nach dem Sturz der Taliban KSK-Soldaten für die „andauernde Freiheit" entsandt. Inzwischen hat der Bundestag das Mandat für diese Truppe beendet.

Die korrekte Kleiderordnung

Zunächst trugen die US-Truppen in Afghanistan auffallend helle Tarnanzüge, während die Kleidung aller anderen Truppen deutlich dunkler war. Das Gelände in Afghanistan ist meist keine Sandwüste. Die US-Uniformen waren eindeutig zu hell, die Kleidung der anderen Soldaten war für Afghanistan vielleicht etwas zu dunkel. Für die Talibanbewegung waren die verschiedenen Uniformen eine große Hilfe. Überfälle und Attentate wurden fast nur auf die Soldaten in hellen Uniformen verübt.

Ein Bekannter behauptete damals, dass die USA darauf bestünden, dass auch die Verbündeten und die ISAF-Truppen hell eingekleidet würden. Solche antiamerikanische Propaganda ging mir gegen den Strich. Wenn die US-Truppen wünschten, Uniformen wie die anderen zu haben, würden sie sich ja wohl selber umkleiden. Als ich im Frühjahr – es war, glaube ich, 2004 – nach Camp Warehouse kam, wo unter anderem die Masse der deutschen Streitkräfte stationiert war, sah ich zuerst einen Niederländer, aber dann auch mehrere deutsche Soldaten in US-hellen Uniformen herumlaufen. Ich fragte einen der Deutschen. Er brummelte verlegen, dass das jetzt die neuen Sommeruniformen seien. Bald danach hatte sich das Hell in allen Jahreszeiten durchgesetzt. Jetzt hatte auch ich die Hackordnung im Bündnis verstanden.

Sonnenbrillen

Ein afghanischer Freund, der im Bezirk Tschakar-darrah in der Provinz Kabul wohnt, erzählte mir 2004, dass die französischen Soldaten, die dort für die Stabilität sorgen sollten, zunächst mit gepanzerten Fahrzeugen über die Lehmpisten gefahren seien. Einige hätten grimmig heruntergeblickt und gezeigt, dass ihre Waffen einsatzbereit waren. Das habe aber nur wenige Monate so ausgesehen. Danach ließen die Franzosen ihre Kriegsfahrzeuge vor dem Ort stehen, kamen zu Fuß in die Moschee und saßen mit den ehemaligen Taliban und anderen Kriegern beisammen, lachten und tranken Tee.

Zu dieser Zeit traf ich einen deutschen Oberstleutnant. Er erwähnte, dass es seine Aufgabe sei, im Raum Sarobi die Stimmung bei der Bevölkerung zu beobachten. Das schien mir nicht ohne jedes Risiko zu sein. Sarobi ist ein östlicher Bezirk der Kabul-Provinz. Dort war es schon damals nicht immer ruhig. In einem Seitental war ein Polizeiposten angegriffen worden. Aber der Offizier sah seinen Auftrag locker. Er fühlte sich dort wohl und vollkommen sicher. Er habe schon mit allen Mullahs Tee getrunken und sei überall willkommen. „Wissen sie, solange man sich in die Augen sehen kann, passiert nie etwas." Danach fiel mir auf, wie viele der westlichen Truppenkontingente mit Sonnenbrillen ausgestattet waren.

Der Erste Konsul der afghanischen Botschaft in Berlin hatte in dieser Zeit solche Offiziere in Sarobi als Sprachmittler begleitet. „Das waren schöne Zeiten. Wir waren zu jeder Hochzeit eingeladen", erinnert er sich.

Ich hatte den Oberstleutnant damals noch gefragt, was seine amerikanischen Kameraden von der Art und Weise hielten, Kontakt mit der Bevölkerung zu pflegen. Er meinte, dass sie nur Hohn und Spott für diese

Softy-Methoden übrig hätten – allerdings nur, solange sie zu mehreren aufträten. „Wenn man mit denen unter vier Augen spricht, hört man ganz anderes."

Wahlen

Im Jahr 2004 fanden die Wahlen für das Amt des Staatspräsidenten statt, die Hamid Karzai gewann. Für große Teile der Bevölkerung stand von vornherein fest, wer hier zu gewinnen hatte und auch gewinnen würde. Die Taliban sind grundsätzlich gegen Wahlen. Sie drohten jedem, der an der Vorbereitung und Durchführung der Wahlen teilnahm. Schon im sonst ruhigen Logar weigerten sich die Mullahs, die Moscheen für die Registrierung der Wahlberechtigten zur Verfügung zu stellen. Sie fürchteten, man könnte ihnen Handgranaten ins Gotteshaus werfen.

Vor der Wahl musste sich jeder, der wählen wollte, registrieren lassen. Schließlich gibt es in Afghanistan keine Melderegister. Das Personal, das für diesen Prozess angeheuert wurde, erhielt Prämien für jede Registrierung. Für registrierte Frauen gab es mehr als für Männer. Niemand achtete darauf, ob jemand, der sich registrieren ließ, nicht schon einmal registriert worden war. Sicher, zur Wahl konnte man nur einmal gehen. Da erhielt man einen Farbfleck auf die Hand, der sich erst nach Tagen entfernen ließ. Aber wer als Kandidat aufgestellt werden wollte, musste eine Liste einreichen, in die sich einige Tausend Wahlberechtigte eingetragen hatten. Kandidaten zahlten großzügig an diejenigen, die für ihre Kandidatur die Unterschrift gaben. Deshalb konnten sich Mehrfachregistrierungen durchaus lohnen. Zu allem Überfluss hatte die UNO für das Kenntlichmachen derjenigen, die gewählt hatten, die falsche Farbe besorgt. Sie ließ sich doch leicht abwaschen. Und schließlich gingen einige Wahlurnen mit allen Stimmen schlicht verloren.

Dennoch wurde die Wahl und die Vorbereitungen dazu mit viel Interesse verfolgt. Die Bevölkerung war durchaus reif für eine Wahl. Wie man allerdings in Afghanistan eine korrekte Wahl organisieren könnte, ist mir schleierhaft. Der Wahlausgang dürfte in etwa „gestimmt" haben. Die Kandidaten waren allesamt nicht sehr attraktiv. Der Usbeke Dostam oder der Hasara Mahqiq hatten nur in bestimmten Regionen Anhänger. Die meisten Kandidaten waren den Wählern unbekannt. Unter diesen Blinden war der Einäugige König. Karzai ist von vielen Menschen gewählt worden, die die Zeit, in der er bereits regierte, vor dem Hintergrund der vorangegangenen finsteren Perioden sahen. Die Kehrseite seiner Abhängigkeit von den USA war, dass er vielen als Garant für die weitere Unterstützung durch das Ausland galt.

Im Herbst 2005 wurden dann ein Parlament und die Räte der einzelnen Provinzen gewählt. Die technischen Voraussetzungen für eine korrekte Wahl waren nicht anders als bei der Präsidentschaftswahl. Und auch die Taliban taten wieder alles, um Wahlhelfer und Wähler abzuschrecken. Aber die wenig motivierende Grundeinstellung der Wähler, dass das Ergebnis doch schon feststeht, entfiel bei dieser Wahl. Die Menschen diskutierten die Kandidaten und die technischen Einzelheiten der Wahl mit Eifer.

Parteien in unserem Sinne gab es bis zum Sturz der Taliban nicht in Afghanistan. Danach hatten sich einige Parteien formieren können. Es war sogar ein Parteiengesetz verabschiedet worden. Aber die neuen Parteien waren in sich nicht gefestigt. Der Bevölkerung waren sie weitgehend unbekannt. Die Regierung verbot sogar Parteilisten für die Wahl mit der Standardbegründung, dass dadurch separatistische Tendenzen gefördert würden.

Natürlich gab es dennoch „Parteien". Die Widerstandsorganisationen gegen die Kommunisten hatten ein starkes Gefolge. Auch die Kommunisten selber gab es noch. Diese „Parteien" waren natürlich nicht demokratisch verfasst. Aber sie waren in der Lage, Kandidaten aufzustellen und schließlich auch durchzusetzen. So wurde das Parlament dann prompt von den ehemaligen Widerstandsorganisationen dominiert. Dem Ausland, der UNO oder auch der Regierung Karzai dürfte der Ausgang dieser Wahl kaum gefallen haben. Man kann ihnen daher schlecht den Vorwurf machen, dass sie die Wahl manipuliert hätten. Dass die „Parteien" selber hier und da illegal Einfluss ausgeübt haben, kann dagegen nicht ausgeschlossen werden.

Wenn man von seinen inoffiziellen Strukturen absieht, ist das Parlament formal eine Versammlung von Einzelpersonen. Fraktionen und Fraktionszwänge gibt es nicht. Stabile Beschlüsse, die mehr als einige Wochen Bestand haben, kann es kaum geben. Auch sind die Beziehungen zwischen dem Parlament und der Regierung nicht sehr klar geregelt. Es gibt viel gegenseitige Blockade. Konstruktive Beschlüsse waren von diesem Parlament kaum zu erwarten. Allerdings war das Parlament von Anfang an sehr kritikfreudig.

Letztlich empfanden wichtige Kräfte dieses Parlament als lästig – die afghanische Regierung schon aus Prinzip, das westliche Ausland und die UNO wegen der Zusammensetzung. Vermutlich würde niemand etwas dagegen einwenden, wenn dieses Parlament in seinen Wirkungsmöglichkeiten eingeschränkt wird und die parlamentarische Demokratie dadurch reduziert würde. Doch konnte man bei diesem Neuanfang mehr erwarten? Werfen Sie einen Blick auf den Parlamentarismus vergleichbarer Länder!

Wer A gesagt hat und es für richtig hielt, Afghanistan schon jetzt auf den Weg in die parlamentarische Demokratie zu schicken, hat keinen Grund, jetzt das B zu verweigern und das afghanische Parlament abzuschreiben. Man sollte diesem Parlament helfen, sich weiterzuentwickeln. Die Regierung und ihre Verwaltung brauchen dringend eine starke Kontrollinstanz.

Sinnentnehmendes Lesen

Inzwischen hatten wir bei OFARIN unser Mathematikbuch, als es schon fast fertig war, noch einmal durchgearbeitet und uns bemüht, die Sprache weiter zu vereinfachen. Die Sätze durften allerhöchstens anderthalb Zeilen lang sein. Irgendwann muss es fertig geworden sein. Es wurde gedruckt und an die Lehrer ausgeliefert. Diese bedankten sich herzlich. Einige Monate darauf stellte sich der Eindruck ein, dass die meisten Lehrer überhaupt nicht in die Bücher hineinsahen.

Es sei zugeben, dass ich mich bisher nicht allzusehr um den Unterricht in den Muttersprachen gekümmert hatte. Als Ausländer versteht man eher etwas von dem, was im Rechenunterricht abläuft. Aber irgendwann besuchte ich zusammen mit meiner Frau Anne Marie den Unterricht in einer Moschee. Die Klasse, die ich als erste behelligte, hatte Dari-Unterricht. Ich suchte mir einen kleinen Jungen aus. Er sollte den Text im Lesebuch vorlesen, der gerade durchgenommen wurde. Der Lehrer eilte sofort zu dem Knaben, und beide blätterten hastig im Buch umher. Schließlich zeigte mir der Lehrer einen Text, der nichts mit dem zu tun hatte, woran die Klasse gerade arbeitete. Den werde der Junge vorlesen, sofern ich einverstanden sei. Ich war einverstanden. Der Junge sagte irgendetwas auf, ohne jede Betonung. Ich wollte den Schüler nicht noch länger leiden lassen. Wir gingen und ich sagte zu Anne Marie, dass der Knabe grauenhaft gelesen habe. Ich hätte von dem Geleiere nichts verstanden.

„Er hat nicht sinnentnehmend gelesen."

„Was heißt denn das?"

„Er hat nicht verstanden, was er gelesen hat."

„Das ist doch Quatsch. Der Text war doch in seiner Muttersprache."

Aber dann kamen mir Erinnerungen an meine Studienzeit. Mir fielen Flugblätter linker K-Gruppen ein, die vermutlich nicht einmal derjenige verstand, der sie geschrieben hatte. Und in meinem eigenen Fach gab es durchaus Texte, die man zwölfmal lesen konnte und immer noch nicht verstand, auch wenn es sich um deutsche Veröffentlichungen handelte.

Für alle Fälle fragte ich Faruq: „Wenn mir ein Schüler einen Dari-Text vorliest, kann es sein, dass er den nicht versteht?"

„Natürlich, die Schüler verstehen nicht, was sie uns vorlesen. Als ich in die zehnte oder elfte Klasse ging, habe ich eines Tages Lesebücher aus der zweiten und dritten Klasse rausgekramt. Da habe ich das erste Mal erkannt, dass da sinnvolle Sätze drinstanden, manchmal sogar ganze Geschichten. Das hatten wir nicht gewusst, als wir in die dritte Klasse gingen."

Von da an hatte ich Nachsicht mit unseren Lehrern. Sie konnten unser Anleitungsbuch zur Mathematik kaum lesen. Einige konnten vermutlich mit Mühe den Text studieren, aber den ganzen Sinn des Geschriebenen nicht erfassen.

Wir benutzten das Lehrbuch weiter, um selber eine Orientierung zu haben, vermittelten den Stoff aber vermehrt in Seminaren an die Lehrer. Sie können selber abschätzen, wie aufwendig das war. Da die Lehrer ein wenig Eigeninitiative entfalten sollten, konnten wir kaum mehr als 15 Personen zu solchen Seminaren zusammenziehen. Wir beschäftigten aber für über 4000 Schüler mehr als 200 Lehrer. Unter ihnen gab es eine ständige Fluktuation. In einem einwöchigen Seminar konnten wir bei Weitem nicht alles vermitteln, was in der ersten Klasse durchzunehmen war. Wir befassten uns in den Seminaren nur mit begrenzten Gebieten. Die Erfolge waren bescheiden. Der Glaube daran, dass ein Lehrer einen Stoff ja nur einmal verstehen muss, um ihn dann bis an sein Lebensende unterrichten zu können, ließ die Hoffnung nicht erlöschen.

Für den Dari-Unterricht war die Konsequenz, dass wir die Lehrer dazu verpflichteten, zu jedem Begriff, der im Text vorkam – und wenn möglich auch zu ganzen Sätzen – Fragen zu stellen. Wenn da stand: „Der Vater schält einen Apfel", sollte der Lehrer fragen, ob da stünde, der Bruder schälte den Apfel oder ob der Vater den Apfel äße. Dann konnte man fragen, ob ein Apfel ein Gemüse sei oder ein Tier, welche Farben Äpfel hätten und welchen Geschmack.

Solche Regeln konnten wir nicht ausreichend kontrollieren. Aber sie wurden offenbar angewandt. Spätestens in der 25. Lektion waren sie überflüssig. Die Schüler nahmen den Sinn ganz selbstverständlich mit dem Wort auf. Die Mehrheit unserer Schüler lernte bei uns in etwa 18 Monaten lesen. Und sie lasen dann auch gern, ganz im Gegensatz zu ihren Lehrern. Es sei zugegeben, dass es Lehrer gab, die sich nicht einfügten. Immer wieder schrieben Lehrkräfte Wörter an die Tafel, die Buchstaben enthielten, die noch nicht durchgenommen waren. Solche Lehrer mussten wir meist entlassen. Die Schüler lernten bei ihnen absolut nichts. Aber mit dem Dari-Unterricht ging es deutlich aufwärts, seit wir uns um „sinnentnehmendes Lesen" bemühten.

Additionen

In Kabul wurde man auf der Straße beständig von Jungen angesprochen. „Hello, mister, how are you?" Das markierte auch schon den Gesamtumfang der Englischkenntnisse. Mir war diese Anmache lästig. Konnten es die Burschen nicht in ihrer Muttersprache versuchen? Ein Kollege, mit dem ich ein Stück des Weges ging, wies mir einen Ausweg. Während ich mürrisch weggguckte, fragte er den Hello-Mister-Knaben, der mich gerade bedrängte, ob er zur Schule gehe.

„Ja, in die vierte Klasse."

„In die vierte Klasse gehst du schon. Dann sag mir doch, was 4 + 3 ist!"

Der Knabe blieb tatsächlich für eine gute halbe Minute still. Dann sagte er unsicher: „6."

Die Vier-plus-drei-Frage hat mir in der Folgezeit mehrfach aus einer Hello-Mister-Situation herausgeholfen. Ein einziges Mal habe ich eine richtige Antwort erhalten. Die meisten Burschen dachten zwar eine Weile nach, blieben aber eine Antwort schuldig.

Subtraktionen

Im wunderschönen Parandeh-Tal, einem Seitental des Pandschirtales, hatte man uns gebeten, ein Schulgebäude zu Ende zu bauen, das die Einwohner dort während des Krieges gegen die Taliban begonnen hatten. Der Rohbau war fertig. Als Dach hatte man große Wellblechstücke auf die Mauern gelegt und das Blech mit Steinen beschwert. Der Felsboden der Klassenräume war wie ein kleines Gebirge. Fenster und Türen gab es nicht. Die Caritas erlaubte uns, dieses Schulhaus mit Restmitteln auszubauen. Zu den Lehrern dieser staatlichen Schule entwickelte sich ein nettes Verhältnis. Wir luden sie in ihren Winterferien zu einem Fortbildungsseminar nach Kabul ein.

In diesem Seminar löste einer der Lehrer eine Mathematikaufgabe: Ein Bauer geht mit 9 Schafen in den Basar. Dort verkauft er einige der Tiere. Mit drei Stück geht er abends nach Hause. Wie viele Schafe hat er verkauft? Der Lehrer übertrug diese Geschichte aus dem Leben korrekt in mathematische Symbole und schrieb $9 - 3 =$. Dann richtete er zögernd einen flackernden Blick in die Runde. Schließlich fasste er sich ein Herz und vollendete sein Werk: $9 - 3 = 3$. Die Damen, die als Trainerinnen den Teilnehmern an Seminaren auf die Sprünge helfen sollten, kicherten. Ich musste mir in den Arm kneifen, um sicher zu sein, dass ich nicht träumte.

Aber es war die Realität. Der Mann lieferte während des Seminares noch mehr Unkonventionelles: 5 − 2 = 1 und schließlich sogar 3 − 1 = 1. Ich fragte Faruq, der reiche Erfahrungen mit dem Unterrichten in der Provinz hatte.

Er sah den Fall gelassen: „Etwas Addieren haben sie dem noch beigebracht. Aber zum Subtrahieren hat es nicht mehr gereicht."

„Ja, aber", musste ich schlucken, „was ist denn dessen Aufgabe? Was tut er an seiner Schule?"

„Er unterrichtet die erste Klasse." Das bedeutete, dass er dort alle Fächer lehrte.

5. Abschnitt
Über den Islam

Viele Vorschriften für das Leben

Fast alle Afghanen sind Moslems. Es gibt lediglich im Osten Afghanistans und in Kabul eine kleine Minderheit von Sikhs und ganz wenige Hindus. Vollkommen verschwunden sind die letzten Juden. Über drei Viertel der afghanischen Moslems sind Sunniten. Der Rest sind Schiiten. Eine Minderheit davon sind Ismailiten, die Agha Khan als ihr Oberhaupt verehren. Die einzelnen Konfessionen sind oft an ethnische Zugehörigkeiten gebunden. So sind die allermeisten Hasara Schiiten.

Für den Außenstehenden besteht der Islam aus sehr vielen Geboten, die das Verhalten der Menschen bestimmen. Ja, die meisten orthodoxen Mullahs – und auch die Mehrheit der Gläubigen – haben keinen Zweifel daran, dass man im Prinzip nur den Koran richtig auslegen muss, um jedem Menschen für jede Situation die richtige Verhaltensregel vorschreiben zu können. Dazu hat man zunächst den Koran selber, in dem vieles darüber steht, wie der Mensch sich zu verhalten hat.

Im Koran stehen aber auch einige Aussagen, an denen sich eine umfangreiche Tradition festmachen konnte. So wird der Prophet Mohammed als Vorbild für ein gottgefälliges Leben gepriesen, an dessen Verhalten sich die Gläubigen orientieren sollen. Der Prophet trug einen Bart. Das Tragen eines Bartes wird deshalb dem Mann empfohlen. Einen Zwang zum Barttragen haben nur die Taliban daraus gemacht. Vor allem wurden aber die privaten Äußerungen des Propheten gesammelt. Man nennt sie Hadith. Aus ihnen ergeben sich sehr viele Handlungsanweisungen.

Andere Handlungsvorschriften gewinnt man durch Analogieschlüsse aus bestehenden Vorschriften. Der Prophet hatte einmal geäußert, dass man, wenn man einen Esel habe und ein anderer Mensch zu Fuß gehe, diesen Menschen einladen solle, auf dem Esel mitzukommen. Heute ist daraus die Empfehlung geworden, Menschen mit dem Auto mitzunehmen, wenn man noch einen Platz frei hat.

Sehr wichtig ist eine weitere Regel aus dem Koran: Wenn alle Gläubigen in einer Frage einer Meinung sind, so stimmt diese Meinung mit Gottes Willen überein. In der Praxis reicht heutzutage die Übereinstimmung der Schriftgelehrten. Dieser Weg, zu Entscheidungen zu kommen, ermöglichte es den konservativen Vertretern des Glaubens, die Überprüfungen alter Vorschriften und damit viele Neuerungen zu verhindern. Das klassische Argument der Vertreter des Althergebrachten: „Das haben wir schon immer so gemacht", hat Allahs Segen. Wenn die Gesamtheit der Moslems schon einige Generationen eine Regel akzeptiert hatte, so musste sie Gottes Einverständnis gehabt haben, und es wäre frevelhaft, diese Regel zu revidieren.

Die Regeln, die sich so direkt oder indirekt aus dem Koran ergaben und die für das Verhalten der Menschen wichtig sind, wurden später in der Scharia zusammengestellt. Die Scharia ist aufgrund ihres Zustandekommens sehr vielseitig und umfangreich. Im Laufe der Geschichte und in der Weite der Gebiete, in denen Moslems leben, wechselten die Schwerpunkte dieses Rechtssystems. Bestimmte Vorschriften wurden in bestimmten Gegenden sehr wichtig genommen. Andere wurde über lange Zeiten schlicht vergessen. Diese Möglichkeit, mit der Scharia flexibel umzugehen, lässt viele moderne Moslems darauf hoffen, dass man einer Version des Scharia-Rechtes zur Gültigkeit verhelfen kann, die alle Menschenrechte respektiert.

Islam als Herzenssache

Der Islam ist aber nicht nur ein Regelwerk, das Menschen Verhaltensgebote auferlegt. Im Islam wird die emotionale Bindung der Gläubigen an die Religion sehr gepflegt. Christen nennen die Bibel „das Wort Gottes". Tatsächlich ist die Bibel aber eine Sammlung von Berichten, die Menschen über das Wirken Gottes verfasst haben. Für den Moslem ist der Koran tatsächlich „das Wort Gottes". Das, was im Koran steht, hat Allah den Menschen durch seinen Propheten Wort für Wort mitgeteilt. Damit ist der Koran ungeheuer wertvoll. Der Koran muss in jedem Raum höher als alle anderen Bücher untergebracht sein. Er muss über allen Büchern stehen. Der Koran ist in ein feines Tuch eingewickelt. Der Gläubige küsst ihn, bevor er ihn liest und bevor er ihn wieder in das Tuch einschlägt und weglegt. Auch der Mensch, der den Koran auswendig aufsagen kann, ist ein Gefäß, in dem sich das Wort Gottes befindet. Solche Menschen haben einen hohen Wert. Die Taliban verordneten, dass alle Blinden, die den Koran auswendig aufsagen konnten, als Regierungsdirektoren zu besolden und mit der entsprechenden Ehrerbietung zu behandeln waren.

Nichtmoslems kritisieren, dass die allermeisten Afghanen, die den Koran auswendig aufsagen können, fast nichts von dem verstehen, was sie da aufsagen. Schließlich ist der Koran in Arabisch verfasst. Nur in dieser Sprache ist er das Wort Gottes. Aber die meisten Afghanen verstehen kein Arabisch. Für den Moslem ist es dagegen wichtig, dass er eine emotionale Bindung an den Koran hat, dass er ihn liebt, auch wenn er ihn nicht versteht.

Auch andere Rituale, für die Nichtmoslems wenig Verständnis haben, tragen sehr zur emotionalen Bindung des Einzelnen an die Gemeinschaft der Gläubigen bei. Für einen Westler ist der Fastenmonat Ramadan eine Verschwendung von Arbeitskraft. Die Volkswirtschaften der islamischen

Länder leisten in diesem Monat viel weniger als sonst. Der Effekt des Fastens geht durch die Völlerei am Abend verloren. Als Westler findet man sich mit dem Ramadan ab. Schließlich soll man andere Religion respektieren. Aber den Kopf schüttelt man schon. Jesuiten haben in Indonesien eine Studie durchgeführt. Sie befragten ehemalige Moslems, die sich zum Christentum bekehrt hatten, was ihnen am meisten fehle, seit sie den Islam aufgegeben hatten. Fast alle nannten sofort den Fastenmonat Ramadan. Dieser Fastenmonat ist ein Gemeinschaftserlebnis. Man ist stolz auf jeden Tag, den man fastend hinter sich gebracht hat. Gemeinsam mit der Familie wird das Fasten beendet. Selbst einer, der schummelt, hat besondere Erinnerungen an diesen Monat.

Auch die Pilgerfahrt nach Mekka dürfte für die meisten Teilnehmer ein Erlebnis sein, das sie an ihre Religion und an die Gemeinschaft der Gläubigen bindet. In Mekka sind körperliche Leistungen in glühender Hitze gefordert, die man gemeinsam zu bestehen hat. Hier kommt noch das Zusammentreffen mit Millionen von Menschen aus aller Herren Länder hinzu, die alle gleichen Glaubens sind.

Islam und kulturelles Umfeld

In Afghanistan ist die Religion ein Bestandteil des täglichen Lebens. Der Einzelne weiß meistens nicht, welche Sitten und Gesetze religiös begründet sind und welche nicht. Genauer: Die meisten Menschen glauben, dass alle Regeln, denen man folgt, religiösen Ursprungs sind. Oftmals ist das nicht der Fall. Vor allem Rechte, die Frauen nach der Scharia haben sollten, haben sie in der Praxis nicht. Ein Mädchen darf nach der Scharia nicht gegen seinen Willen verheiratet werden. Wenn es sich weigert, den Mann, den ihr der Vater ausgesucht hat, zu heiraten, muss man ihren Willen achten. Freilich wird es für das Mädchen dann schwierig, gegen den Willen der Eltern einen anderen Mann zu heiraten. Aber in Afghanistan verhängen sogar staatliche Gerichte Strafen gegen Mädchen, die es ablehnen, den Partner zu heiraten, den der Vater ausgewählt hat. Wenn eine Frau aufgrund einer Auseinandersetzung innerhalb eines Stammes umgekommen ist, sieht das Stammesrecht die Möglichkeit vor, dass die Familie, die den Tod verursacht hat, ein Mädchen als Kompensation an die Familie der Toten verheiratet. Ein uraltes Stammesrecht kümmert sich offenbar seit Jahrhunderten nicht um die Scharia. Uns Westlern fallen beim Stichwort Scharia-Recht meist Steinigungen und abgehackte Hände ein. Aufgeklärte Moslems dagegen stöhnen: „Wenn wir wenigstens das Scharia-Recht durchsetzen könnten! Unser Rechtssystem ist doch größtenteils noch vorislamisch."

Der traditionelle Islam, der in Afghanistan gelebt wird, wird durch die soziale Kontrolle der Nachbarn und die Anleitung von Mullahs und Schriftgelehrten stabilisiert. Kaum jemand kommt auf die Idee, aus der Reihe zu tanzen. Man lebt und glaubt wie die Vorväter es auch schon taten. Dieser traditionelle Islam ist von dem Islam zu unterscheiden, der uns heute im Westen beschäftigt. Stellen Sie sich einen braven Moslem vor, der in ein westliches Land geraten ist – zum Studieren oder einfach um Geld zu verdienen! In religiöser Hinsicht ist er meist allein gelassen. Niemand beobachtet mehr, ob er in die Moschee geht. Diese ist auch nicht gleich um die Ecke wie in der Heimat. Es gibt in der ganzen Stadt nur zwei Moscheen, die ziemlich weit weg liegen. In der einen wird ein marokkanisches Arabisch gesprochen, in der anderen Türkisch. Viele ehemals brave Moslems stellen unter diesen Umständen ihre Religion zurück und sehen erst einmal zu, dass sie ordentlich Geld verdienen. In der Heimat wartet die Familie auf Überweisungen. Oder das Studium drängt. Zwischenprüfungen stehen bevor. Man kann nicht dauernd in die Moschee pilgern oder gar im Ramadan fasten. Wenn man das täte, könnte man hier nicht mithalten. Und es ist auch niemand da, der zu würdigen weiß, was man im Laufe eines Fastentages mitmacht. Viele Moslems verabschieden sich so von ihrer Religion und passen sich ganz der neuen Umwelt an.

Manche aber fragen sich, ob es richtig sei, den Glauben einfach zu vergessen. Es gibt da vieles im Islam, das ihnen jetzt fehlt. Solche Gedanken drängen sich auf, wenn man wieder einmal in die Heimat reisen will oder man von Verwandten besucht wird. Dann wird man gefragt: „Wie hältst du es mit der Religion?" Es kann ja auch sein, dass man im Studium scheitert oder dass man erfährt, dass in der Heimat der Vater gestorben ist. Dann ist kein Mullah da, den man kennt und der einem den Trost der Religion vermittelt. Einen richtigen Religionsgelehrten gibt es weit und breit überhaupt nicht.

Aber es gibt andere Moslems, die es hierher verschlagen hat. Einige von ihnen haben sich auch über ihre Religion Gedanken gemacht. Sie haben sich vieles selber zurechtlegen müssen. Es war ja niemand da, der ihnen die tieferen Zusammenhänge erläutern konnte. Die Scharia-Gesetze müssen im Islam gelten. Da sind sie sich einig. Dass man diese Vorschriften nur wenig kennt, merkt man hier in der Fremde nicht. Außerdem haben sich in die Vorstellungen von dem, was der Islam sein sollte, politische Ideen aus dem Gastland eingeschlichen, vielleicht auch Erbitterung über die geringen Aufstiegschancen, die man hier in der Fremde hat. In der Gemeinschaft mit diesen Moslems aus ganz anderen Ländern findet unser Auswanderer so etwas wie eine neue Heimat. Man unterstützt sich gegenseitig. Man kapselt sich gegen andere Einflüsse ab.

Immerhin gibt es in anderen Städten und Ländern ähnliche Gruppen. Mit ihnen tauscht man seine Gedanken über das Internet aus. Man stellt fest, dass vieles, was in der alten Heimat zur Religion dazugehörte, den anderen Moslems unbekannt ist. Die Rituale bei religiösen Festen, bei Hochzeiten oder bei Bestattungen waren bei den anderen ganz anders. Solche Äußerlichkeiten sind offenbar für den wahren Islam überflüssig. Und es gibt noch vieles andere, was eigentlich nicht zum Islam gehört. Zu Hause gehen die Männer oft in die Moschee. Aber worüber reden sie dort? Über Geschäfte, über indische Filmschauspielerinnen oder über Autos. Für die Freunde ist klar, dass der Islam gereinigt werden muss von weltlichen Einflüssen und von den örtlichen Kulturen der verschiedenen Landstriche.

Dieser „selbstgemachte" Islam der jungen Auswanderer ist ohne Bodenhaftung. Er hat nicht mehr viel mit dem Islam zu tun, der in der alten Heimat gelebt wird. Bei manchen Gruppierungen richtet er sich gegen die Verderbtheiten und Ungerechtigkeiten des Gastlandes. Meist richtet er sich gegen den traditionellen, „unreinen" Islam in der alten Heimat. Und manchmal wird auch Hass gesät und Terrorismus ausgebrütet.

Der soziale Wechsel, dem ein Einzelner ausgesetzt ist, der in ein fremdes, nichtislamisches Land verschlagen wird, ist extrem. In abgemilderter Form trifft er aber auch Menschen, die in ihrem Heimatland bleiben, sofern dieses selbst einem starken Wandel unterworfen ist. Noch vor wenigen Jahrzehnten war die Bevölkerung Saudi-Arabiens von der Zahl her gering und bestand ganz überwiegend aus Nomaden. Sie lebte nach strengen moralischen Normen, die die Nomaden selbstredend für islamisch hielten. Inzwischen ist dort eine weit größere städtische Einwohnerschaft entstanden, die stark von Gastarbeitern und anderen Fremden durchsetzt ist. Die Einbuße an alten Werten, die mit diesem Wandel verbunden ist, mag für manche Araber so schmerzhaft sein, dass sie diejenigen, die sie für die Verursacher dieses Wandels halten, mit allen Mitteln bekämpfen.

Oder stellen Sie sich einen jungen Paschtunen aus dem pakistanischen Grenzgebiet zu Afghanistan vor! Auch er ist in einer abgeschlossenen Welt mit sehr strengen moralischen (vermeintlich: islamischen) Regeln aufgewachsen. Er ist immerhin zur Schule gegangen und trat in die pakistanische Armee ein. Er wird Geheimdienstoffizier beim ISI. Bei Militär und Geheimdienst erlebt er vieles, was in seiner Jugend als äußerst verwerflich galt. Die Offiziere saufen bis zum Umfallen. Ja, sie haben ihn sogar genötigt, mitzumachen. Er schämt sich noch heute dafür. Er erlebt auch, dass der pakistanische Geheimdienst eng mit der USA zusammenarbeitet und manchmal nach ihrer Pfeife tanzt. Der junge Mann ist empört. Er stößt auf gleichgesinnte Kameraden. Sie sind sich einig, dass sie den wahren Islam verteidigen müssen. Sie sind entschlossen, radikale Islamisten zu unterstützen und die Zusammenarbeit der ISI-Führung mit den Amerikanern zu sabotieren.

6. Abschnitt
Die Afghanin

Wenn es um die afghanische Kultur und Gesellschaft geht, so hat die westliche Welt die größten Probleme mit der Rolle der Frau. Sicher, es gibt auch wegen anderer Menschenrechte Reibereien, so zum Beispiel wegen der Pressefreiheit oder der Freiheit der Religionsausübung. Aber richtig heftig wird es, wenn es um die Frauen geht. Und tatsächlich haben afghanische Frauen und Mädchen wesentlich weniger Rechte als Männer. Es werden ihnen wesentliche Menschenrechte vorenthalten. Sie haben nicht die gleichen Möglichkeiten der schulischen und beruflichen Ausbildung wie Jungen und Männer. Sie sind in ihren Aufenthaltsrechten stark eingeschränkt. Sie können ihre Ehepartner nicht frei wählen. In dieser Hinsicht sind auch afghanische Männer sehr viel unfreier als Männer in westlichen Ländern. Allerdings kann ein Mann bis zu vier Frauen heiraten. Die Frau darf nur einen Mann haben. Das sind nur einige der Einschränkungen, denen Afghaninnen unterliegen. Viele davon gehören zur gelebten Alltagskultur, ohne dass es staatliche Gesetze gäbe, die Frauen entsprechende Vorschriften machten. Aber staatliche Gesetze haben ohnehin wenig Einfluss auf das Verhalten der Menschen. Die staatlichen Gerichte lavieren zwischen Gewohnheitsrechten, Scharia-Rechten und staatlichen Gesetzen.

Scharia-Rechte und Realität

Es wurde schon erwähnt, dass viele Schranken für das Leben der Afghaninnen nicht mit dem Scharia-Recht übereinstimmen, sondern aus den Stammestraditionen hervorgegangen sind, ohne dass das den meisten Menschen bewusst wäre. So kann ein Mädchen nach dem Scharia-Recht einen Ehepartner ablehnen, den ihm die Familie ausgesucht hat. Afghanische Gerichte finden aber Mittel und Wege, Mädchen zu bestrafen, wenn sie dieses Scharia-Recht in Anspruch nehmen wollen. Auch hat die Frau nach dem Scharia-Recht die alleinige Verfügungsgewalt über ihr Vermögen und ihre Einkünfte, während der Mann verpflichtet ist, seine Familie zu versorgen und dafür Vermögen oder Einkünfte einzusetzen. Die Frau muss nicht zur Verpflegung und Unterbringung der Familie beitragen. Ja, sie ist nicht einmal verpflichtet, ihre eigenen Kinder zu stillen. Diese Vorrechte der Frau sind allerdings nur selten praktikabel. Immerhin halten reiche Araber Ammen für ihre Kleinkinder. Aber welche Frau würde ihr Vermögen nicht antasten, wenn ihr Mann keine Einkünfte hat und ihre Familie hungert? Einkünfte durch berufliche Arbeit hat die Frau nur, wenn der Mann der beruflichen Tätigkeit der Frau zustimmt. Das tut er in der Praxis nur, wenn er selber keine Einkünfte hat und nur die Berufstätigkeit der Frau den Lebensunterhalt für die Familie sichern kann.

Die Scharia gesteht also beiden Geschlechtern nicht das gleiche Recht zu. Bisweilen begünstigt sie sogar die Frau. Doch das ist eher die Ausnahme. Der Mann darf mehrere Frauen haben, die Frau nur einen Mann. Frauen haben vor Gericht als Zeugen nur den halben Wert eines Mannes. Mädchen haben nicht die gleichen Erbansprüche wie ihre Brüder. Insgesamt legt die Scharia verschiedene Rollen für Mann und Frau fest und begünstigt die Männer deutlich.

Dennoch würde es für die afghanischen Frauen Verbesserungen bringen, wenn die Scharia die althergebrachten Stammesgesetze verdrängen könnte. Insbesondere die Auswahl der Ehepartner durch die Eltern, die nach der Scharia von den betroffenen jungen Leuten nicht hingenommen werden muss, ist oft ein Grund des heftigen Aufbegehrens und der dauerhaften Verbitterung gegenüber den Eltern. Dagegen werden viele andere Einschränkungen von den meisten Frauen als selbstverständlich hingenommen.

Die Ehre der Familie

In der Stammesgesellschaft muss sich der Mann dauernd beweisen. Er muss zeigen, dass er wehrhaft ist und sich, die Seinen und sein Eigentum verteidigen kann. Diese Fähigkeit muss er insbesondere beweisen, wenn es um die Unbescholtenheit der Frauen und Mädchen der Familie geht. Der Mann muss jeden anderen Mann daran hindern, sich seinen Frauen zu nähern. Wenn er heiratsfähige Töchter hat, darf er keine auch noch so harmlosen Kontakte der Mädchen zu potenziellen Freiern erlauben. Er muss Herr des Geschehens bleiben. Die Heiraten seiner Töchter sind seine Angelegenheit. Das ganze Vorfeld zu möglichen Kontaktaufnahmen zu den Damen seiner Familie muss er von fremden Männern und jungen Burschen freihalten. Dabei müssen ihn die anderen Familienmitglieder unterstützen. In den Stammesgebieten Südostafghanistans ist das Töten eines Wachhundes ein Vergehen, mit dem man selber sein Leben verwirkt. Der Wachhund schützt nämlich die Mädchen und Frauen vor fremden Männern. Wenn man den Hund tötet, darf der Hausherr davon ausgehen, dass man sich den Weg zu seinen Frauen und Mädchen bahnen will.

In Khost erzählte man mir, dass ein Mann auf eine Stelle uriniert habe, auf die zuvor eine Frau aus anderer Familie uriniert hatte. Der Ehemann dieser Frau habe darauf den anderen Mann erschossen. Dieser habe durch diesen Akt sein Interesse an sexuellen Kontakten zu der Frau bekundet. Im Kanon der Stammesgesetze war ein solcher Fall noch nicht zu finden. So mussten die Stammesrichter, die von den Familien um

Schlichtung gebeten worden waren, entscheiden, ob die Tötung rechtens war oder nicht. Sie erkannten die Argumentation des Schützen an. Der Urinierer war zu Recht erschossen worden.

Stellen Sie sich vor, Sie steuern ein Auto auf einer dicht befahrenen Überlandstraße! Neben Ihnen sitzt Ihre Tochter. Aus einem der entgegenkommenden Fahrzeuge winkt ein Mann Ihrer Tochter zu. Jetzt müssten Sie eigentlich das andere Fahrzeug verfolgen und den Mann töten. Dieser hat damit gerechnet, dass Sie in dem dichten Verkehr nicht wenden können. Der freche Kerl hat eine Mutprobe bestanden. Sie sind blamiert. Seien Sie froh, dass kein Bekannter diese Szene miterlebt hat!

Ein Familienvater muss dafür sorgen, dass kein böses Gerücht über seine weiblichen Verwandten möglich ist. Wenn eine Tochter eine weit entfernte Schule besucht und dort zu Fuß hingeht, so ist das eine heikle Geschichte. Die Familie kann den Schulweg nicht täglich kontrollieren. Wenn jemand verbreitet, das Mädchen habe auf dem Schulweg einen Abstecher gemacht oder habe sich mit fremden Jungen unterhalten, so kann die Familie das schlecht widerlegen. Und schon ist der Ruf des Mädchens ruiniert und der der Familie angeschlagen.

Als Konsequenz müssen sich Mädchen und Frauen in ihrem Verhalten sehr stark einschränken und so leben, dass ihnen niemand etwas nachsagen kann. Alle helfen dabei, diese Einschränkungen durchzusetzen, auch die Frauen und Mädchen. Auch sie sind darauf angewiesen, dass die „Ehre der Familie" makellos bleibt.

Frauen und Mädchen werden für den Verlust der Ehre brutal bestraft. Sie werden vom Rest der Familie geschlagen und gedemütigt, oft getötet. Auch in der Stadt sind Mädchen, die ihre Ehre verloren haben, nicht mehr zu verheiraten. Frauen und Mädchen haben reichlich Möglichkeiten, ihre Ehre zu verlieren. Es genügt, dass sie in Situationen geraten, die Anlass zu Unterstellungen geben. Auch wird nicht danach gefragt, ob sie durch eigenes Zutun in zweideutige Situationen geraten oder ob sie sich nicht gegen fremde Gewalt behaupten konnten. Wenn Soldaten Frauen nach Waffen abtasten, so ist das fast schon ein Mord.

Die Purdah

Aus all dem ergibt sich der Zwang, Frauen und Mädchen vor den Blicken von Fremden zu verbergen und diesen keinen Anreiz und keine Möglichkeit zu geben, Kontakte zu den Damen aufzunehmen. Die Grundstücke werden mit hohen Mauern umgeben, sodass Frauen und Mädchen sich in Haus und Garten frei bewegen können, ohne beobachtet zu werden. Größere Häuser haben ein Gästezimmer. Von dort aus kann man auf die Straße oder die Felder blicken – aber nicht in den Garten oder Innenhof des Hauses, wo sich die Frauen aufhalten.

Verlassen die Frauen das Haus, tragen sie meist einen Ganzkörperschleier, der ihnen durch ein Augengitter einen gewissen Ausblick ermöglicht. Die Frauen selber können nicht gesehen werden. Dieser Ganzkörperschleier ist im Westen unter dem Namen „Burka" bekannt, während er in Afghanistan meist als „Tschadri" bezeichnet wird. Die Scharia erlaubt es Frauen, ihre Hände, ihr Gesicht und ihre Füße in der Öffentlichkeit zu zeigen. Nach der Scharia müssten Frauen daher keinen Ganzkörperschleier tragen.

Diese Abgeschlossenheit der Frauen vor den Blicken von Fremden – durch Sitten, durch Baumaßnahmen und durch den Ganzkörperschleier – heißt Purdah. Die große Mehrheit der Afghaninnen unterwirft sich der Purdah. Insbesondere in den fruchtbaren Flusstälern auf dem Lande verlassen Frauen ihre Häuser nur selten und dann immer verschleiert. Eine Frau besucht eine andere Familie ihrer Sippe nur in männlicher Begleitung – etwa um im Trauerfall zu kondolieren oder um an einem Hochzeitsfest teilzunehmen. In kargen Gegenden, in denen man die weibliche Arbeitskraft auch auf den Feldern benötigt, geraten Frauen zwangsläufig öfter ins Blickfeld von Fremden. Feldarbeit lässt sich nicht im Ganzkörperschleier erledigen. In solchen Gebieten leben die Frauen etwas freier. Nomadenfrauen sind immer unverschleiert.

Im ersten Viertel des 20. Jahrhunderts herrschte die Purdah auch in den Städten. Dann wollte der König Amanullah die Frauen vom Schleier befreien. Das war einer der Gründe, aus denen er 1929 gestürzt wurde. In den Fünfzigerjahren wurde dann immerhin der Schleierzwang abgeschafft und die Regierung sorgte dafür, dass sich Frauen unverschleiert in den Straßen der großen Städte zeigen konnten.

Seitdem machte die Emanzipation der Frauen in den Städten Fortschritte. Frauen wurden Lehrerinnen, Beamtinnen und Ärztinnen. Zum Teil trug dazu paradoxerweise die Trennung von Mann und Frau in vielen Lebensbereichen bei. So konnte ein männlicher Arzt auch weiterhin keine Frau wirklich untersuchen. Und kaum jemand wagte es, seine Tochter in eine Schule zu schicken, in der Männer unterrichteten. Man brauchte also Ärztinnen und Lehrerinnen. Frauen drangen in alle Bereiche der Universität ein. Dort wurde sogar die Koedukation möglich.

Doch solche Entwicklungen blieben auf die großen Städte beschränkt. Und auch diese wurden nur teilweise davon erfasst. Wenn etwa eine ausländische Zeitung berichtet, dass über die Hälfte der Frauen, die man auf den Straßen sähe, unverschleiert seien, so mag das in einigen Stadtteilen von Kabul, in denen Ausländer leben, zutreffen. Allerdings sind auch dort keine 10 Prozent der Passanten Frauen.

Die Landbevölkerung hat die Emanzipation der Frauen in den Städten mit Misstrauen und Abscheu beobachtet. Ausländerinnen, die in Dörfern mit Frauen sprechen, berichten oft, dass die Afghaninnen sich schämten, dass einige ihrer Schwestern in den Städten allein und unverschleiert einkaufen gingen. Am weitesten war die Emanzipation der Städterinnen unter den Kommunisten fortgeschritten. Damals besetzten Frauen Positionen von Männern, die in den Krieg geschickt wurden. Man brauchte auf die Haltung der „rückständigen" Vettern und Basen vom Land keine Rücksicht zu nehmen, da man von ihnen durch militärische Frontlinien getrennt war. Nach dem Zusammenbruch der kommunistischen Herrschaft 1992 und vollends nach dem Aufkommen der Taliban haben die Vettern vom Lande die Stadtbevölkerung für dieses sündhafte Intermezzo streng bestraft.

Häusliche Herrschaft

Vor der Öffentlichkeit werden Frauen und Mädchen also verborgen. Doch wie sieht ihr Zusammenleben mit den Männern der Familie aus? Als ich mir jetzt darüber Gedanken machte, erinnerte ich mich an einen Besuch in Zentralafghanistan während des Krieges gegen die Kommunisten:

Unsere afghanischen Kollegen waren in Pakistan auf Lehrgängen gewesen. Sechs Tage lang hatten wir dann noch gebraucht, um von Quetta aus endlich die Klinik im südlichen Hasaradschat zu erreichen. Dort schliefen sich die Kollegen erst einmal aus. Danach machte sich einer von ihnen nach Hause auf. Die anderen blieben auch die nächste Nacht in der Klinik. Ja, was war denn mit den Burschen los? Wochenlang waren sie von ihren Familien getrennt. Und jetzt lungerten sie noch tagelang in der Klinik herum, bevor sie sich nach Hause bequemten.

Was erwartet einen heimkehrenden Mann in seiner Familie? Er wird seinen Vater treffen und seinen Bruder, die im Hause leben. Wahrscheinlich werden zur Begrüßung einige Gäste kommen – ein Onkel, drei Nachbarn, zwei Vettern. Von diesen Männern wird der Heimkehrer das Wichtigste erfahren, was im heimischen Dorf und in der Verwandtschaft passiert ist: Es gab einige Todesfälle und Hochzeiten. Ein Mann ist nach Pakistan gezogen. Ein anderer arbeitet jetzt in Arabien. Im Dorf gibt es Streit um die Nutzung des Wassers. Zwei Familien sind deshalb verfeindet. Man selber ist auch etwas betroffen, denn man entnimmt das Wasser demselben Kanal. Das alles ist interessant und relativ wichtig. Der Mann orientiert sich. Vielleicht sollte er in den nächsten Tagen den einen oder anderen besuchen, um die Beziehungen zu den entsprechenden Familien unter Kontrolle zu halten.

Dann geht er zu den Frauen. Da ist die Mutter und die eigene Frau – in manchen Fällen sind zwei eigene Frauen da. Dann gibt es noch eine Großtante, eine Schwägerin, zwei minderjährige Schwestern und jede Menge Kinder. Was kann man hier erfahren? Die Schwägerin ist wieder schwanger. Ein Kind ist krank und muss zum Arzt gebracht werden. Das muss der Mann erledigen. Die Mutter, die die Speisevorräte verwaltet, mahnt an, dass Zucker und Tee beschafft werden müssen. Auch muss eine Tür repariert werden. Der Mann teilt den Frauen mit, dass er in einigen Tagen den Besuch einiger Kollegen und anderer Gäste erwartet, etwa 15 Mann. Die Frauen müssen das Gastmahl richten. Die Einzelheiten bleiben ihnen überlassen. Insgesamt gibt es wenig, was die Frauen zu erzählen hätten und was den Mann ernsthaft interessierte. Wenn er leutselig ist, erzählt er von Quetta. Elektrizität hat man dort und Fernsehen, Kino, Kühlschränke und Eisenbahnen. Die Frauen staunen. Aber für ihr Leben brauchen sie dieses Wissen nicht. Der Mann hat einige Kleidungsstücke und Taschen als Geschenke mitgebracht. Man freut sich darüber. Es ist schön, dass er wieder da ist. Aber viel zu sagen hat man sich nicht.

Die Frauen regeln ihr Zusammenleben allein. Allerdings gibt es nicht selten Probleme zwischen den alteingesessenen Frauen und den eingeheirateten oder zwischen der ersten und der zweiten Frau eines Mannes. Wenn sich die Eingeheirateten dann an ihre eigenen Väter und Brüder wenden, ist manchmal ein besseres Verhältnis zu erzielen. Manchmal entbrennt aber ein gefährlicher Streit zwischen den Familien. Die Frauen leben in Haus und Hof und die Männer sind oft draußen. Wenn Männer zu Hause sind, halten sie sich lange im Gästeraum auf, der von den Räumen, in denen die Frauen leben, getrennt ist.

Wer hat im Hause „das Sagen"? Die Frauen haben die Pflicht, dafür zu sorgen, dass im Haushalt alles stimmt. Dazu muss auch der Mann beitragen. Er muss aber außerdem die Außenbeziehungen der Familie pflegen. Er muss sich um die Felder kümmern bzw. einem Beruf nachgehen. Die Frauen konzentrieren sich ganz auf ihren Bereich. Sie sorgen dafür, dass der Mann seine häuslichen Aufgaben erledigt. Vernachlässigt er diese, so setzen sie ihm energisch zu. Sobald aber die Außenbeziehungen der Familie berührt werden, hat der Mann zu entscheiden; etwa wenn es um die Verheiratung der Kinder geht oder um die Frage, ob die jüngste Tochter in die Schule gehen soll.

Wenn meine afghanischen Kollegen von zu Hause berichten, hat man den Eindruck, dass sie alle „unter dem Pantoffel stehen". Viele Männer haben jetzt keine Arbeit. Zu Hause halten ihnen ihre Frauen dieses „Versagen" vor. Solche Männer verbringen viel Zeit in der Moschee, wo sie mit Männern in gleicher Lage klönen können. Die Moschee ist ihnen ein Zwischending zwischen Kneipe und Männerhaus.

Am schlimmsten kuschten Offiziere und Mullahs vor ihren Frauen, meinte mal ein Freund, der es wissen muss. Im Krieg gegen die Kommunisten war er selber Kommandant gewesen. Neulich besuchten wir ihn auf dem Lande. Es war warm und wir hatten uns aus dem eigentlichen Gästezimmer in einen kleinen, kühleren Nebenraum zurückgezogen. Eine Tür dieses Raumes konnte man zum Innenhof hin öffnen. Von dort drang Lärm zu uns herauf: Frauen, Kinder, Hühner, Ziegen – alles schimpfte, lachte, meckerte und gackerte durcheinander. Unser Gastgeber meinte, uns diese Lebensäußerungen ersparen zu müssen. Er riss die Tür auf und rief ein paar energische Worte in den Hof hinunter. Einen Augenblick lang wurde es ruhig. Dann antwortete eine einzelne Frauenstimme. Er schloss die Tür und während der Lärm wieder anschwoll, teilte er uns mit, dass er jetzt runterginge, weil er Holz hacken müsse.

Die Mehrehe des Mannes

Nach der Scharia darf ein Mann gleichzeitig drei Frauen haben. Wenn eine der Frauen stirbt, darf er eine vierte Frau heiraten. Allerdings muss der Mann dafür sorgen, dass alle seine Frauen gleich behandelt werden. Der Prophet sagte dazu, dass das ja wohl kaum möglich sei. Moderne Moslems legen die Äußerung so aus, dass die Mehrehe des Mannes eigentlich verboten sei.

Dennoch haben in Afghanistan viele Männer mehrere Frauen. Einer der wichtigsten Gründe dafür sind die Kinder, genauer: die Söhne. Eine Familie ist sehr darauf angewiesen, möglichst viele Söhne zu haben, als Garanten der Sicherheit und für die Altersversorgung. Wenn ein Ehepaar keine Kinder bekommt oder wenn ihm nur Mädchen geboren werden, wird die Familie und ihr Umfeld nervös und nötigt den Mann, eine weitere Frau zu heiraten. Manchmal können durch die Heirat einer zweiten Frau gute Beziehungen zu deren Familie hergestellt werden. Oft geht es dem Mann um sein Ansehen bei den anderen Männern, wenn er sich eine zweite Frau nimmt.

Selbstverständlich ist das Zusammenleben eines Mannes mit mehreren Frauen und das Zusammenleben dieser Frauen untereinander meist schwierig, selbst wenn der Mann sich bemüht, alle Frauen gleich zu behandeln. Manchen Frauen gelingt es tatsächlich ein herzliches Verhältnis zu den anderen Gefährtinnen ihres Mannes herzustellen. Naturgemäß belastet aber jedes weitere Kind das Zusammenleben, denn die physische Mutter wird für ihr eigenes Kind die beste Zukunft sichern wollen.

OFARIN hatte einst ein Grundstück gemietet, dessen Besitzer auf dem Land wohnte. Eines Tages besuchten wir ihn. Wir gingen durch ein Allee von Pappeln. Dahinter lagen grüne Felder, die wieder von Bäumen und Büschen gesäumt waren. Ab und zu überquerten wir einen Bewässerungsgraben. Schließlich sahen wir die Lehmburg, in der er lebte. Alles war wunderschön. „Unser Landlord lebt ja wie im Paradies", meinte ich. „Er lebt in der Hölle", erwiderte Abdullah. „Er hat drei Frauen. Alle drei haben mehrere Söhne, die meist schon erwachsen sind. Und alle wollen erben."

Bei den Schiiten gibt es theoretisch die Möglichkeit einer zeitlich befristeten Ehe. Dieses seltsame Verhältnis scheint in Afghanistan nicht sehr verbreitet zu sein. Ich habe darüber nichts erfahren.

Frauen in der Öffentlichkeit und im Beruf

Das in etwa ausgewogene Machtverhältnis innerhalb der Familie hat nichts mit dem Einfluss der Geschlechter auf das Zusammenleben innerhalb des Stammes oder des Staates zu tun. Was außerhalb des Familienbereichs geschieht, regeln die Männer – wobei auch die Möglichkeiten der Männer, an regionalen oder gar nationalen Entscheidungen mitgestaltend teilzunehmen, alles andere als gleichmäßig verteilt sind.

Frauen auf dem Land sind über das, was außerhalb der Familie geschieht, nur mittelbar – und das heißt: schlecht – informiert. Was „draussen" passiert, erfahren sie von ihrem Mann oder ihren Brüdern, wenn es diesen beliebt. Von allen Entscheidungen sind sie abgeschnitten. Das Entstehen einer Frauenbewegung – etwa wegen der Unfähigkeit der Männer, für Frieden und Wohlstand zu sorgen – ist unmöglich. Die Frauen verlassen den Bereich ihrer Familie nicht. Sie wissen nicht, wie die Frauen ein paar Häuser weiter denken. Es ist unvorstellbar, dass sich Frauen verschiedener Familien irgendwo versammeln, um Meinungen auszutauschen.

Derzeit sind die Arbeitsmöglichkeiten für Frauen und Männer schlecht. Es ist kein Bereich zu erkennen, in dem ein besonderer Bedarf an der Arbeit von Frauen bestünde. In dieser Lage spielen die Hilfsorganisationen eine wichtige Rolle auf dem Arbeitsmarkt. Viele von ihnen sind finanziell gut ausgestattet. Die meisten werden von ihren Geldgebern und Zentralen gedrängt, Frauenprogramme durchzuführen und in ihren Projekten und Verwaltungen Frauen zu beschäftigen. Solche Programme müssen die Hilfsorganisationen dann öffentlichkeitswirksam in Szene setzen. Die Öffentlichkeit, vor der man wegen Frauenprogrammen auf die

Pauke haut, ist die der Geberländer. Aber auch in Afghanistan wird über Aktivitäten für oder mit Frauen gern triumphierend berichtet.

Auch Städter müssen dafür sorgen, dass sie von der Öffentlichkeit als Gebieter ihrer Ehefrauen und Töchter wahrgenommen werden. Sonst verliert ihre Familie jedes Ansehen. Die meisten Väter billigen, dass ihre Töchter zur Schule gehen. Viele dulden sogar, dass ihre Frauen Geld verdienen. Aber sie leiden darunter. Die Scharia verlangt schließlich, dass der Mann den Lebensunterhalt der Familie aufbringt. Wenn die Frau das Geld verdient, ist das ein Zeichen dafür, dass der Mann versagt hat. Nur sehr selten gehen Frauen einem Lohnerwerb nach, wenn der Mann ausreichend verdient. Eine Frau, die arbeiten geht, muss täglich den Weg zur Arbeitsstelle zurücklegen und hält sich dann stundenlang im Kreise ihrer Kollegen auf. Am liebsten würde der Mann mitgehen, damit er sicher ist, dass nichts geschieht, was mit der Ehre der Familie nicht vereinbar ist. Allein die Tatsache, dass seine Frau in einem Büro das tut, was ein fremder Mann ihr aufträgt, schmerzt den Ehemann.

Wenn derjenige, der über seine Frau verfügt, ein Ausländer ist, so ist es umso schlimmer. Der Fremde fährt ein protziges Geländefahrzeug. Er gebietet über Berge von Geld. Er kann andere Menschen einstellen und entlassen. Er reist mit dem Flugzeug in ferne Länder. Er kann täglich essen, was er möchte. Kurz, der Ausländer ist um so vieles potenter als der arme afghanische Ehemann. Man muss sehr sensibel mit solchen Verhältnissen umgehen. Im Nu ist ein Verdacht erregt. Und während der brave Ehemann sich noch Sorgen macht, verbreiten falsche Freunde schon irgendeine üble Nachrede.

Noch größer als das Misstrauen des familiären Umfeldes ist der Argwohn der Landbevölkerung gegenüber berufstätigen Frauen in den Städten. Dieses Phänomen haben die Menschen auf dem Land schon vor dem Krieg nicht verkraften können. Seitdem ist nichts geschehen, was ihre Einstellung geändert hätte. Wir tun der afghanischen Gesellschaft und insbesondere den afghanischen Frauen keinen Gefallen, wenn wir uns darum bemühen, die Position der Frauen in den Städten weiter zu stärken – etwa wenn wir darauf drängen, mehr Frauen in Spitzenpositionen zu beschäftigen.

Möglichkeiten der Fortentwicklung

Wenn man zur Emanzipation der afghanischen Frau beitragen will, darf man die Gesellschaft nicht weiter in den gefährlichen Gegensatz zwischen „modernen" Städtern und „rückständiger" Landbevölkerung aufspalten. Man muss die Verhältnisse auf dem Land verändern, aber vorsichtig.

Vor dem Krieg waren Schulen die Institutionen einer fernen Regierung, der man grundsätzlich misstraute. Die Kommunisten nutzten die Schulen, um gegen den Islam zu polemisieren. Die Kommunisten wurden verjagt. Schulgebäude wurden in die Luft gesprengt. Doch wenige Jahre später besann man sich und sah ein, dass Lesen, Schreiben und Rechnen nützlich sind und für sich allein genommen keinen Schaden verursachen. Vielerorts versuchte man, mit eigenen Mitteln oder mit ausländischer Hilfe Schulen zu betreiben. Solche Schulen unterlagen jetzt der sozialen Kontrolle durch die Menschen der Gegend. Die lokalen Geistlichen und Kommandanten schauten herein und stellten fest, dass Schulen harmlos sind. So kam auf dem Land bald der Wunsch nach Mädchenschulen auf. Während des Krieges entstanden in vielen Orten elementare Mädchenschulen, wo es früher nicht einmal Jungenschulen gegeben hatte. Die Bereitschaft, Mädchen in die Schule zu schicken, ist heute auf dem Land viel größer als etwa vor 30 Jahren. Wenn Mädchen in die Schule gehen, lässt man sie lieber von Frauen als von Männern unterrichten. Hier kann auf dem Land eine Bresche für die Berufstätigkeit der Frau geschlagen werden. Und wenn in einem Dorf einige Jahre eine Mädchenschule gearbeitet hat, wird es möglich sein, mit Hilfe der Lehrerin behutsam weitere Projekte durchzuführen, die sich an Frauen richten, etwa spezielle Fortbildungen im Gesundheitsbereich oder Mikrokreditprogramme.

Es wäre jetzt leicht, eine ganze Reihe von Hindernissen aufzuzählen, die sich solchen Bemühungen entgegenstellen. Aber mit Geduld und Einfühlsamkeit sind Fortschritte zu erzielen. Mädchenschulen sind auf jeden Fall ein Einstieg. Doch sollte man dann erst einmal Geduld haben. Erst wenn sich ein solides Vertrauensverhältnis zwischen Bevölkerung und Schule herausgebildet hat, kann man an weitere Projekte denken. Dabei sollte ruhig das wirtschaftliche Interesse der Männer eingeplant werden. Doch auch dann wird man nur kleine Schritte vorankommen und immer wieder warten müssen, bis die große Mehrheit der Bevölkerung die Vorteile eines neuen Programms kennen und schätzen gelernt hat.

Leider sind solche langfristig angelegten Entwicklungsstrategien mit den jetzt über Afghanistan hereingebrochenen Hilfsprogrammen kaum zu verwirklichen. Geld kann man bekommen. Doch das muss schnell ausgegeben werden. Erfolge müssen bald vorgezeigt – oder vorgetäuscht – werden. Eine prinzipiell zeitlich unbegrenzt arbeitende Institution wie eine Schule unterstützt man nicht. Schulen sind ohnehin Angelegenheit der afghanischen Regierung. Diese Regierung ist aber nicht in der Lage, kleine Schulen einzurichten. So können viele Mädchen überhaupt nicht zur Schule gehen, weil sie ihr Dorf nicht verlassen dürfen. Und schließlich bieten die Regierungsschulen einen Unterricht an, bei dem Kinder fast nichts lernen und an Apathie und Passivität gewöhnt werden. Um hier Abhilfe zu schaffen, bräuchte man Zeit, viel Zeit. Zeitlich begrenzte Frauenprogramme in der Stadt sind dagegen finanztechnisch problemlos. Und für die Öffentlichkeitsarbeit sind sie viel handlicher.

Die Rolle der Frau auf dem Land ließe sich also nachhaltig verbessern. Die Bereitschaft von Frauen und Mädchen, etwas zu lernen, ist da. Auch die meisten Männer haben keine Einwände. Aber es wird lange dauern, bis sich deutliche Fortschritte zeigen. Afghanistan kann nicht hier und jetzt die Gleichberechtigung der Frau nach neuestem westlichen Schick durchsetzen. Die meisten Afghaninnen wollen vieles nicht, was die Ausländer wünschen, dass sie wollen sollen. Auch bei uns hat sich die Rolle der Frau noch nicht allzulange aus den althergebrachten Traditionen gelöst. Dafür waren wirtschaftliche und soziale Entwicklungen maßgebend, die es so in Afghanistan nicht gegeben hat. Und wenn wir uns in der Frauenfrage zu Schulmeistern der afghanischen Gesellschaft berufen fühlen, sollten wir vorher an die Frauen und Mädchen aus Anatolien denken, die in Duisburg-Hamborn oder Berlin-Neukölln ein Leben fern der Gleichberechtigung fristen.

7. Abschnitt
Aus den Jahren 2006 und 2007

Die gegenwärtige Bürgerkriegssituation wurde von den US-Truppen und ihrer brutalen Taktik geschaffen. Doch die Talibanbewegung, die dank dieses vollkommen unverständlichen Vorgehens der Amerikaner im Süden und Osten Afghanistans wiederaufgebaut werden konnte, ist in den letzten beiden Jahren auch in den Provinzen Wardak und Logar erstarkt. Diese Provinzen waren bisher nicht von Übergriffen der US-Truppen betroffen. Auch hier ist die Bevölkerung überwiegend paschtunisch. Man ist mit der Verteilung der Macht in der Zentralregierung unzufrieden. Die Paschtunen spielen nicht mehr die Hauptrolle in Kabul. Daher gab es in Wardak und Logar immer lokale Taliban. Aber jetzt hat die Kabuler Regierung die Kontrolle über große Teile dieser Provinzen verloren.

Die Drahtzieher der Talibanbewegung hatten sich verstärkt bemüht, diese beiden Provinzen, die nahe an Kabul grenzen, unter ihren Einfluss zu bekommen. Paschtunenkrieger aus Waziristan/Pakistan wurden in die Berge dieser Provinzen verlegt. Pakistanische Drahtzieher drängten die lokalen Taliban zu mehr Aktivität und drohten, andernfalls ihre Lieferungen von Geld, Waffen und anderem Material einzustellen oder Kommandanten abzusetzen.

Die Taliban sind auch in den paschtunisch besiedelten Provinzen umstritten. Der größte Teil der Bevölkerung möchte dort Frieden haben. Ihre Abhängigkeit von Führern, die im Ausland sitzen, machen die Taliban nicht beliebt. Es kann keinem Paschtunen recht sein, wenn sich Fremde im eigenen Stammesgebiet niederlassen. Dann ist die Kontrolle über den eigenen Grund und Boden bedroht. Auch haben die Einheimischen keinen Einfluss auf die militärischen Aktivitäten der Fremden. Doch die Folgen ihrer Angriffe auf Regierungs- oder NATO-Truppen muss die einheimische Bevölkerung ausbaden. Dann gibt es Vergeltungsschläge der Luftwaffe, und Bodentruppen durchsuchen wochenlang die Häuser. Auch die lokalen Taliban wollen mit ihren ausländischen Förderern möglichst wenig zu tun haben. Aber deren Waffenlieferungen brauchen sie. Hätte die Kabuler Regierung Logar und Wardak ordentlich verwaltet, wären die Taliban dort nie ein Problem geworden.

Der Deal mit den Mördern

Mancher Leser wird sich noch an das Geschehen um Rudolf Blechschmidt erinnern. Der deutsche Ingenieur arbeitete als Bauunternehmer in Afghanistan. Offiziell geht das nicht. Ein Ausländer darf kein eigenes Unternehmen führen. So leitete er die Firma zusammen mit einem afghanischen Partner. Rudolf Blechschmidt und ein weiterer deutscher Ingenieur wollten untersuchen, welche Reparaturen an dem beschädigten Stausee

Band-e-Sultan im Bezirk Jagatu-e-Wardak möglich sind. Die Ingenieure befanden sich in Begleitung einiger afghanischer Polizisten in der Nähe des Stausees, als sie von Taliban gefangen wurden. Sie wurden durch die Berge getrieben. Als der Kollege nicht mithalten konnte und einen Schwächeanfall erlitt, wurde er erschossen. Um Rudolf Blechschmidt wurde lange verhandelt. Nach drei Monaten kam er frei.

Über die Hintergründe des Geschehens wird in Wardak Folgendes berichtet: Rudolf Blechschmidt und sein afghanische Partner hätten sich überworfen. Der Afghane habe dem Deutschen eine Falle gestellt. Er erzählte Blechschmidt, dass sich am Stausee ein lukratives Projekt anbahnen lasse. Er sei mit dem Bezirksgouverneur von Jagatu-e-Wardak verwandt. Diesen Gouverneur bat er, Blechschmidt den Taliban auszuliefern. Blechschmidt und sein Kollege brachen nach Jagatu auf. Sie statteten dem Bezirksgouverneur einen Besuch ab. Der wies bei dieser Gelegenheit die begleitenden Polizisten an, im Falle eines Zusammenstoßes mit feindlichen Kräften, keine Waffen zu gebrauchen. So fielen die beiden Deutschen und ihre Begleiter in die Hände der Taliban. Der Sicherheitschef des Bezirkes wurde inhaftiert, weil er die Besucher nicht geschützt habe. Allerdings wusste der Sicherheitschef von dem Deal nichts und auch nichts von der Anordnung an die Polizisten, dass sie sich nicht wehren sollten. Nach der Freilassung habe der Gouverneur den größten Teil des Lösegeldes – das seien 1'200'000 US-Dollar gewesen – bekommen.

Dass Blechschmidt und sein afghanischer Partner schwere Probleme miteinander hatten, war auch aus anderer Quelle zu hören. Manches, was sonst erzählt wird, kann man kaum nachweisen. Dennoch, solche mündlichen Überlieferungen sind in Afghanistan meist recht zutreffend. Es wird viel geredet. Die Polizisten und die Taliban dürften über die Anordnung des Gouverneurs gesprochen haben. In der Regel sind nur Zahlen, die in solchen Geschichten genannt werden, übertrieben. In diesem Fall ist sogar die Höhe des Lösegeldes realistisch.

Es sei dem Leser überlassen, diese Version aus Wardak für zutreffend zu halten oder nicht. Tatsache ist, dass die Geschichte erzählt wird. Tatsache ist, dass die Bevölkerung einem von der Regierung eingesetzten Gouverneur praktisch jedes üble Geschäft selbst mit den Feinden zutraut.

Der Gouverneur von Jagatu-e-Wardak gehört zum Clan des Verteidigungsministers. Also wird es niemand wagen, die Rolle dieses Mannes bei der Entführung der deutschen Ingenieure zu überprüfen. So etwas tut man dem Verteidigungsminister nicht an, einem Mann, der seit seiner Ernennung sehr umstritten ist.

Leichte Eroberungen

Es fällt auf, dass viele Bezirke von den Taliban schnell mal erobert werden. „Eroberung" bedeutet, dass der Sitz des Bezirksgouverneurs eingenommen wird. Einige Verwaltungszentren werden danach irgendwann mit größerem Aufwand von Regierungstruppen und ausländischen Soldaten zurückgewonnen. Aber warum kommt es überhaupt zur Eroberung? Warum wurde zum Beispiel der Bezirk Daimirdad, ebenfalls in der Provinz Wardak gelegen, von den Taliban genommen? Nun, dem Gouverneur standen nur drei Bewaffnete zur Verfügung, die den Bezirk verteidigen sollten. Allerdings hatte der Gouverneur gegenüber der Provinzregierung immer zwölf Mann abgerechnet. Die Löhne hatte er selber eingesteckt, sofern er sie erhielt. Die Ausrüstungen soll er verkauft haben.

Vermutlich kann man auch mit zwölf Milizionären kaum eine Schlacht gewinnen. Warum stattet die afghanische Regierung die Bezirke nicht besser aus? Sie hat das Geld. Die internationale Gemeinschaft lässt sich Afghanistan einiges kosten. Aber die afghanische Bürokratie saugt dieses Geld auf. Für die Bezirke bleibt fast nichts übrig. Wenn der Bezirksgouverneur noch neun Papiermilizionäre abrechnete, so schnappte er nur nach den Krümeln, die die Kabuler Regierung und die Provinzverwaltung übrig gelassen hatten. Die Selbstzerstörung der staatlichen Verwaltung reicht bis in die äußersten Verästelungen.

Dort kommt kaum noch etwas an. Die Polizisten, die für die Bezirke angeworben wurden, werden meistens überhaupt nicht mehr entlohnt. Immerhin werden sie mit einer Uniform und einer Kalaschnikow ausgestattet. Damit können sie Überfälle auf die Bevölkerung verüben und tun das auch. Viele Milizionäre haben es irgendwann satt. Dann verlassen sie den Staatsdienst und machen sich selbstständig. Die Kalaschnikow geht als Grundausstattung mit. Sie nennen sich dann Taliban und plündern im Namen des Islam. Tatsächlich gehören sie nicht zur Talibanbewegung, auch wenn die Taliban schon mal mit Kriminellen Geschäfte machen und ihnen zum Beispiel gekidnappte Personen abkaufen.

Ehemalige Polizisten und Milizionäre bilden nur einen Bruchteil der Kriminellen, die sich in Wardak herumtreiben. Da es praktisch keine Ordnungskräfte gibt, blüht das Verbrechen. Wegelagerer und Rauschgiftsüchtige glauben ihr Tun dadurch zu veredeln, dass sie sich zu Taliban erklären. Freunde behaupten, dass die Zahl der Kriminellen, die sich Taliban nennen, bei Weitem die Zahl der echten Taliban übersteige.

Das Massaker von Baghlan

In Baghlan war eine Zuckerfabrik aufgebaut worden. Sie sollte feierlich in Betrieb genommen werden. Aus Kabul waren Abgeordnete des nationalen Parlaments angereist und noch einige Honoratioren. Schulkinder waren angetreten, um die hohen Gäste zu begrüßen. Während der Begrüßung explodierte eine Bombe und tötete sechs Parlamentarier und viele Schulkinder.

Einer der sechs Abgeordneten, die umkamen, war Said Mustafa Qazimi. Er liebte offene Worte und hatte am Staatsgetriebe Afghanistans vieles auszusetzen. Viele Afghanen hätten diesen Mann gern in einem öffentlichen Amt gesehen. Vielen Politikern war er dagegen lästig. OFARIN betrauerte besonders den Abgeordneten Aref Sarif aus Bini Hissar. In diesem Kabuler Stadtteil sind wir mit seinem Schulprogramm in einer Moschee aktiv. Aref Sarif sorgte aus eigener Tasche für die Befestigung des Vorplatzes der Moschee. Unsere Hilfsorganisation hat den Platz dann überdacht. Aref Sarif hat unseren Unterricht besichtigt und sich mehrfach sehr anerkennend über unsere Arbeit geäußert. Auch er wurde in Baghlan ermordet.

Meine Kollegen waren entsetzt, als sie von dem brutalen Anschlag hörten. Dann wurde bekannt, dass der Provinzgouverneur von Baghlan und sein Sicherheitschef nicht zur Begrüßung der hohen Gäste erschienen waren. Schließlich erklärten die Taliban und die Hizb-e-Islamie des Gulbuddin Hekmatyar, sie hätten nichts mit diesem Anschlag zu tun. Sie sprengten keine Schulkinder in die Luft. Daraufhin waren alle meine Kollegen überzeugt, dass der Anschlag von Regierungskreisen verübt worden sei. Jemand habe einige der Abgeordneten loswerden wollen. Keiner meiner Kollegen ist ein Anhänger der Taliban. Aber für jeden von ihnen sind die Taliban glaubwürdiger als die Kabuler Regierung. Deren Mitgliedern trauen sie jedes Verbrechen zu.

Schule tut weh

Es gibt in Deutschland Vereine, die in Afghanistan Schulen unterstützen. Ab und zu kommen Mitglieder solcher Vereine nach Afghanistan. Ein deutscher Besucher äußerte, nachdem er von einer Partnerschule zurückkehrte: „Es kommt mir so vor, als ob Schule in Afghanistan weh tun soll."

Er hatte gut beobachtet. In Afghanistan will Schule sehr ernst genommen werden. Schließlich geht es in der Schule um „Wissenschaft". Das Wort, das man in Dari und Paschtu für den Begriff Wissenschaft benutzt, kommt aus dem Arabischen und trägt auch einen religiösen Inhalt mit sich – im Sinne von Erleuchtung. Der Lehrer ist also Vermittler von etwas sehr Erhabenem, auch wenn er seinen Schülern nur das Alphabet oder das kleine Einmaleins beibringt oder beibringen sollte. Sein Selbstverständnis und sein Prestige bezieht er aus der Großartigkeit des hohen Gutes, das er vertritt. Die Schüler müssen die Würde ihres Lehrers respektieren. Jedes Zeichen, mit dem ihm der Respekt versagt wird, empfindet er als Bedrohung seiner Würde. Gegen aufmüpfige Schüler geht er gnadenlos vor. Nicht einmal das Lächeln eines Schülers kann er dulden, denn ein Lächeln kann ja ein spöttisches Grinsen sein. Zumindest könnte es ein anderer Schüler so interpretieren.

Unsere Hilfsorganisation hatte einen jungen Mann eingestellt. Er gab versuchsweise Unterricht und tat dabei das, was ich in Afghanistan oft erlebe, wenn ich als Ausländer vor einem beschriebenen Schild stehen bleibe und versuche, den Text zu entziffern: Dann steht bald ein Afghane neben mir, lächelt mich an und liest mir alles vor. Innerlich ärgere ich mich. Aus dem Versuch, etwas herauszubekommen, ist wieder einmal nichts geworden. Aber es war gut gemeint. Und so bedanke ich mich gequält. Genauso wie seine Landsleute machte es unser neuer Kollege im Unterricht, wenn ein Schüler nicht sofort einen Text erfasste. Und so macht es jeder afghanische Lehrer. Wenn ein Schüler beim Lesen nicht weiterkommt, sagt ihm der Lehrer den Text vor. Allerdings lächelt er dabei nicht. Dennoch wirkt solche „Hilfe" in der Gefängnishofatmosphäre einer afghanischen Schule wie ein Hauch von Menschlichkeit. Aber natürlich hindert sie den Schüler daran, selbstständiges Lesen zu erlernen. Für den Lehrer hat seine „Freundlichkeit" den Vorteil, dass er schneller mit dem Stoff fortfahren kann. Er muss nicht lange darauf warten, bis der Schüler zu einem Ergebnis kommt. Bei OFARIN sind diese Hilfen strikt verboten, und ich hatte den jungen Kollegen schon mehrmals verwarnt. Ein afghanischer Gymnasiallehrer mit Universitätsabschluss, der unseren neuen Mann erlebte, ärgerte sich auch über dessen Hilfen, allerdings nicht, weil sie Schüler am Lesenlernen hindern. Ihn erboste, dass der junge Mann freundlich lächelte, wenn er einem Schüler vorsagte. „Ein Lehrer darf lächeln und sogar lachen", erläuterte er mir, „aber doch niemals im Klassenzimmer."

Schüler und Lehrer in der staatlichen Schule

Jeder Lehrer hält sich in der Klasse ein oder zwei Schüler, die manchmal individuell antworten dürfen. Diese ein bis zwei Favoriten sind die „intelligenten" Schüler. Wenn einer davon einmal eine falsche Antwort gibt, nickt sie der Lehrer trotzdem ab. Die Favoriten müssen vor der Klasse als Alleskönner dastehen. In vielen Fällen erwartet der Lehrer, dass die intelligenten Schüler ihm Mitschüler verpetzen, die schlecht über eine Lehrkraft gesprochen haben. Alle anderen Kinder sind lediglich der Chor. Manche Fragen darf die Klasse im Chor beantworten. Aus dem eigenen Musikunterricht oder dem Besuch von Kirchen wissen wir, dass man selber nicht viel von einem Lied wissen muss, um dennoch so tun zu können, als ob man den Text kennt. Den Klassenchor zu aktivieren, gilt in Afghanistan als besonders lebendiger Unterricht.

Ein afghanischer Lehrer ist ein Alleinunterhalter. Seine Methode ist der Frontalunterricht. Er steht vor seiner Klasse und redet ununterbrochen. Ganz selten gibt er einen Einsatz für den Chor oder für einen der Favoriten. Danach redet er weiter. Die Schüler haben keine Sekunde Zeit, einen eigenen Gedanken zu fassen. Der Lehrer hat ein Lehrbuch in der Hand. Das trägt er Zeile für Zeile vor. Er hat den Ehrgeiz, im Lehrbuch weiter zu sein als der Kollege, der die Parallelklasse unterrichtet. Diese Konkurrenz bestimmt das Tempo des Vorankommens. Im Mathematikunterricht wird jede Seite nur einmal behandelt. Dann kommt die nächste dran. Im Muttersprachenunterricht kommt man nicht umhin, jeden Text von mehreren Kindern lesen zu lassen. Hier bietet sich der Chorgesang an.

Wenn der Lehrer eine Frage stellt – einem der Favoriten oder dem Chor – erwartet er als Antwort nie das Ergebnis einer selbstständigen Überlegung. Mal geht es um das Resultat einer einfachen Rechnung, die der Lehrer schon selber vorgetragen hatte. Oder es geht um Aussagen wie: „Der Gründer Afghanistans ist Ahmad Schah Durrani." Solche Aussagen muss der Schüler wörtlich so wiedergeben, wie der Lehrer sie formuliert hat. Wenn der Schüler sagt: „Ahmad Schah Durrani hat Afghanistan gegründet", gilt das als Fehler. In Mathematik etwa lernen manche Schüler: „Ein Kreis ist die Menge aller Punkte einer Ebene, die von einem bestimmten Punkt den gleichen Abstand haben." Der Lehrer hat diesen Satz einst auf der Pädagogischen Akademie mitgeschrieben. Jetzt lernen ihn seine Schüler auswendig. Nehmen wir an, ein naiver Besucher dieses Unterrichtes bittet einen Schüler, einen Kreis an die Tafel zu zeichnen! Kein Schüler würde dieses Anliegen verstehen. Auch die Favoriten ahnen nicht, dass die Definition, die sie aufzusagen gelernt haben, irgendetwas mit der geometrischen Figur des Kreises zu tun hat.

Wenn ein Lehrer die Zahl Acht einführt, schreibt er „8" an die Tafel und sagt der Klasse, dass diese Zahl „Acht" heißt. Dann fragt er noch vier bis sechs Schüler nach dem Namen der Zahl. Und jedes der Kinder darf „acht" sagen. Ein Mehr an Mitarbeit der Schüler riskiert er nicht.

Diese Art des Unterrichtes erspart dem Lehrer jede Überraschung, die die freie Beantwortung von Fragen durch Schüler mit sich bringen kann.

Würde ein Schüler die eigene Lösung einer Mathematikaufgabe vortragen, müsste der Lehrer bei jedem Schritt darauf achten, ob sich ein Fehler einschleicht. In der Eile kann sich dabei auch der Lehrer irren. Ein solcher eigener Irrtum ist für den Lehrer eine schreckliche Schmach. Er hat Angst, seine Autorität zu verlieren. Dabei kann ein Mathematiklehrer noch relativ leicht feststellen, ob ein Schüler Fehler macht. Angenommen, ein Geschichtslehrer forderte einen Schüler auf, den Verlauf eines Krieges mündlich vor der Klasse darzustellen! Dann könnte es passieren, dass sich der Schüler unglücklich ausdrückt. Möglicherweise stellt er Tatsachen falsch dar. Vielleicht vergisst er einige wichtige Ereignisse. Oder er bewertet Geschehnisse unangemessen. Auf all diese kleineren Ungenauigkeiten und größeren Fehler müsste der Lehrer in der richtigen Weise eingehen. Die Gefahr, dass er falsch reagiert, ist groß. Soweit lässt man es in Afghanistans Schulen nicht kommen. Der Verlauf einer Geschichtsperiode, wie zum Beispiel eines Krieges, wird den Schülern wörtlich vorgegeben, und sie müssen ihn wörtlich wiedergeben. Jede Abweichung vom vorgegebenen Text ist ein Fehler – egal, ob sie den geschichtlichen Verlauf verfälscht oder nicht.

Für den Lehrer ist es also bequem, wenn er den Kindern keinen eigenen Gedanken erlaubt und wenn er sich nicht um das Verstehen seiner Schüler bemüht. Aber der Lehrer ist nicht gleichgültig gegenüber seiner Arbeit. Er hat – wie schon gesagt – den Ehrgeiz, in seinem Schulbuch möglichst schnell vorwärts zu kommen. Dabei würde es sehr stören, wenn er die Schüler selbstständig arbeiten ließe. Hinterher müsste er sich mit den unvorhersagbaren Ergebnissen solcher Bemühungen herumschlagen. Wenn er auch noch darauf achten sollte, dass wenigstens ein Teil der Schüler den durchgenommenen Stoff versteht, würde er überhaupt nicht mehr mit seinem Lehrbuch fertig werden.

In einem islamischen Land liegt der Gedanke nahe, dass die Unterrichtsmethoden davon geprägt werden, wie die Menschen sich Kenntnisse über die eigene Religion aneignen. Viele Kinder besuchen am frühen Morgen die Moscheen, um beim Mullah und den Honoratioren der Gemeinde etwas über ihre Religion zu lernen. Teile des Korans und Wichtiges aus den anderen Überlieferungen werden dort gelehrt. Tatsächlich gibt es in diesem Moschee-Unterricht Ähnlichkeiten mit der gängigen Unterrichtspraxis der Schulen. Auch die religiösen Inhalte werden auswendig gelernt – manches auf Arabisch, das die Kinder nicht verstehen. Das Begreifen der Inhalte spielt auch hier keine Rolle. Im Religionsunterricht der Moschee-Schule geht es darum, dass die Kinder positive Gefühle gegenüber den Inhalten der Religion entwickeln.

Dass in allen Schulfächern die Stoffe verständnislos gelernt werden und eine aktive Mitarbeit der Schüler nicht gewollt ist, scheint aber nicht wesentlich an einer Vorbildfunktion des Religionsunterrichtes zu liegen. Solche Unterrichtsmethoden sind nämlich auch in anderen Entwicklungsländern verbreitet, auch in solchen außerhalb des islamischen Kulturkreises.

Wie erfahren die Schüler den landesüblichen Unterricht? Was tut ein Kind, das nicht einmal zu den Favoriten des Lehrers gehört, während der Schulzeit? Es darf nichts tun. Es muss das langweilige Gedröhne des Lehrers über sich ergehen lassen. Es döst apathisch vor sich hin, bis es endlich nach Hause gehen darf. Sehr viele Kinder lernen in der Schule praktisch nichts. Schon aus wirtschaftlichen Gründen ist es fragwürdig, Schulen aufzubauen, auszurüsten und zu betreiben, in denen bestenfalls ein kleiner Bruchteil der Schüler überhaupt etwas lernt – und auch dieser Bruchteil lernt sehr, sehr wenig.

Schulen sollen Kindern helfen, ihr Leben zu meistern. Schulen sollen Kinder zu selbstständigen, mündigen Staatsbürgern erziehen, die möglichst eine Demokratie tragen können. Also müsste man in den Schulen lernen, wie man sich ein eigenes Urteil bildet und wie man sachgerecht entscheidet. In afghanischen Schulen erfahren Kinder aber nur den Zwang zur Passivität. Vormittag für Vormittag wird ihnen jedes eigene Denken ausgetrieben. Es ist eine Erziehung zur Unselbstständigkeit. Ein zehnjähriger Junge, der in der Werkstatt seines Vaters hilft, Blechkisten herzustellen und zu verkaufen, lebt glücklicher und lernt viel mehr für sein zukünftiges Leben als ein Gleichaltriger, der die Hälfte des Tages dafür opfern muss, in einer Regierungsschule zu sitzen – ohne jede Anregung und ohne jede Herausforderung.

Das Schulkind

Schaima putzt in unserem Büro. Damit immer jemand im Haus ist, muss sie auch an einem der beiden sonst arbeitsfreien Tage des Wochenendes kommen. Dann bringt sie meist ihre Tochter Narges mit. Narges kommt gern mit ins Büro. Manchmal frage ich sie nach ihrer Schule. Narges gibt sich dann zwar scheu und dreht sich verlegen weg, aber Spaß macht es ihr doch. Sie ist gerade in die zweite Klasse einer staatlichen Schule versetzt worden. Schaima ist Analphabetin. Auf ihre Tochter ist sie stolz. Die kenne die Zahlen bis 20. Auch Schaima freut sich, wenn ich mich für das schulische Können von Narges interessiere. Heute habe ich mir Zeit genommen.

Narges kennt einige Buchstaben, aber ein Wort lesen kann sie nicht. Schaima fordert Narges auf, ihren Namen zu schreiben. Narges schreibt etwas – aber was dabei herauskommt, ist nicht ihr Name. Ich schreibe ihr ein Wort auf: „dar". Das heißt „in". Narges kann es nicht lesen. Langsam lese ich es ihr vor und zeige dabei auf die Buchstaben. Sie sagt mir das Wort nach. Ich schreibe ein anderes Wort auf: „beroadar". Das heißt „Bruder". Narges hat drei größere Brüder. Ich lese ihr den ersten Teil des Wortes vor: „beroa". Das sagt sie nach. Jetzt soll sie das ganze Wort lesen. Sie kichert verlegen und wendet sich ab. Wir wiederholen „dar". Ich muss es vorlesen. Sie sagt es nach. Jetzt zeige ich ihr, dass der noch nicht gelesene Teil von „beroadar" genauso geschrieben wird, wie „dar". Sie kann keinen Zusammenhang herstellen. Es gibt kein Durchkommen zum gesunden Menschenverstand des Kindes.

Ich resigniere und wende mich den Rechenkünsten zu. Ich besitze einen Schraubenzieher mit neun verschiedenen Einsätzen: größere und kleinere Kreuz- und Schlitzschraubenzieher. Imbuseinsätze und ein Dorn gehören ebenfalls dazu. Dieses Allzweckwerkzeug eignet sich auch vorzüglich für das Rechnen mit einstelligen Zahlen: „3 + 2 = " – Narges schweigt und wendet sich verlegen ab. Ich fordere sie auf, drei der Einsätze auf einen Haufen zu legen. Das tut sie. Dann soll sie zwei weitere Einsätze auf einen anderen Haufen legen. Sie tut es. Dann fordere ich sie auf, die Einsätze beider Haufen zusammenzulegen. Sie tut es. Jetzt soll sie abzählen, wie viele Einsätze sie insgesamt hat. Sie zählt: „Fünf." Zählen kann sie. Ein Erfolgserlebnis? Ich resümiere, dass drei plus zwei fünf sei. Nun schreibe ich „3 + 4 = " auf. Narges dreht sich verlegen weg und kichert. Sie soll drei Einsätze nehmen. Das tut sie. „Und weiter!", ermuntere ich sie. Sie fragt, was sie tun soll. „Vier Einsätze nehmen." Sie tut es. „Ja und wie viel ist jetzt ‚drei und vier'?" Sie kichert etwas und fragt dann, was sie tun soll. „Die beiden Einsatzhaufen zusammenlegen." Das tut sie. Dann fordere ich sie auf, zu zählen, wie viel Einsätze zusammengekommen sind. Sie zählt: „Sieben." – „Also wie viel ist ‚drei und vier'?" Sie dreht sich weg und schweigt.

„2 + 6 = ", „1 + 4 = ", „2 + 2 = " … Wir versuchen es noch mit mindestens sieben weiteren Additionen. Alle Versuche nehmen den gleichen Verlauf. Ohne mein Kommando tut Narges nichts. Nur das Zählen klappt. Was das Hantieren mit den Schraubenziehereinsätzen mit der jeweiligen Rechenaufgabe zu tun hat, bleibt ihr verschlossen. Die afghanische Schule hat ihr in nur einem Jahr alle Zugänge zum Verstehen von Rechenoperationen erfolgreich versiegelt. Zermürbt gebe ich auf.

Warum geht dieses arme Kind in die Schule? Nach einem Jahr afghanischen Unterrichtes hat man ihm jede Neugier und jede Eigeninitiative abgewöhnt. Gelernt hat es praktisch nichts. Der jetzige Erziehungsminister hat gerade einen Erlass seines Vorgängers erneuert: In allen staatlichen Schulen muss von der vierten Klasse an Englischunterricht erteilt werden. Der Minister ist ein Ehrenmann, den ich menschlich schätze. Er ist Turkmene und hat mit den offiziellen Landessprachen Dari und Paschtu seine liebe Mühe. Er hat mein Mitgefühl, denn mir fallen die Landessprachen auch nicht leicht. Dennoch haben wir es noch nie versucht, miteinander Englisch zu sprechen. Das wird Narges nicht helfen. Man wird ihr auch den Zugang zur englischen Sprache hoffnungslos zuschütten.

Prüfung von Spitzenbeamten

Unser Freund arbeitet bei der UNAMA, also beim Sonderbeauftragten des UN-Generalsekretärs für Afghanistan. Von ihm kann man vieles erfahren. Heute hatte er etwas mitzuteilen, über das er sich offensichtlich selber freute:

„Jetzt hat ein Programm begonnen, in dem alle afghanischen Spitzenbeamten überprüft werden."

„Wie soll denn das aussehen?"

„Alle hohen Beamten und Offiziere müssen zunächst eine schriftliche Prüfung durchlaufen. Da müssen sie einen Fragebogen ausfüllen. Wenn sie einigermaßen abgeschnitten haben, werden sie noch mündlich befragt. Wer nicht besteht, wird in den Ruhestand versetzt, erhält aber noch zwei Jahre lang sein volles Gehalt weiter."

„Worum geht es denn in diesen Prüfungen?"

„Die Afghanen müssen einige einfache rechtsstaatliche und verwaltungstechnische Grundkenntnisse nachweisen. Jetzt haben gerade die schriftlichen Prüfungen begonnen. Das müsstet ihr erleben! Da stehen in einem großen Raum lauter einzelne Tische. An jedem Tisch sitzt ein Prüfling. Vorne ist ein Podium. Da sitzt ein Vertreter der Botschaft des Landes, das für den Arbeitsbereich federführend ist – also ein Italiener, wenn es um die Justiz geht, ein Amerikaner, wenn Offiziere geprüft werden, ein Deutscher für Polizisten und so weiter. Außerdem sitzt auf dem Podium ein hoher Vertreter des zuständigen afghanischen Ministeriums und einer von der UNO. Unten patrouillieren zwischen den Tischen schwer bewaffnete US-Söldner."

„Warum sind die schwer bewaffnet? Schießen die, wenn jemand abschreibt?"

„Nein, das nicht gleich. Sie hauen dem nur eine rein."

Unser Freund schwärmte noch länger von dem Prüfungsverfahren. Es werde zwar das erste Mal auf der Welt angewandt, aber einige afrikanische Staaten hätten schon Interesse daran gezeigt. Schließlich merkten die auch, dass sie mit ihren schlechten Verwaltungen nicht weiterkämen.

Einige Wochen später erzählte mir ein junger Mann, dass sein Vater, ein Polizeioffizier, dank seines Prüfungsergebnisses einen erheblichen

Karrieresprung geschafft habe. Danach habe ich nichts mehr von diesem Prüfungsverfahren gehört.

Unruhen in Kabul

In den letzten Maitagen des Jahres 2006 fuhr ein amerikanischer Konvoi, bestehend aus einigen gepanzerten Jeeps, auf der viel befahrenen Ausfallstraße nach Norden auf Kabul zu. Die Straße steigt vor Kabul zum Khairkhana-Pass hoch und führt dann auf zwei getrennten Pisten in die Stadt herunter. Dort bildet ein großer Verkehrskreisel die Anbindung an das innerstädtische Straßennetz. Schon beim Aufstieg zum Pass rammte das führende Fahrzeug des Konvois Zivilfahrzeuge, die ebenfalls in Richtung Kabul fuhren und setzte dann immer seine Fahrt fort. Bis zum Erreichen des Kreisels hatte es 24 (in Worten: vierundzwanzig) Autos getroffen und meist – selbst nach afghanischen Maßstäben – zu Schrott gefahren. Schon dabei soll es Tote gegeben haben. Am Kreisel hielten empörte Afghanen den Konvoi auf. Sie stellten sich auf die Straße und bewarfen die US-Fahrzeuge mit Steinen. Die Soldaten schossen in die Luft, konnten aber keine Weiterfahrt erzwingen. Schließlich wurde scharf geschossen. Anscheinend hatte als erster ein afghanischer Polizist das Feuer auf die Demonstranten eröffnet, weil er die Amerikaner für gefährdet hielt. Darauf schossen auch die Amerikaner scharf auf alles, was sich zeigte. 40 Menschen kamen um. Der Neffe unseres Gärtners, der mit seinem Vater mit einem kleinen Wägelchen auf der Straße stand und Gemüse verkaufte, wurde auch erschossen.

Das afghanische Fernsehen hat die Geschehnisse ausführlich gezeigt. Es waren aufgebrachte Afghanen zu sehen, die „Nieder mit Karzai!" riefen. Der Staatspräsident bestätigte seinen Ruf als Marionette der Amerikaner, indem er bekannt gab, dass bei dem US-Fahrzeug die Bremsen versagt hätten. Angesichts der Tatsache, dass das Unheil schon beim Aufstieg zum Pass begonnen hatte, konnte man darüber nur lachen. Ich schildere dieses Geschehen so ausführlich, weil ich bald nach den Ereignissen bei SPIEGEL-Online eine stark verharmlosende Darstellung des Geschehens fand. Dort war von einem Zusammenstoß eines Militärfahrzeuges mit einem Taxi und höchstens sechs Toten die Rede.

Überall in der Stadt bildeten sich spontane Demonstrationen gegen Amerikaner und Ausländer überhaupt. Büros und Gästehäuser ausländischer Organisationen wurden angegriffen. Die Meute orientierte sich dabei vor allem an den Wachhäusern für die Polizisten, die vor vielen dieser Häuser stehen. Residenzen von UN-Mitarbeitern müssen grundsätzlich eine solche Wache haben. Aber viele Organisationen hielten es ihrer Bedeutung entsprechend für angemessen, sich ebenfalls solche Wachhäuschen vor ihren Eingang zu stellen. Der Stadtkommandant gab der Polizei den Befehl, nicht zu schießen. So konnte die Polizei niemanden schützen, auch nicht sich selbst. Sie zog sich aus den meisten Stadtteilen zurück und überließ dem Mob das Feld.

Überall hörte man Gewehrsalven. Vielerorts stiegen Rauchsäulen auf. Der Pöbel zündete ein Büro nach dem anderen an, brach aber auch in Luxusgeschäfte ein. Der politische Hintergrund solchen Tuns war längst vergessen. Es ging nur noch ums Plündern. In unserer Gasse befand sich ein Gästehaus der Organisation IOM. Es ist UN-mäßig mit Wachhäuschen und Stacheldraht auf der Mauer gesichert. Die Meute verbrannte das Wachhäuschen, drang in das Gästehaus ein und raffte alles mit, was zu finden war – vom Kühlschrank bis zum Kopfkissen, ja sogar Stühle, die Afghanen normalerweise nicht benutzen. Viele Beutestücke dürften auch in den Haushalten der Plünderer reichlich vorhanden gewesen sein. Kollegen befragten Diebe, was ihnen die Insassen des Hauses denn getan hätten. Das seien böse Leute. Sie besäßen Pornofilme. Die bösen Leute waren nicht anwesend. Sie verbrachten die kritischen Stunden an ihrer Arbeitsstelle. Nichts war da, was auf Pornos hingewiesen hätte. Einen Hauch von Rechtfertigung brauchten die Plünderer wohl doch für ihr Tun. Leider führte unsere Telefonleitung an diesem Gästehaus vorbei und wurde vom Feuer zerstört. Internet und E-Mail gab es damit nicht mehr.

Irgendwann stand die Meute auch vor unserem Büro. Wir hatten zwar kein Wachhäuschen vor der Tür und unser OFARIN-Schild war abmontiert. Aber einige der Plünderer waren aus unserer Gasse und wussten, dass unser Haus der Sitz einer ausländischen Organisation war. Ich war inzwischen der Einladung unseres Nachbarn gefolgt, zu ihm über die Mauer geklettert und saß in seinem Gästezimmer vor dem Fernseher. Die Computer und den Inhalt unseres Safes hatten wir bei einem Kollegen untergebracht. Die afghanischen Mitarbeiter und der Nachbar bewahrten kaltes Blut und konnten die Meute verscheuchen.

Gegen Abend war der Spuk vorbei. Die Polizei war in alle Stadtteile zurückgekehrt. Für die Nacht wurde eine Ausgangssperre verhängt. Es gab noch zwei Tage lang Gerüchte, dass sich die Einwohner dieses oder jenes Stadtteils auch zu einer Demonstration zusammenrotten wollten. Aber das blieben Gerüchte. Offenbar hatten diese Gruppen die Gelegenheit zum Plündern verpasst und wollten nun noch nachträglich „zu ihrem Recht kommen". Aber es war zu spät.

Das Verhalten der Plünderer war nicht ganz unverständlich. Nach dem Sturz der Taliban hatten es einige Afghanen zu beachtlichem Reichtum gebracht. Für den Rest der Bevölkerung hatten sich die Lebensbedingungen kaum geändert. Die ausländischen Hilfsorganisationen wurden schon länger von vielen Afghanen beneidet. Es waren nicht nur deren meist dicke Autos, die Anstoß erregten. Die Ausländer zahlten hohe Mieten für ihre Büros und Gästehäuser. Sie trieben die Mieten für alle Kabuler hoch. Sie vergaben gut bezahlte Stellen und machten so aus Mitbürgern, auf die man eben noch mitleidig hinabgesehen hatte, reiche Nachbarn, die einen in vielen Beziehungen übertrumpften. Ja, die Ausländer konnten mit ihrem Geld Mädchen und Frauen zum Arbeiten anheuern, die sich vor Afghanen niemals unverschleiert zeigen würden. Etwas von den unermesslichen Reichtümern dieser Fremden ins eigene Haus zu tragen, hatten sich viele Afghanen schon lange gewünscht. Aber zu offenem Hass gegenüber den Fremden reichte es nicht. Kein Ausländer ist verletzt oder gar getötet worden. Immerhin gab es in Kabul offensichtlich eine Unterschicht ohne Interesse am Gemeinwesen und Sinn für verbindliche Regeln eines geordneten Zusammenlebens. Einen zuverlässigen Schutz boten persönliche Beziehungen zu Nachbarn und Bekannten.

Nachdem unsere schwächliche Internetverbindung wieder hergestellt war, stellte ich mit Entsetzen fest, dass die gefärbte Darstellung der Fahrt des US-Konvois, die ich zu Beginn der Unruhen bei SPIEGEL-Online vorgefunden hatte, inzwischen in Deutschland verbreitet worden war. Hinzu kamen jetzt weitschweifige Betrachtungen über die zukünftige Entwicklung Afghanistans. Deutsche Tageszeitungen entblödeten sich nicht, sich die Lage ausgerechnet vom amerikanischen Botschafter in Kabul erklären zu lassen, der natürlich das Erstarken der Extremisten beklagte. Sie seien offenbar jetzt auch schon in Kabul in der Lage, schwere Unruhen zu provozieren. Dem war nicht so. Die schlichte Wahrheit durfte in Deutschland nicht gesagt werden: Ein Zug US-Soldaten war damit überfordert, eine ganz gewöhnliche Patrouillenfahrt durchzuführen. Die Soldaten hatten durchgedreht und ein Blutbad angerichtet.

Hier in Kabul halfen Mitarbeiter der Deutschen Welle und des Bayerischen Rundfunks bei der Ausbildung von afghanischen TV- und Rundfunkjournalisten. Sie hätten sicher bequem an das Material des afghanischen Fernsehens und Rundfunks kommen können. Der Sondergesandte des UN-Generalsekretärs in Afghanistan war der Deutsche Tom Königs. In jüngeren Jahren hatte er sich in der „Putzgruppe" des späteren Außenministers Joschka Fischer getummelt. Königs war 2006 die erste Adresse für deutsche Journalisten, wenn es um Afghanistan ging. Aber trotz all dieser erstklassigen Möglichkeiten, an Informationen zu kommen, wurde der deutschen Öffentlichkeit nur arg Gefiltertes vorgesetzt.

Eine spanische Fernsehkorrespondentin erzählte mir, dass man in Spanien sehr wohl den Sachverhalt über die Unruhen in Kabul und ihre

Ursachen so wiedergegeben habe, wie ich es hier beschreibe. Die BBC meldete sogar, dass die ISAF-Führung in Afghanistan den Wunsch der US-Militärführung abgelehnt habe, bei der Wiederherstellung von Ordnung in Kabul mitzuwirken. Die US-Streitkräfte hätten die Unruhen provoziert. Die ISAF wolle damit nicht in Verbindung gebracht werden.

Bündnissolidarität

Zu dieser Zeit drängten die USA energisch darauf, alle ausländischen Truppen unter dem NATO-Kommando zu vereinen. Offenbar gab es dagegen massiven Widerstand der Verbündeten. Selbst die Regierungen der Länder, denen der ehemalige US-Verteidigungsminister Rumsfeld als „das neue Europa" geschmeichelt hatte, weil sie arglos genug waren, mit den USA in den Irak einzufallen, wussten, was sie ihren Soldaten antaten, wenn sie sie in Afghanistan mit den Amerikanern in einen Topf steckten. Die US-Truppen haben keine Ahnung von diesem Land. Jeder einzelne US-Soldat wird von einer tiefen Paranoia beherrscht. Wenn sich US-Truppen in Fahrzeugen über Land bewegen, rasen sie mit Höchstgeschwindigkeit und demonstrieren so ihre nackte Angst. Ihre Führung ist konzeptionslos. Sie hat keine Ahnung, was sie anrichtet. Diese Truppen sind nicht geeignet, ein befreundetes Land zu besetzen, damit es staatliche Strukturen aufbauen kann. Diese Truppen sind schlicht unprofessionell, auch wenn an jedem ihrer Soldaten mehr als ein halber Zentner Ausrüstungströdel herumhängt.

Hätte man alle westlichen Truppen zusammengeworfen, wäre das Oberkommando an die USA gegangen und die Kontingente der Verbündeten wären als Hilfstruppen der Amerikaner nach deren Rezepten verheizt worden. Amerikanische Kommandeure jammern immer wieder über die unzähligen Einsatzbeschränkungen, an die sich die verschiedenen Verbündeten halten müssen. Sie können dahinter nur nackte Feigheit erkennen. Die Regierungen der anderen Länder haben ihre Truppen mit diesen Einsatzbeschränkungen davor bewahrt, in eine brutale Kriegsführung zu verfallen, die letztlich in die Niederlage führt.

In Deutschland regierte damals die große Koalition. Deren Verteidigungsminister Jung äußerte, dass „wir" eine andere Strategie für Afghanistan brauchen, eine Strategie, an der auch die Afghanen erkennen können, dass wir nicht als Besatzer gekommen sind. Und er fügte hinzu, dass er hoffe, das auch den amerikanischen Freunden klarmachen zu können. Vermutlich haben entsprechende Versuche hinter den Brüsseler Kulissen stattgefunden. Es ist kein gutes Zeichen für das Bündnis, dass der deutsche Minister seinen Freunden nicht erläutern konnte, was er wollte. In der

NATO ging es nur noch darum, dass der große Bruder sein Gesicht wahrt – und sei es um den Preis eines Krieges, den „wir" alle verlieren.

Immerhin konnte verhindert werden, dass alle Truppen unter ein Kommando gerieten. Der Antiterrorkampf von „Enduring Freedom" wurde auf einige Provinzen im Süden und Osten beschränkt. Der große Rest Afghanistans wurde zum Verantwortungsbereich der ISAF. Diese wurde der NATO unterstellt und musste einen großen Teil der US-Truppen übernehmen, die bisher gegen den Terrorismus gewütet hatten. Selbstverständlich wurde damit auch die amerikanische Art der Kriegführung in der ISAF heimisch. Das Prestige der ISAF hatte bisher darin bestanden, dass sie nichts mit den Amerikanern zu tun hatte. Das war jetzt verloren. Immerhin gelang es der Bundeswehr, mit Nord- und Nordostafghanistan einen Verantwortungsbereich zu behaupten, der fern von den US-Truppen lag.

Mission

2006 gab ein Afghane namens Abdul Rahman Anstoß dazu, sich über die Religionsfreiheit Gedanken zu machen. Abdul Rahman war zum Christentum konvertiert. Ein Moslem, der seine Religion aufgibt, muss getötet werden. Dieser Rechtsgrundsatz ist im Islam umstritten, in Afghanistan war er das aber nie. Abdul Rahman wurde von den eigenen Verwandten angezeigt. Ihm sollte der Prozess gemacht werden, bei dem ihm die Todesstrafe drohte. Natürlich protestierte das Ausland. Der Prozess platzte wegen eines Formfehlers. Abdul Rahman wurde schnell nach Italien abgeschoben, wo sich Berlusconi, der sich im Wahlkampf befand, als Retter feiern ließ.

„Sollte man jetzt nicht Christ werden?", juxten einige Kollegen. „Dann bekommt man sofort einen deutschen oder italienischen Pass." Dieser Scherz wird den Problemen afghanischer Christen sicher nicht gerecht. Bei SPIEGEL-Online berichtete ein Reporter über ein Treffen mit einem afghanischen Christen. Dessen Leben sei ein Versteckspiel. Er habe es schwer. Früher, vor dem Bürgerkrieg habe Religionsfreiheit geherrscht. Da habe es überall Kirchen gegeben. Mit dieser Behauptung hätte sich der Reporter etwas mehr Mühe machen sollen. Es gibt schon sehr lange eine Kapelle in der italienischen Botschaft. Anfang der Siebzigerjahre wurde auch Protestanten der Bau einer kleinen Kirche erlaubt. Doch zu dieser Zeit missionierten einige Hilfsorganisationen sehr intensiv. Die Bevölkerung war beunruhigt. Die Regierung musste handeln. Der Weiterbau der Kirche wurde verboten. Der fast fertige Bau wurde abgerissen. Weitere Kirchen hatte es nie gegeben. Ausländer konnten sich in privatem Kreis zu Gottesdiensten treffen. Sie konnten in der italienischen Botschaft die

Messe feiern. Das galt auch während der Herrschaft der Taliban. Diese kamen im Übrigen mit einem christlichen Westler besser zurecht als mit einem Ausländer, der sich zu keiner Religion bekannte. Ein Mensch ohne Religion überstieg das Vorstellungsvermögen dieser radikalen Gläubigen. Ein Mensch ohne Religion konnte nur ein Kommunist sein.

Solange die Christen ihre Religion ausüben und Moslems Moslems sein lassen, ist nach afghanischem Verständnis alles in Ordnung. Für Mission lässt diese Regel des Zusammenlebens keinen Raum. Das sehen nicht nur einige radikale Kleriker so. Christliche Mission wird von der gesamten afghanischen Bevölkerung vehement abgelehnt. Daran ändert auch die neue Verfassung nichts, die das Recht der freien Religionsausübung ebenso garantiert wie die Prinzipien des Islam. Diese Verfassung wurde Afghanistan von außen aufgenötigt. Dem Durchschnittsafghanen sagt sie nichts. Sie ist kein Baustein eines bürgerlichen Selbstverständnisses.

Christliche Mission gibt es auch nicht erst seit der neuen Verfassung in Afghanistan. Schon seit Jahrzehnten praktizieren hier einige protestantische Organisationen eine Mission, die offensiv auf individuelle Bekehrungen abzielt. Offiziell bieten solche Organisationen der afghanischen Bevölkerung humanitäre Dienste an, die meist effizienter sind als andere Entwicklungshilfe. Das wird durch einen überdurchschnittlichen Einsatz ausländischen Personals erreicht. Afghanische Mitarbeiter und diejenigen, die solche Dienste nutzen, werden immer wieder Missionsversuchen ausgesetzt. Zum Erlernen der englischen Sprache werden Texte mit christlicher Propaganda genutzt. Aus den Krankenhäusern der Missionare wird immer wieder berichtet, dass Medikamente manchmal nur gegeben werden, wenn vorher bestimmte Gebete gesprochen wurden. Da geht es konkret um den individuellen Erfolg des einzelnen Missionars. Dieser muss eines Tages vor seinen Herrn treten und vorrechnen, wie viel Seelen er abgeliefert hat – und von welcher Qualität sie waren. Das hat einen sportlichen Aspekt. Ein Freund schlug einmal einem Missionar vor, woanders zu missionieren, in Großstädten westlicher Länder oder in Schwarzafrika. Der Missionar meinte, dass es keine Herausforderung sei, in Afrika zu missionieren. „Im Laufe eines Lebens ein paar Hundert Schwarzafrikaner für das Christentum gewinnen, das kann jeder. Aber einen Afghanen oder einen Saudi zu bekehren, das ist wie eine Besteigung des Mount Everest."

Das Recht auf freie Religionsausübung ist ein Menschenrecht, und viele Religionen verpflichten ihre Anhänger zur Mission. Wenn gewisse Moslems daran arbeiten, ganz Europa für ihre Religion zu gewinnen, kann man es Christen schlecht verwehren, unter den Moslems zu missionieren. Doch ist es weise, offensiv zu missionieren? Verstößt man mit aggressiver Mission nicht gegen andere Gebote der eigenen Religion, zum Beispiel gegen das Gebot des friedlichen Zusammenlebens? Schon in Deutschland dürfte es die Spannungen zwischen den Religionsgemeinschaften verschärfen, wenn die eine oder die andere Seite in großem Stil zu missionieren begänne. Wie soll Afghanistan in seinem kläglichen Zustand eine christliche Mission verkraften?

Was geschieht mit Afghanen, die Missionare zum Christentum bekehrt haben? Der Christ, den der SPIEGEL aufgetrieben hat, muss seinen Glauben geheim halten. Er kann sich allenfalls seinen engsten Familienangehörigen offenbaren. Er muss immer wieder seinen Glauben verleugnen und mit Moslems in der Moschee beten, damit er nicht in Verdacht gerät. Mit seinen Glaubensbrüdern kann er sich kaum treffen. Das Leben eines christlichen Konvertiten in Afghanistan ist alles andere als „normal". Nun gut, das Christentum wurde im Römischen Reich auf ähnliche Art und Weise gelebt. Aber damals haben Christen, die wegen ihres Glaubens ein hohes Risiko trugen, andere Mitbürger überzeugt. Jetzt angeln privilegierte Ausländer nach afghanischen Seelen. Dabei setzen sie rigoros ihre überlegene wirtschaftliche Macht ein. Der afghanische Mitarbeiter einer missionierenden Organisation, der seinen Posten behalten will, kann sich schlecht dem Gespräch über religiöse Dinge verschließen, zu dem ihn der ausländische Chef drängt. Und wer nicht das Geld hat, um für seine Familie genug Lebensmittel zu kaufen, wird sich gewissen Forderungen von Ausländern beugen, die ihm dafür eine monatliche Verpflegungsration anbieten.

Wenn es Missionare gar zu eifrig treiben, wird ihnen vielleicht das Aufenthaltsvisum nicht verlängert. Afghanen, von denen bekannt wird, dass sie zum Christentum übergetreten sind, erwartet ein ungleich härteres Los. Sie werden aus ihrer Gesellschaft ausgestoßen. Vielleicht kann ausländischer Druck dafür sorgen, dass der afghanische Staat einen Konvertiten nicht bestraft. Aber vor den eigenen Mitbürgern kann man einen zum Christentum bekehrten Afghanen auf die Dauer nicht schützen. Er muss damit rechnen, umgebracht zu werden. Wie vereinbaren die ausländischen Missionare die vorhersehbaren Schicksale ihrer Konvertiten mit dem Gebot der Nächstenliebe?

Für den afghanischen Staat und seine wackligen Strukturen war die Affäre um den Konvertiten Abdul Rahman eine harte Belastungsprobe. Die Regierung hat sich dem ausländischen Druck gebeugt und den Christen freigelassen. Den Afghanen wurde wieder einmal vorgeführt, dass ihre Regierung eine Marionette des Westens ist. Sie war nicht in der Lage, die Prinzipien des Islam zu verteidigen. Für die Missionare ist der Ausgang des Verfahrens ermutigend. Sie dürften sich ermuntert fühlen, ihr Recht auf Mission weiter durchzusetzen. Die afghanische Gesellschaft, die schon bisher vielfältig aufgespalten und zerrissen war, wird noch mehr unter Spannung gesetzt. Die Missionare schaffen einen neuen Riss, eine neue innerafghanische Frontlinie: Auch wenn die afghanischen Christen eine winzige Minderheit bilden – sie werden dem afghanischen Volk schlimme Schmerzen bereiten. Das Zusammenleben von Afghanen und Ausländern wird davon nicht unberührt bleiben.

In Kabul leben einige katholische Ordensschwestern und einige protestantische Brüder. Sie haben hier ihr Leben lang ihren Mitmenschen gedient. Sie haben niemals versucht, einzelnen Afghanen ihre Religion aufzudrängen. Aber natürlich stellt das Leben, das sie führen, ihren afghanischen Nachbarn Fragen: „Warum machen die das? Warum helfen sie mir, ohne dass sie eine Gegenleistung bekommen? Warum leben die unter solch' harten Bedingungen wie wir? Sie hätten es doch in ihrer Heimat viel bequemer." Dieses Vorleben des eigenen Glaubens zielt nicht auf eine konkrete Anzahl von Bekehrungen. Eine der Schwestern sagt locker: „ Mir ist ein ehrlicher Moslem lieber als ein krummer Christ." Die Afghanen schätzen und lieben diese frommen Christen, und sie achten in ihnen den christlichen Glauben. Diese Schwestern und Brüder leisten einen erheblichen Beitrag zum friedlichen, entspannten Miteinander der Religionen.

Kabuler Straßenverkehr

Wir haben einen Termin beim Staatssekretär. Da muss man pünktlich sein. Natürlich ist nicht mehr viel Zeit. Unser alter Toyota holpert in einer Staubwolke die unbefestigte Nebenstraße runter. Unten wollen wir links in die Hauptstraße einbiegen. Auf ihr herrscht dichter Verkehr. Ein Taxi hat so gehalten, dass der Verkehr aus unserer Nebenstraße heraus und in unsere Nebenstraße herein blockiert ist. Drei Fahrgäste steigen aus dem Taxi, nachdem der Streit um den Fahrpreis beendet ist. Eine Frau überlegt, ob sie zusteigen soll. Wir hupen. Die Autos auf der Hauptstraße, die hinter dem Taxi warten, hupen.

Endlich fährt das Taxi los. Unser Fahrer drückt den Toyota direkt vor die Kolonne derjenigen, die wegen des Taxis warten mussten. Wir müssen links in die Hauptstraße einbiegen. Wenn wir das in absehbarer Zeit hinbekommen wollen, darf man nicht zimperlich sein. Auch den Fahrzeugen auf der anderen Spur der Hauptstraße müssen wir einiges zumuten. Sie müssen scharf bremsen. Es wird gehupt. Wir schaffen es.

Aber voran kommen wir nicht. Vor dem zerbeulten Lieferwagen vor uns schiebt ein Mann einen Wagen vor sich her. Das ist eine Art Kommode, an deren Seiten kleine Räder starr angebracht sind. Oben auf der Kommode liegen Tomaten. Irgendwo wird dieser Mann anhalten und beginnen, seine Tomaten zu verkaufen. Aber noch schiebt er sein Gefährt. Wenn er seine Richtung etwas ändern will, muss er die Kommode hinten hochheben. Die Räder sind ja starr. Der Lieferwagen vor uns kommt bei dem starken Gegenverkehr nicht an der „Tomatenkommode" vorbei. Er, wir und alle hinter uns folgen im Schritttempo. Es wird gehupt.

Bevor wir eine Nebenstraße queren, gibt es eine kleine Lücke im Gegenverkehr. Der Lieferwagen vor uns biegt scharf nach links ab. Der Gegenverkehr bremst quietschend. Es wird gehupt, aber es geht noch einmal gut. Nachdem der Lieferwagen die Nebenstraße erreicht hat, bleibt er stehen, und der Fahrer flucht kräftig gestikulierend auf die Bösewichte, denen er die Vorfahrt abgeschnitten hat.

Wir sind jetzt an den Tomaten vorbei und kommen endlich etwas voran. Vor uns fährt ein Fahrrad mit zwei Jungen. Der eine sitzt auf dem Gepäckträger. Der andere tritt ins Pedal. Er wird etwas langsam und kann die Richtung nicht mehr halten. Fünf Meter vor uns macht er einen plötzlichen Schlenker direkt vor unseren Kühler. Vollbremsung. Hupe. Weiter!

Vorn haben Polizisten eine Sperre errichtet. Sie winken Verkehrsteilnehmer in eine Nische am Straßenrand. Ein Polizist erkennt, dass ein Ausländer in unserem Fahrzeug sitzt. Wir dürfen weiterfahren. Die anderen müssen verschiedene Papiere zeigen, und ihre Autos werden nach ihrem technischen Zustand untersucht. Verkehrsteilnehmer, die es eilig haben, zahlen gleich die 50 Afghani (einen Dollar) Schmiergeld, die ihnen die Polizisten auf jeden Fall abpressen werden.

Nun kommt eine Kreuzung. Wir wollen geradeaus fahren. Trotzdem tickt der Blinker. Der Fahrer hat die Warnblinkanlage angeschaltet. Unser Toyota blinkt auf beiden Seiten. Das bedeutet, dass wir weder nach rechts noch nach links fahren wollen. Diese Willensbekundung im Straßenverkehr gibt es, glaube ich, nur in Kabul. Sie ist eine Eigenschöpfung der Verkehrsteilnehmer.

Auf der Gegenfahrbahn hat ein Taxi Kunden gefunden. Sie wollen in unsere Richtung. Das Taxi beginnt sofort ein Wendemanöver und sperrt unsere Fahrbahn. Die Straße ist eng. Mit einem Ansatz schafft man keine Richtungsänderung um 180 Grad. Der Gegenverkehr findet Platz und kann sich hinter dem halb gewendeten Taxi vorbeizwängen. Das Taxi wird nicht mehr zurückgelassen und sperrt unsere Fahrbahn. Hupen, fluchen, warten. Endlich gibt es eine Lücke im Gegenverkehr. Das Taxi setzt zurück. Wir kommen jetzt an ihm vorbei und nach uns alle, die sich hinter uns gesammelt hatten. Jetzt sperrt das Taxi die Gegenfahrbahn.

Eine Kreuzung kommt. Aus jeder Richtung staut sich der Verkehr. Ein Polizist steht in der Mitte auf der Verkehrsinsel und dirigiert. Auf jedem Fahrstreifen, der auf die Kreuzung zuführt, laufen zwei Polizisten vor dem Stau herum. Sie sperren die Zufahrt zur Kreuzung, bis der Dirigent auf der Verkehrsinsel ihre Richtung freigibt. Ohne dieses Team würde hier der Verkehr zusammenbrechen. Die Polizisten haben nichts einzusetzen als ihre Knochen. Keine Polizeidirektion verschickt Strafmandate an die, die sich nicht an die Anweisungen der Polizisten halten.

Weiter unten kommt schon wieder eine Verkehrsinsel. Dort steht nur ein Polizist. Er hat eigentlich nicht viel zu tun. Doch kurz bevor wir die Kreuzung erreichen, läuft uns plötzlich ein Fußgänger in den Weg. Der Polizist springt energisch auf den Fußgänger zu. Im letzten Moment erkennt er, dass es sich um einen guten Bekannten handelt. Beide breiten die Arme aus und fallen sich um den Hals. Vor unserer Kühlerhaube spielt sich eine herzergreifende Begrüßungsszene ab.

Irgendwann erreichen wir das Ministerium. Der Staatssekretär ist noch nicht da. Er steckt irgendwo im Verkehr.

Der brave Beamte mit dem sinnlosen Stempel

Wenn man über den Kabuler Flugplatz nach Afghanistan einreist, wird einem meist ein Zettel in die Hand gedrückt, den man ausfüllt, während man auf seinen Einreisestempel wartet. Auf dem Zettel wird nach den üblichen Dingen gefragt: Name, Nationalität, Anzahl der mitgebrachten Kinder, Adresse und einiges mehr. Wenn man dann sein Gepäck hat, stößt man möglicherweise im Gewühl der Eingereisten auf einen Tisch, wo einem Beamte das ausgefüllte Papier abnehmen und die meisten Angaben mit der Hand auf ein Pappkärtchen abschreiben. Dieses Pappkärtchen wird einem überreicht. Man muss später ein Passfoto draufkleben oder -heften und soll sich mit dem Kärtchen zwei bis vier Tage vor der Ausreise persönlich im Innenministerium melden.

Als wir ohnehin etwas in der Nähe des Ministeriums zu tun hatten, gingen Taufiq und ich dorthin – zwei Monate vor meiner Ausreise. Nach einer relativ gründlichen Untersuchung am Eingang durchquerten wir den Park des Ministeriums, durch den Unmassen von Menschen strömten. Schließlich betraten wir ein Gebäude und liefen einen ewig langen Gang entlang, in dem es ebenfalls von Menschen wimmelte. Endlich erreichten wir ein Amtszimmer, in dem schon ein paar andere warteten. Ein höherer Beamter saß hinter seinem Schreibtisch und fragte, was wir wollten. Taufiq gab ihm die Karte. Der Beamte erkundigte sich, was ich in Afghanistan triebe, machte einen Stempel auf die Karte und fragte pro forma, ob er uns zu einem Tee einladen dürfe. Natürlich lehnten wir ab. Schließlich habe er ja selber noch viel zu tun. Draußen begann Taufiq eine Rede auf den Beamten zu halten. Der erledige alles schnell und prompt, zeige Interesse an den Leuten, denen er den Stempel gewähre, und sei sogar hilfsbereit, wenn jemand zu spät merkt, dass er den Stempel braucht, etwa am Morgen der Ausreise. Auch Ausländer sagten nur Gutes über diesen Mann.

Leider ist er vollkommen überflüssig. Niemand versteht, was die Karte soll. Jedermann kann sich mühelos selber ein solches Stück Pappe basteln – mit Passbild und Stempel. Niemand weiß, wovor Afghanistan diese Karte schützt. Oder soll die Karte dem Gast während seines Aufenthaltes nutzen? Wohl kaum. Der Gast soll sie ja erst kurz vor der Ausreise abstempeln lassen. Der Besucher braucht die Karte also nur für seine Ausreise. Viele Ausländer merken aber nichts von der Karte, wenn sie nicht zufällig auf das Tischchen im Flughafengewühl stoßen. Wenn die dann bei der Ausreise keine Karte haben, ja dann haben sie eben keine und reisen trotzdem aus. Hier wuchert eine Bürokratie ohne Sinn und Verstand vor sich hin. Aber alle sind froh, dass dieses Geschwür ein gutartiges ist – dank des braven Beamten.

Nationale Solidarität

Im Bezirk Baraki-e-Barak in der Provinz Logar betreibt OFARIN ein sehr erfolgreiches Unterrichtsprogramm. Einige der 50 Klassen wollte ich besuchen. Nachmittags war ich angereist und hielt mich im Hause von Mirakhan auf. Mirakhan ist unser Sachwalter dort. Es wurde dämmrig. Ich wollte noch etwas nachlesen. Mirakhan meinte, ich solle Geduld haben, ab sechs Uhr gebe es Strom.

„Seit wann habt ihr hier Strom?"

„Ach, schon ein paar Wochen. Das Nationale Solidaritätsprogramm hat einen Generator beschafft, ein Generatorhaus wurde gebaut, und es wurden Masten gesetzt und Kabel gespannt. Seitdem haben wir Strom."

„Ich dachte, ihr wollt nichts mit dem Nationalen Solidaritätsprogramm zu tun haben."

„Na ja, was die hier veranstalten wollten: Versammlungen von Frauen und Unterricht für Frauen, den Lehrerinnen geben, die selber Analphabetinnen sind. So etwas geht nicht. Aber gegen Strom ist nichts einzuwenden. Übrigens hat das Solidaritätsprogramm ein Bezirksbüro in Baraki-e-Barak gehabt. Das brannte aus – nachts. Es ist niemandem etwas passiert. Dann haben die ein neues Büro in Baraki-e-Radschan gebaut. Das brannte auch aus. Das Büro in Baraki-e-Barak haben die geflickt und als Radiostation genutzt. Aber die ist noch einmal ausgebrannt. Jetzt haben die kein Bezirksbüro mehr. Sie arbeiten von der Provinzhauptstadt aus."

Das Nationale Solidaritätsprogramm (NSP) wird vom Ministerium für ländliche Entwicklung betrieben und massiv von großen ausländischen

Hilfsorganisationen wie GTZ, IRC, UNDP, ECHO, Care International, USAID, Deutsche Welthungerhilfe und Habitat unterstützt. Für jeden Regierungsbezirk ist eine dieser Großorganisationen federführend. Sie kümmert sich um Möglichkeiten, die ländliche Entwicklung voranzutreiben. Dazu kann sie sich Unterorganisationen suchen, die einen Teil der Aufgaben übernehmen.

In Baraki-e-Barak war eine US-Organisation für das NSP tätig. Sie wollte sich offenbar besonders der Frauenfrage annehmen. In den Dörfern wurden Zettel verteilt, auf denen Frauen aufgerufen wurden, sich zu versammeln. Das war eine unglaubliche Provokation. Frauen verlassen ihren familiären Bereich nur zu Hochzeiten und Trauerfeiern und dann nur in Begleitung von männlichen Verwandten. Die Versammlungen sollten von Kabuler Damen geleitet werden, die die Hilfsorganisation mitgebracht hatte. Allein die Überlegenheitsgefühle, die diese Kabulerinnen gegenüber ihren ländlichen Schwestern empfinden, wären kaum zu ertragen gewesen. Aber es kam nicht so weit. Niemand kam zu solchen Versammlungen. Es wurde aber noch mehr für Frauen getan. Ihnen wurden Alphabetisierungskurse angeboten. Eine afghanische NGO widmete sich dieser Teilaufgabe. Sie bot im Ort Saghumkhel als Lehrerin eine Analphabetin auf. Für die Leute in Baraki-e-Barak war das Nationale Solidaritätsprogramm von Anfang an ein fauler Zauber.

In Logar hatte es schon länger Taliban gegeben, die aber bisher kaum aktiv gewesen waren. Ausgerechnet in dieser Zeit, als das NSP in Baraki-e-Barak seine Arbeit begann, entdeckten die Talibanführer in Pakistan, dass diese Provinz interessant ist, da sie nahe an die Stadt Kabul heranreicht. Sie begannen, die lokalen Kommandanten zu nötigen, aktiv zu werden. Und diese nutzten die Unzufriedenheit über die unglücklichen Aktivitäten für Frauen und organisierten Anschläge auf die Büros des NSP. Immerhin hatte sich die Bevölkerung vom Solidaritätsprogramm eine Stromversorgung erstellen lassen.

Inzwischen war es halb sieben und dunkel. Als wir um sieben immer noch ohne Strom dasaßen, hatte auch Mirakhan keine Hoffnung mehr und holte eine Gaslampe. Das mit dem Strom war so organisiert worden: Diejenigen, die sich Strom legen ließen, mussten sich zusammentun. Immer zehn Familien wählten einen Sprecher. Nachdem das ganze System fertiggestellt war, füllte das NSP einmal die Dieseltanks und alle hatten Strom. Allerdings musste neuer Treibstoff von den Stromabnehmern gemeinsam gekauft werden.

Wozu braucht man auf dem Land Strom? Man kann Zimmer damit beleuchten. Man kann auch Kleider bügeln. Wenn Strom nur für ein paar Stunden am Abend zur Verfügung steht, kann man damit keine Kühlschränke und Kühltruhen kalt halten. Doch mit dem Strom am Abend kann man fernsehen. Das ist vermutlich der Hauptantrieb für die Verbreitung der Elektrizität auf dem Land.

Als nun die Stromnutzer ihren Beitrag für die Beschaffung des Dieselnachschubs zahlen sollten, weigerte sich ein Teil von ihnen. Sie würden den Strom viel weniger nutzen als der Nachbar. Der betreibe ein Bügeleisen, und das verbrauche mehr als die beiden Birnen, die man selber habe. Jeder Verbraucher hatte einen Stromzähler. Aber man hatte sehr preiswerte chinesische Zähler beschafft. Keiner von ihnen funktionierte. Jedenfalls sprang bei der ersten Nachbeschaffung des Treibstoffes ein Teil der Nutzer ab. Die verbleibenden mussten deutlich höhere Beiträge zahlen. Jetzt war die zweite Nachbeschaffung fällig; und ich wurde Zeuge vom Ende der solidarischen Stromversorgung.

Das NSP hat in vielen Landesteilen Generatorhäuser mit stillstehenden Generatoren geschaffen. Wann immer die Menschen den Treibstoff für den Generator kaufen mussten, nahte das Ende der Stromversorgung. Die formale Zuordnung eines Sprechers zu zehn Familien nahm auf die gewachsenen Beziehungen der Familien untereinander keine Rücksicht. Auf einer solchen Basis konnte die Solidarität nicht wachsen, die für eine derartige Gemeinschaftsanstrengung nötig ist.

In anderen Gegenden gab es bereits funktionierende lokale Stromversorgungen mit Generatoren, noch bevor das NSP aktiv wurde. Einer, der Geld hatte, beschaffte sich einen Generator und bot seinen Nachbarn gegen Gebühren Strom an. Große Teile von Jaghori im Hasaradschat erhielten Strom über genossenschaftlich betriebene Generatoren, die meist neben Moscheen standen und deren Betrieb und Finanzierung von Moscheen verwaltet wurde.

Auch im Pandschirtal hatte sich das NSP niedergelassen. Hier war mit Habitat sogar eine UN-Organisation federführend – und erfolgreich. Regeln wie „zehn Familien ein Sprecher" wurden im Pandschir flexibel gehandhabt. Die Einwohner lehnten die angebotenen Generatoren ab. Man hatte reichlich Wasserkraft, mit der man umsonst Turbinen betreiben konnte. Im Rahmen des NSP entstanden hier neben vielen kleinen Wasserkraftwerken auch Bewässerungskanäle, Schulgebäude, Straßen und Brücken. Habitat führte die Planungen gemeinsam mit den örtlichen Vertretungen der Bevölkerung durch. So wurde in kurzer Zeit vieles geschaffen, von dem man in anderen Gegenden nur träumte. Allerdings findet man in Pandschir auch halbfertige Wasserreservoirs, Schul- und Klinikgebäude, die schon seit mehr als einem Jahr nicht weitergebaut werden. Der Gouverneur hatte von den ausführenden Firmen horrende Schmiergelder verlangt, die diese nicht zahlten.

Insgesamt ist die Bilanz des NSP nicht einheitlich. In Baraki-e-Barak legte eine unbedarfte Organisation einen perfekten Fehlstart hin. In Pandschir zeigte Habitat, was im NSP steckt.

Das NSP war gemeinsam vom Ministerium für ländliche Entwicklung und von einem Konsortium großer Hilfsorganisationen entwickelt worden. Es ist ein Riesenprogramm, das allerdings nicht gleichzeitig allen Bezirken übergestülpt wurde. Vielmehr nahm man einen neuen Bezirk nur in das Programm auf, nachdem eine federführende Organisation gefunden war und diese einen realistische Planung für den Bezirk vorgelegt hatte. Mein persönliches Credo ist, dass man in Afghanistan klein anfangen muss und dass man Projekte nur langsam wachsen lassen kann. Davon kann beim NSP nicht die Rede sein. Aber das Programm kann gut den lokalen Bedingungen angepasst werden. Für die Bewohner eines Dorfes oder eines Tales sind die Aktivitäten, die dank des NSP in ihrem Flecken stattfinden, ein überschaubares, lokales Projekt.

Das Ministerium für ländliche Entwicklung hatte sich auf Prinzipien eingelassen, die für die afghanische Bürokratie ungeheuerlich waren. Es hatte eine sehr weitgehende Dezentralisierung erlaubt. Es hatte die betroffene Bevölkerung aufgefordert und sogar ermuntert, auf die Planungen Einfluss zu nehmen, die bisher immer eine reine Angelegenheit der Kabuler Ministerialbürokratie waren. Leider haben sich keine anderen afghanischen Behörden ein Beispiel am Ministerium für Ländliche Entwicklung genommen.

Langfristige Perspektiven

Parandeh ist ein Seitental das Pandschirtales. Unsere Hilfsorganisation hatte dort schon ein Schulgebäude zu Ende gebaut. Wir hatten in mehreren Dörfern Alphabetisierungskurse für Mädchen und Frauen begonnen. Das war nicht so einfach. Es dauerte zwei Jahre, bis man mir erlaubte, die Klassen selber zu besuchen. Ein älterer Kollege, der aus Parandeh stammte, durfte das schließlich auch. Aber andere männliche Mitarbeiter von OFARIN durften die Schülerinnen nicht sehen. Immerhin durften alle Lehrerinnen unsere Vorbereitungskurse besuchen, auch wenn diese von Männern gegeben wurden.

Der Unterricht erfüllte leider nur selten unsere Erwartungen. Nie waren alle Schülerinnen anwesend, wenn wir in Parandeh auftauchten. Oft fand der angesetzte Unterricht überhaupt nicht statt. Vielleicht hätten wir uns mehr in das Leben von Frauen und Mädchen auf dem Land hineindenken müssen. In der Erntezeit oder wenn das Vieh auf die Almen getrieben wurde, konnte der Unterricht nicht das wichtigste für die Damen sein. Man hätte großzügige Urlaubsregeln vereinbaren und vor allem die Lehrerinnen öfter besuchen müssen. Aber wegen der fünf Klassen dort machten wir uns nicht oft genug auf den langen Weg bis nach Parandeh. Andernfalls hätten wir den Lehrerinnen öfter eine Fortbildung angedeihen lassen. Vielleicht wäre ihr Unterricht dann etwas interessanter geworden. So aber blieben die Schülerinnen weg.

Nach langem Hin und Her gaben wir das Unterrichtsvorhaben auf. Wir waren mit unserem Anspruch, vor allem etwas für die Schulbildung von Frauen und Mädchen auf dem Lande zu tun, gescheitert – zumindest in Parandeh. In Logar lief unser Alphabetisierungsprogramm für Frauen und Mädchen weit besser. Dort galten übrigens die gleichen Regeln für Herrenbesuche. Aber der Unterricht fand regen Zuspruch und die Damen lernten mit viel Freude.

Der Niedergang des kleinen Programmteiles in Parandeh zog sich lange hin. Wir hatten das Programm schon aufgegeben. Da meldete sich der Ältestenrat des Tales und bat uns zu einem Gespräch. Wir trafen uns mit den zum Teil sehr alten Herren in der Schule. Die Ältesten baten uns, das Programm fortzuführen und versprachen uns, dabei zu helfen, dass die Familien der teilnehmenden Schülerinnen diese auch regelmäßig zum Unterricht schickten. Nach diesen Gesprächen haben wir natürlich noch einen Versuch unternommen.

Der Sprecher der Ältesten war der Schwiegervater des ermordeten Kriegshelden Ahmad Schah Massud, ein Herr von gut 70 Jahren. Er beschwichtigte unser Streben nach schnellen Erfolgen, indem er die Entwicklung in einen längeren Zusammenhang stellte:

„Als ich ein Junge war, war mein Vater der einzige im Tal, der Schreibzeug besaß. Wenn jemand einen Brief zu verschicken hatte, kam er zu meinem Vater. Der Besucher erzählte meinem Vater, was er mitteilen wollte, und der Vater schrieb alles auf. Dann tat er den Bogen in einen Briefumschlag und gab ihn dem anderen. Der lief dann zwei Tage lang zu Fuß nach Kabul und gab den Brief auf. Und heute gibt es doch schon in über der Hälfte der Haushalte im Tal Schreibzeug."

Prüfungen

Über einen Lehrer an einer staatlichen Schule, der nicht einmal einstellige Zahlen subtrahieren konnte, habe ich schon berichtet. Der arme Kerl lieferte mir mit seiner Rechenkunst eine Anekdote, die ihre Lacher fand. Der Mann war ein Einzelfall. Da ließ sich nichts verallgemeinern. Das war wohl richtig. Es dauerte aber mindestens zwei Jahre, bis ich die Fragen stellte, die ich schon damals hätte stellen sollen: „Wie sehen die ‚normalen' Rechenkünste anderer Afghanen aus – speziell die unserer eigenen Lehrer?"

Es bedurfte weiterer Anstöße, bis ich mir darüber Gedanken machte. Das Ergebnis war, dass es nur wenige Menschen gab, die mühelos zweistellige Zahlen im Kopf zueinander addieren oder gar voneinander subtrahieren konnten. Viele unserer Lehrer konnten nur sicher mit einstelligen Zahlen rechnen. Bahruddin ist jetzt maßgeblich für unser Unterrichtsprogramm verantwortlich. Er hat an der Kabuler Universität das Studium der Geografie erfolgreich abgeschlossen. Er hat sich das Addieren und Subtrahieren zweistelliger Zahlen erst später beigebracht, als er für OFARIN arbeitete. Vor dem Einschlafen hat er immer noch zehn Aufgaben im Kopf gerechnet. Es ärgert ihn, dass es die Mehrheit unserer Lehrkräfte nicht auch so macht wie er.

Die Lehrer zogen eine andere Konsequenz aus ihren mangelnden Rechenfähigkeiten: Sie ließen ihr Können so wie es war und trieben den Mathematikunterricht einfach nur soweit, wie sie einigermaßen sicher rechnen konnten. So gab es Klassen, die in Mathematik nie über die 9 hinauskamen. Die meisten Klassen erreichten immerhin die 19. Nur wenige stießen bis 30 oder noch höher vor.

Wir sahen uns gezwungen, etwas für die mathematische Fortbildung unserer Lehrer zu tun. An jedem ersten Donnerstag im Monat fiel in den Moscheen, in denen OFARIN arbeitete, der Unterricht aus. Nur die Lehrkräfte kamen. Wir prüften sie im Kopfrechnen. Es gab immer eine gewisse Fluktuation unter unseren Lehrern. So hatten wir an einem frühen Donnerstagmorgen im Dezember wieder zwei junge Burschen zu prüfen, die gerade erst in unsere Dienste getreten waren. Von solchen Junglehrern verlangten wir die Addition und Subtraktion der Zahlen bis 19. Sie sollten also Kunststücke meistern wie die Berechnung von $11 + 7 =$ oder $14 - 6 =$. Daran scheiterten sie. – Die beiden waren Oberschüler und mussten sich am gleichen Tag erneut einer Prüfung stellen. Das war die letzte Prüfung für die Versetzung in die zwölfte Klasse. Die schafften sie problemlos.

Lehrerfortbildung und kein Ende?

Was hatten wir alles versucht, um den Unterricht zu verbessern? Schon zu Zeiten der Taliban hatten wir Lehrerfortbildungsprogramme großer Organisationen kopiert, die während des Krieges entwickelt worden waren. Sie brachten nichts. Wir verwarfen sie. Dann hatten wir mit sehr viel Mühe und Zeitaufwand ein Anweisungsbuch für den Lehrer geschrieben, wie er in der ersten Klasse Mathematik unterrichten solle. Für die Schüler hatten wir in diesem Fach nichts Schriftliches, weil sie ja noch nicht lesen konnten. Das Buch wurde von den Lehrern aber kaum gelesen. Erst als wir fast zufällig davon erfuhren, wie in afghanischen Schulen das Lesen erlernt wird, verstanden wir, warum die Lehrer nicht lasen. Das half uns, den Muttersprachenunterricht deutlich zu verbessern. Bei uns lernten die Schüler seitdem tatsächlich lesen. Sie lasen dann mit Verstand, und sie taten es gern. Damit lagen wir weit vor den staatlichen Schulen und vor anderen „Alphabetisierern". Eigentlich wäre das ein Grund zum Feiern gewesen.

Doch das Elend des Mathematikunterrichtes bedrückte uns weiter. Unser Wissen darüber, warum die Lehrer die Mathematikbücher nicht lasen, verbesserte schließlich den Mathematikunterricht nicht. Sicher waren wir auch hier besser als die staatlichen Schulen. Bei uns monologisierte der Lehrer nicht nur. Ab und zu stellte er Aufgaben, die die Schüler selber lösten. Doch das waren einfache Rechenaufgaben. Richtige Textaufgaben konnten höchstens Lehrer stellen, die einzelne Klassen in privaten Wohnräumen unterrichteten. In den Hauptgebetsräumen der Moscheen arbeiten oft mehr als zehn Klassen gleichzeitig. Da kann kein Lehrer schwierige Aufgaben formulieren. Es ist zu laut.

In der Mathematik legten wir den Schwerpunkt der Lehrerbildung nun auf Fortbildungsseminare. Sie waren sehr zeitaufwendig. Wir konnten nicht allen Lehrern den ganzen Stoff der ersten Klasse und die didaktischen Methoden dazu in Seminaren beibringen. Immerhin hatten wir mehr als 200 Lehrkräfte auf den Lohnlisten. Die Verbesserung des Unterrichtes, die durch die Seminare erzielt wurde, war eher dürftig. Sie rechtfertigte den Aufwand nicht.

So bestand unser Bemühen um eine Verbesserung des Mathematikunterrichtes aus einer Abfolge von Versuch und Irrtum. Jeder Versuch kostete Zeit, viel Zeit und auch Mühe. Es dauerte immer Monate bis Jahre, bis wir etwas Neues hatten, das wir ausprobieren konnten, wie zum Beispiel das Mathematikbuch für Lehrer, und es dauerte wieder Monate bis Jahre, bis wir einsahen, dass unsere Hoffnungen, die wir in die neue Methode gesetzt hatten, wieder nicht erfüllt wurden. Jedesmal waren die Fortschritte allenfalls bescheiden.

Auch setzten wir auf die Selbsthilfe unter den Lehrkräften – zumindest in den großen Moscheen. Dort entbanden wir die besten Lehrkräfte von ihren Unterrichtspflichten. Sie sollten den Unterricht ihrer Kollegen beobachten und diesen helfen, Fehler zu vermeiden. Dass das nicht funktionierte, merkten wir relativ schnell. Die freigestellten Helfer erfanden die tollsten Begründungen, warum die Lehrkraft, die sonst so wunderbar unterrichte, ausgerechnet bei unserem Besuch ganz elementare Fehler mache. Ich glaube nicht, dass ein Helfer oder eine Helferin auch nur ein einziges

Mal versucht hat, einer Lehrkraft zu helfen, Fehler zu vermeiden. Das hätte schließlich bedeutet, dass die Hilfskraft die Lehrkraft hätte kritisieren müssen. So etwas vermieden die Helfer mit großer Entschiedenheit.

Schließlich erkannten wir die mangelnden Fähigkeiten des Kopfrechnens als limitierenden Faktor. Also mussten wir das Kopfrechnen unserer Lehrkräfte verbessern. Und unser Aufwand war erheblich. Wir führten regelrechte Prüfungen durch. Die Lehrkräfte haben sicher viel dazu gelernt. Aber das Erlernte saß dann doch nicht so sicher, dass die Lehrer in der Hitze des Unterrichtes darauf zurückgreifen konnten. Und so kam der Unterricht weiterhin nur selten über die Zahl 20 hinaus.

Mitte 2007 begannen wir auf das zurückzublicken, was wir bisher für die Verbesserung des Mathematikunterrichtes getan und was wir erreicht hatten. Immerhin waren wir schon fast zehn Jahre damit beschäftigt. Versucht hatten wir viel. Erreicht hatten wir wenig. Und es gab nichts, das uns hoffen ließ, dass wir in den nächsten zehn Jahren viel erfolgreicher sein würden.

In Mathematik kamen wir ganz offensichtlich nicht weiter, weil die Lehrkräfte, die für uns verfügbar waren, nicht soweit qualifiziert werden konnten, dass sie halbwegs ordentliche Mathematiklehrer wurden. Hätten wir ein kleines Pilotprojekt mit 20 Lehrkräften durchgeführt, so hätten wir nach gründlichem Suchen vermutlich ausreichend viele Personen gefunden, die man zu guten Lehrern fortbilden konnte. Aber diese Personen hätten mit ihrer Schulbildung und ihrer Lern- und Arbeitshaltung so weit aus dem afghanischen Durchschnitt herausgeragt, dass sie uns über kurz oder lang von Großorganisationen, namentlich von denen der Vereinten Nationen, weggekauft worden wären. Wir wollten auch kein Programm aufbauen, das auf hochbegabte Lehrkräfte angewiesen war.

Aus über 200 normalen afghanischen Bürgern konnten wir keine Mathematiklehrer machen. Nachdem wir uns dieser Einsicht gestellt hatten, sahen wir uns unseren Unterricht an. Dort hatte der Schüler nur einen Zugang zum Fach Mathematik: den Lehrer. Nur durch diesen erfuhr der Schüler von der Mathematik. Und diesen Lehrer – das begannen wir gerade einzusehen – konnten wir nicht ausreichend für seine Aufgabe qualifizieren. Wenn wir dem Schüler keinen anderen Zugang zur Mathematik öffnen konnten, hätten wir den Mathematikunterricht aufgeben müssen. Ein gutes Lehrbuch wäre zum Beispiel so ein anderer Zugang gewesen. Diese Möglichkeit hatten wir immer verworfen, weil unsere Schüler anfangs nicht lesen konnten.

Doch lesen konnten die Schüler recht gut, wenn sich der Mathematikunterricht endlich bis zur Zahl 20 durchgequält hatte. Also war es sinnvoll, den Schülern ein Buch zu geben, in dem die Zahlen von 20 bis

99 vorgestellt werden und das Addieren und Subtrahieren mit ihnen geübt wird. Wir machten uns schnell daran, ein solches Buch zu verfassen. Ein weiterer Versuch begann, den Mathematikunterricht zu verbessern. Allerdings war das kein Versuch mehr, die Lehrkräfte zu verbessern. Es begann ein Versuch, den Unterricht zu verbessern, indem wir das Buch als Medium der Wissensvermittlung neben den Lehrer stellten und dem Buch dabei eine starke Rolle zuwiesen.

8. Abschnitt
Wie funktioniert staatliche Entwicklungshilfe?

Der Titel dieses Kapitels fragt nach den Kraftstoffen und den Mechanismen, die die öffentliche Entwicklungshilfe antreiben. Die Frage richtet sich auch an mich selbst, denn letztlich weiß ich nicht viel darüber und wollte mir hier selber einiges klar machen. Am ehesten erfahre ich noch etwas von der Entwicklungshilfe, die über deutsche Institutionen betrieben wird, weil auch OFARINs Arbeit hauptsächlich auf diese Weise finanziert wird. Aber der deutsche Staat verlagert seine Ausgaben für Entwicklungshilfe immer mehr auf internationale Töpfe, in die viele Länder einzahlen. Viel Geld fließt in Unterorganisationen der UNO. Auch der afghanische Staatsapparat wird ganz überwiegend durch die internationale Gemeinschaft finanziert. Wie hier die Mittel fließen, darüber weiß ich nicht viel. Immerhin hört man einiges und kann sich darüber Gedanken machen. Für eine umfassende Theorie reicht das bei Weitem nicht. Aber der eine oder andere Zusammenhang wird angesprochen werden, und einige Einblicke sind vielleicht ganz erhellend.

Umsatz

Auf die Titelfrage dieses Abschnitts werden einige Zyniker mit „überhaupt nicht" antworten. Andere werden einer solchen Antwort widersprechen und darauf hinweisen, wie viel ihr Land oder ihre Organisation für die Entwicklungshilfe ausgibt. Gern benutzen Vertreter von Hilfsorganisationen in diesem Zusammenhang den Begriff Umsatz. Und wenn sie den Umsatz zur Messlatte für die Entwicklungshilfe machen, dann haben sie Recht. Selbstverständlich wird in der Entwicklungshilfe Umsatz gemacht. Auf diesem Gebiet fließt Geld. Wer das Gegenteil behauptet, erzählt Unsinn.

„Umsatz" ist ein Begriff aus der Privatwirtschaft. Wenn ein Produktionsbetrieb seine Waren deutlich unter den Herstellungskosten anbietet, kann er sie meist gut verkaufen. Er wird dann einen hohen Umsatz erzielen, aber bankrott gehen. Der Umsatz eignet sich in der Wirtschaft nicht zum Messen des Erfolges. Ein Wirtschaftsunternehmen ist erfolgreich, wenn es Gewinn macht. Dafür gibt es in der Entwicklungshilfe keine Entsprechung. Den Erfolg von Entwicklungshilfe kann man nicht so einfach messen wie den einer Firma. Wenn man sich Mühe gibt, kann man Kennziffern finden, die anzeigen, ob dieses oder jenes Projekt mehr oder weniger leistet; etwa die Zahl der Absolventen einer Schule oder die Heilungsrate eines Krankenhauses. Aber solche Kennziffern kann man manipulieren. Die Anforderungen der Schule kann man herabsetzen. Im Krankenhaus kann man Patienten abweisen, wenn sie an tödlichen Krankheiten leiden. Und selbst wenn man die Kennziffern sehr ehrlich ermittelt, kann man damit den Erfolg einer Schule nicht mit dem eines Krankenhauses vergleichen.

Da man aber gern ein einfaches Maß für den Erfolg von Entwicklungshilfe hätte, benutzt man dafür doch den Umsatz. Es ist nachvollziehbar, dass Entwicklungshilfemanager den Umsatz für den richtigen Maßstab für erfolgreiches Tun halten. Wenn die EU, eine nationale Regierung oder die Weltbank einer Hilfsorganisation einen Betrag für die Entwicklungshilfe zur Verfügung stellen, darf diese Hilfsorganisation einen recht ordentlichen Prozentsatz dieses Betrages für ihre eigenen Aufwendungen geltend machen. Aus diesem Prozentsatz des Umsatzes finanziert sich die Organisation. Je mehr Umsatz sie macht, desto besser geht es ihr. Bevor die EU, die nationale Regierung oder die Weltbank einer Hilfsorganisation Geld geben, fragen sie: Kann diese Organisation mit einem solchen Betrag sinnvoll umgehen? Was hat sie denn bisher getan? Nach einzelnen Projekten wird dann nicht gefragt. Auch diese Geldgeber fragen nur: Was hatte diese Organisation bisher für einen Umsatz? Und die Sachbearbeiter, die in einer Hilfsorganisation für bestimmte Weltgegenden zuständig sind – woran werden sie gemessen? Auch sie werden am Umsatz gemessen, den sie von ihrem Schreibtisch aus machen. Dieser Umsatz kann durchaus gehaltsrelevant sein. Es gibt also vieles, was eine große Hilfsorganisation und ihre Mitarbeiter dazu drängt, für einen möglichst hohen Umsatz zu sorgen.

Bilateral – multilateral

Deutschland gibt einen Teil des Geldes, das es auf Geberkonferenzen für Afghanistan versprochen hat, über Programme aus, die von deutschen Organisationen durchgeführt werden. Solche Entwicklungshilfe heißt zweiseitig oder bilateral, weil zwei Länder, Afghanistan und Deutschland, damit zu tun haben. Deutsche Organisationen, die für bilaterale Zusammenarbeit bereitstehen, sind die GTZ, die Deutsche Welthungerhilfe, die kirchlichen Hilfswerke wie Brot für die Welt oder Misereor, die politischen Stiftungen, wie die Friedrich-Ebert-Stiftung oder die Hanns-Seidel-Stiftung, und etliche weitere Agenturen. Einige davon, so die kirchlichen Hilfswerke, dürfen andere deutsche oder internationale Organisationen dabei unterstützen, in Afghanistan zu arbeiten. So finanziert Misereor derzeit die meisten Aktivitäten von OFARIN.

Multilaterale Hilfe kann daraus bestehen, dass mehrere Länder sich zusammentun, um ein Großprojekt möglich zu machen. So wurde die Straße von Kabul nach Kandahar von den USA, Japan und Saudi-Arabien finanziert. Diese drei Nationen organisierten eine internationale Ausschreibung des Projektes und sorgten dafür, dass die Firmen, die ausgewählt wurden, gut arbeiteten. Viele der ausführenden Firmen waren türkisch. Aber so etwas ist eine übersichtliche Zusammenarbeit weniger Länder. Sie ist nicht „richtig multilateral".

„Echt multilateral" wird andere Hilfe organisiert. Da gibt es große Töpfe, in die die Weltgemeinschaft einzahlt. Die heißen beispielsweise UNDP oder Global Fund oder UNICEF oder afghanische Regierung oder Weltbank. Teilweise geben die noch untereinander Geld weiter, nachdem sie ihren Eigenbedarf gedeckt haben, oder sie finanzieren kleinere Organisationen und Firmen, die Aufträge ausführen. Der Eigenbedarf dieser Töpfe kann kaum überschätzt werden. Augenfällig ist er in Afghanistan bei den UN-Unterorganisationen. Ihre Angestellten erhalten traumhafte Gehälter. Hinzu kommen erhebliche Unterbringungs- und Reisekosten für die ausländischen Mitarbeiter. Der Fuhrpark der UN-Unterorganisationen ist riesig. Immer neue Anwesen werden angemietet, um der UNO weitere Bürokapazitäten zu schaffen.

Das Heer der einheimischen UN-Mitarbeiter wird zwar neiderregend gut besoldet, hat aber praktisch keine Entscheidungskompetenzen. Ein Afghane, der bei der UNO arbeitet, hat etwas zu sagen, wenn er in Äthiopien eingesetzt wird, ebenso wie ein Äthiopier in Afghanistan. Aber in Äthiopien darf der äthiopische UN-Mitarbeiter nichts entscheiden, genau wie der UN-Afghane in Afghanistan. Viele Länder nutzen die UNO, um gescheiterten Politikern der zweiten Reihe eine gute Versorgung zu sichern. So könnte ein ehemaliger pakistanischer Provinzminister jetzt Lehrerbildungsprogramme der UNICEF im Niger leiten. Ein zurückgetretener deutscher Ministerpräsident wurde Leiter eines UN-Projektes in Südamerika. Man darf aus solchen Personalien nicht schließen, dass UN-Mitarbeiter eine ruhige Kugel schieben. Im Gegenteil! Sie sind fleißig wie die Hamster im Hamsterrad. Sie schreiben beständig termingebundene Berichte über irgendetwas, füllen Fragebögen über ihre persönliche Sicherheit aus und nehmen an unendlich vielen Sitzungen teil. Die internen UN-Vorschriften sind dermaßen kompliziert geworden, dass die UNO nur noch mit Mühe einfache Verrichtungen erledigen kann, die im Entwicklungsland Wirkung erzielen. Freunde hatten einer UN-Unterorganisation Waren geliefert. Es dauerte Monate, bis die UNO die Lieferung bezahlen konnte. Mehrere UN-Ausländer mussten die Auszahlung genehmigen. Sie waren alle so beschäftigt oder gerade im Urlaub, dass sie erst nach Wochen die Zeit fanden, zu unterschreiben.

Theoretisch kann die UNO Leistungen für die Afghanen erbringen. OFARIN hat längere Zeit eine Waisenschule unterstützt. Waisenschulen sind kostspielig, weil die Waisenkinder im Internat untergebracht sind und verpflegt werden müssen. Ein Mitarbeiter einer größeren Organisation riet mir, mich für die Waisenschule um Lebensmittel des World Food Programme (WFP) zu bemühen. Diese Organisation liefere zwar Lebensmittel von schlechter Qualität, aber einen Teil davon könne man verwenden. Ich hätte allerdings einen zusätzlichen Mitarbeiter einstellen müssen, der beständig statistische und andere Berichte über die Lebensmittel an das WFP erstellt. Eine solche Person müsste sehr gut bezahlt werden, denn sie hat viel anspruchsvolle Arbeit zu leisten. Ich hätte also einen Afghanen beschäftigen müssen, der weit mehr als unsere anderen Angestellten verdiente. Das hätte aber nicht genügt. Dieser Mitarbeiter hätte nämlich den Antrag auf Lebensmittellieferung nicht durchsetzen können. Afghanische Bittsteller werden an der WFP-Pforte abgewiesen. Da ich der einzige Ausländer bei OFARIN war, hätte ich die Prozedur von der Antragstellung bis zur Vertragsunterzeichnung selber durchstehen müssen. Das hätte sich über ein Jahr hinziehen können. OFARIN bat die Geldgeber für die Waisenschule um die Finanzierung der Lebensmittelkosten. Die Möglichkeit, von einer UN-Unterorganisation etwas zu erhalten, blieb Theorie.

Es soll Zeiten gegeben haben, da arbeiteten bei der UNO echte Entwicklungshelfer, die sich um Projekte kümmerten und sich mit den betroffenen Menschen zusammensetzten. Diese Zeiten sind längst vorbei. In Afghanistan dürfen UN-Ausländer schon aus Sicherheitsgründen nur mit ausgesuchten Einheimischen verhandeln. Viele UN-Unterorganisationen waren auch nie alleine auf die Durchführung von Entwicklungshilfe ausgerichtet. Die Weltgesundheitsorganisation WHO ist beispielsweise in der Lage, Pläne für die weltweite Bekämpfung der Tuberkulose zu entwickeln und immer wieder dem neuesten Stand der Medizin anzupassen. Aber eine Tuberkuloseklinik, in der Menschen behandelt werden, könnte sie heute nicht mehr erfolgreich betreiben. Man darf jedoch nicht alle UN-Unterorganisationen über einen Kamm scheren. Habitat, zuständig für die Erstellung von Wohnraum, leistet noch immer einiges für die afghanische Bevölkerung, auch in der Praxis.

Ähnlich wie die UNO arbeitet ECHO, die Entwicklungshilfeagentur der EU. ECHO hat sich auf die Finanzierung von Riesenprojekten spezialisiert. Ich kann nicht zu ECHO gehen und um die Unterstützung von 50 Alphabetisierungsklassen in den nächsten drei Jahren bitten. Für solche Lappalien ist Europa zu groß. Die finanzielle Grundeinheit bei ECHO ist eine Million Euro. Das Rechnen mit Nachkommastellen empfindet man bei der EU als Zumutung. Mit etwas kleineren Projekten stößt man bei ECHO auf starre Vergaberichtlinien, die zu keinem konkreten Projekt passen. In dieser Beziehung unterscheidet sich ECHO also nicht von EU-Dienststellen, die Zuschüsse auf anderen Gebieten vergeben.

Am liebsten finanziert oder kofinanziert ECHO Großprojekte wie das Nationale Solidaritätsprogramm. Inzwischen musste sich ECHO auch der Ausbildung der afghanischen Polizei annehmen. Ursprünglich war das eine rein deutsche Aufgabe. Die Deutschen wollten eine Polizei aufbauen, wie wir sie zu Hause haben. Die Zweckmäßigkeit dieses Ansatzes darf man bezweifeln. Vor allem die USA hatten andere Vorstellungen. Die Amerikaner brauchten die Polizei als Hilfstruppe in ihrem Krieg gegen die Taliban. Sie bauten ihre eigene afghanische Polizei auf. Nach acht Wochen konnten die US-afghanischen Hilfssheriffs einigermaßen schießen und galten den Amerikanern als fertige Polizisten. An der deutschen Polizeiausbildung ließen die USA weiterhin kein gutes Haar. Die Deutschen suchten Schutz bei der EU, und diese europäisierte das deutsche Polizeiprojekt. Für das europäische Polizeiprojekt gibt es überhaupt kein Konzept mehr. Die einzelnen EU-Länder haben sehr verschiedene Vorstellungen von einer afghanischen Polizei und können sich nicht einigen. ECHO oder andere Instanzen der EU scheinen nicht in der Lage zu sein, steuernd einzugreifen. Von solchen Schwächen werden auch andere Projekte betroffen, die auf internationale Zusammenarbeit angewiesen sind und in denen die verschiedenen Nationen eine echte Mitsprache haben.

Sehr multilateral geht es bei der Finanzierung des afghanischen Staatsapparates zu. Nach dem Sturz der Taliban hatte der afghanische Staat keine eigenen Einkünfte. Daran hat sich bis heute nichts geändert. Die internationale Gemeinschaft finanziert den afghanischen Staat. Wie das genau abläuft, davon erfahre ich bei der Arbeit in unserem kleinen Projekt nichts. Im Groben stelle ich mir das so vor: Die hilfsbereiten Länder zahlen in einen großen Topf ein. Die afghanische Regierung teilt dem Topf ihren Finanzbedarf mit. Der Topf deckt diesen Bedarf. Wer den Topf verwaltet und ob von dort aus an das Finanzministerium oder an einzelne Ministerien ausgezahlt wird – ich weiß es nicht.

Es fällt auf, dass allenfalls die bilaterale Hilfe der Kontrolle des Geberlandes unterliegt. Wenn es so richtig multilateral wird, trägt niemand mehr die Verantwortung, der seinerseits einer gewählten Regierung rechenschaftspflichtig wäre. Theoretisch kann der deutsche Bürger seine Regierung danach fragen, was die GTZ oder die Konrad-Adenauer-Stiftung mit seinen Steuern in Afghanistan treibt. Aber wen kann er abwählen, wenn er über das WFP oder das afghanische Erziehungsministerium empört ist? Auch sie leben auf seine Kosten und auf die Kosten der Steuerbürger anderer Länder. Die deutsche Bundesregierung verlagert einen immer größeren Anteil ihrer Entwicklungshilfe auf multilaterale Ausgaben. Ein ständig wachsender Anteil der deutschen Entwicklungshilfe verschwindet im schwarzen Loch totaler Verantwortungslosigkeit.

Mittelabfluss und Kapazitäten

In der Entwicklungshilfe gibt es also zweifellos Umsatz. Es fließen Mittel. Keine Frage. Wenn dennoch jemand behauptet, Entwicklungshilfe funktioniere nicht, will er damit sagen, dass „nichts ankommt", nämlich bei den Menschen, denen bei der Entwicklung ihres Landes geholfen werden soll. Diese Kritik muss man ernst nehmen.

Da wird ein hochkarätiger Pädagogikprofessor eingeflogen und hält afghanischen Lehrern einen Vortrag über neuere Tendenzen in der Grundschuldidaktik. Nach knapp zehn Minuten meldet sich ein afghanischer Lehrer und bittet den Dozenten, zu erklären, worüber er überhaupt spricht. Der Professor versteht, dass seinen Zuhörern die Voraussetzungen fehlen, um seinen Vortrag zu verstehen. Bei der Organisation, die ihn eingeladen hat, versteht man nichts.

Eine Hilfsorganisation möchten ein Schulhaus in einem unruhigen Gebiet bauen lassen. Die Mitarbeiter der Organisation dürfen aus Sicherheitsgründen nicht in diese Gegend reisen. Dennoch wird der Auftrag für den Bau des Schulhauses an eine afghanische Firma vergeben. Diese verkauft den Auftrag an ein anderes Unternehmen. Die Baufirma, die die Arbeit letztlich durchführt, ist noch einmal eine andere. Bei jeder Transaktion des Auftrages ist reichlich abgeschöpft worden. Die ausführende Firma schöpft noch einmal ab. Das Schulgebäude wird so preiswert wie möglich erstellt. Beim ersten Schnee biegt sich das viel zu dünne Dachgestell durch. Die Hilfsorganisation ahnt nichts von dem wackligen Häuschen und meldet ihrem Geldgeber und ihrer Zentrale den erfolgreichen Bau einer Schule.

Ein Erdbeben hat viele Menschenleben gefordert. Warum sind so viele Häuser eingestürzt? In Sitzungen von NGOs mit Dorfältesten stellt sich heraus, dass man früher sehr wohl beim Bauen manche Sicherungen gegen das Einstürzen berücksichtigt hatte. Aus Kostengründen war dergleichen aber im Laufe der Zeit vernachlässigt worden. Eine große Hilfsorganisation zieht die Konsequenzen daraus. Sie beantragt Geld bei ihrer Zentrale, erhält das auch und baut mehrere Dutzend erdbebensichere Modellhäuser. Der Grundriss ist um der Stabilität willen klein gehalten, drei mal drei Meter. Oben in den Ecken der Decken werden Querverstrebungen eingefügt, die einem Verschränken der Wände entgegenwirken. Diese Würfelhäuschen stehen nun auf den Wiesen verstreut im Erdbebengebiet. Niemand benutzt sie.

Das sind typische Fehlleistungen der Entwicklungshilfe. Es wurde irgendwo etwas beschlossen. Auf die Folgen, auf die Wünsche und Gewohnheiten der Betroffenen wurde nicht geachtet. Oft kennt man auch die eigenen Mitarbeiter und Vertragspartner nicht ausreichend und entdeckt betrügerische Umtriebe zu spät.

Mittel fließen also – am Anfang aus einer Staatskasse zu einer großen Organisation, von dort zu einer kleineren Organisation, bis sie schließlich im Büro einer Hilfsorganisation im Entwicklungsland eintreffen. Sie denken am besten an ein System von Kaskaden: Wasser fließt über Stufen herab. Von manchen Stufen kann es in mehrere Richtungen abwärtsgehen. Schließlich kommt es auf der letzten Stufe an. Die entspricht dem Büro im Entwicklungsland. Von hier aus muss aus dem Geld etwas gemacht werden, was Menschen hilft. Es ist nicht ganz korrekt, alles, was auf den anderen Stufen geschieht, nur als Geldfluss zu sehen und nur den letzten Schritt als die eigentliche Entwicklungshilfe. Auch vorher schon musste jeder potenzielle Geldempfänger beim Geber einen Antrag stellen und erklären, wie er den Menschen im Entwicklungsland helfen will. Der Geber überprüfte den Antrag und ergänzte ihn durch eigene Vorstellungen. Insofern fand neben dem Geldfluss schon immer etwas Entwicklungshilfe statt. Beim letzten Schritt muss im Rahmen der Vorgaben der vorangehenden Stufen aus Geld Hilfe für Menschen gemacht werden, damit sie ihr Land entwickeln können.

Wenn bisher vom Umsatz die Rede war, so erfasste das nur den finanziellen Teil des Geschehens in den vorangehenden Stufen. Der Begriff „Umsatz" ist, wie schon gesagt wurde, kein gutes Maß für die Leistung in der Entwicklungshilfe. Für das Geschehen beim Schritt von der letzten Stufe ist er vollkommen untauglich. Daher möchte ich Ihnen zwei Begriffe vorstellen, die in der Entwicklungshilfe auch benutzt werden. Man spricht vom Mittelabfluss und meint damit das Geld, das bei jedem Schritt fließt, auch beim Schritt von der letzten Stufe. Außerdem spricht man von Kapazität. Das ist der Betrag, den eine Institution der Entwicklungshilfe in der Lage ist, sachgerecht auszugeben, also so, dass damit wirklich zur Fortentwicklung des Landes beigetragen wird und dass alle Bürger dauerhaft davon profitieren. Entscheidend ist der Schritt von der letzten Stufe, bei der das Geld dann tatsächlich auf das Entwicklungsland trifft. Für diesen letzten Abfluss sollte eine ausreichende Kapazität vorhanden sein. Hier muss das Wasser sinnvoll verteilt und genutzt werden, damit es Landschaften zum blühen bringen kann. Hier müssen Teams mit erfahrenen Mitarbeitern zupacken, die gute Projekte organisieren können. Wenn es an Kapazitäten fehlt, das Wasser aber dennoch abfließt, versickert es im Sand, schwemmt guten Mutterboden weg oder löst sogar Erdrutsche aus. Würfelhäuschen stehen in der Steppe. Afghanische Vertragspartner gewöhnen sich daran, dass Betrug etwas Selbstverständliches ist.

Für die Kapazität von Entwicklungshilfeorganisationen ist die Mitarbeit von erfahrenen Entwicklungshelfern entscheidend. Diese müssen über Landeserfahrung verfügen und die richtigen einheimischen Mitarbeiter anwerben und führen können.

Bis zum Sturz der Taliban arbeiteten nur wenige, meist kleine Hilfsorganisationen in Afghanistan. Das Interesse an diesem Land mit dieser Regierung war gering. Das änderte sich nach dem Sturz der Taliban gewaltig. Jetzt wurde viel Geld für Afghanistan bereitgestellt. Das musste ausgegeben werden. Mittelabfluss war nötig. Aber wo waren die Kapazitäten? Man hätte sicher mit einem Teil der bereits anwesenden Entwicklungshelfer zusätzliche Kapazitäten schaffen können. Doch das wurde kaum versucht. Stattdessen brachten Organisationen, von denen kaum eine je etwas mit Afghanistan zu tun gehabt hatte, Personal mit, das sie anderswo angeworben hatten. Diese frisch importierten Entwicklungshilfestrukturen hatten praktisch noch keine Kapazitäten. Vermutlich hätten sie in einigen Jahren welche entwickelt. Doch es mussten sofort viele Mittel abfließen. Die Folgen waren vorhersehbar und wurden in Kauf genommen.

Eine Möglichkeit, an Kapazitäten zu kommen, sah ein Teil der Hilfsorganisationen darin, die Kapazitäten afghanischer NGOs zu nutzen. Sie schlossen Verträge mit afghanischen NGOs ab und überließen ihnen die Durchführung der Projekte. So retteten sich die ausländischen Organisationen auf die vorletzte Stufe der Kaskade. Den Schwarzer Peter, die Kapazitätsprobleme des letzten Schrittes, hielten jetzt die afghanischen NGOs. Die afghanischen NGOs hatten eher Scheinkapazitäten als Kapazitäten zu bieten. Doch das war kaum noch das Problem der ausländischen Organisationen. Die sahen nicht so genau hin, was die afghanischen Partner machten und freuten sich über einen zügigen Mittelabfluss.

Insgesamt führte der gewaltige Mittelabfluss bei vollkommen unzureichenden Kapazitäten zu zahlreichen Fehlleistungen. Vor allem wurde eine gigantische Korruption zum Blühen gebracht.

Dieses Bemühen, innerhalb der Kaskade des Mittelabflusses nicht ganz unten zu stehen, ist nur ein Teil einer allgemeinen Tendenz. Viele Organisationen möchten möglichst weit „oben" mitspielen. Dort fließen reißende Ströme von Mitteln vorbei und müssen verteilt werden. Man trifft sich dazu auf Konferenzen in Bangkok, Rom oder Dubai und entscheidet darüber, wie die jeweiligen Aktivitäten noch mit frauenfördernden Maßnahmen oder mit dem Einsatz von Friedensfachkräften angereichert werden können. Namhafte Consultingfirmen werden beauftragt, Gutachten zu verfassen – ein sicherer Mittelabfluss ohne Kapazitätsprobleme. Überhaupt ist man weit weg von allen Problemen der Durchführung konkreter Projekte. Mit den „Begünstigten" hat man nichts zu tun. Man schwebt weit über allem.

UN-Hilfsorganisationen sind immer auf den hohen Ebenen des Mittelabflusses präsent. Die UNO scheint ihren Umsatz vor allem dadurch erhöht zu haben, dass sie intern noch viel mehr Geld verbraucht. Der Vorwand war der Aufbau neuer Kapazitäten. Aber weitere Kapazitäten, die in der Lage wären, aktiv beim Neuaufbau des Landes mitzuhelfen, hat die UNO (Ausnahme: Habitat) nicht erstellt. Die Planung und Durchführung von effizienten Projekten ist den meisten UN-Unterorganisationen fremd geworden. Sie haben kaum noch Kontakte zur Bevölkerung. Sie bieten immer noch Trainingskurse für Schneider an, obwohl diese Berufsgruppe schon seit zwei Jahrzehnten vollkommen überbesetzt ist. Um die Kurse dennoch voll zu bekommen, erhalten die Kursteilnehmer für die Zeit ihrer Ausbildung ein Gehalt.

Die afghanische Verwaltung hatte von Anfang an keine Kapazitäten, die zu einer Fortentwicklung des eigenen Landes hätten beitragen können. Niemand half ihr, diese aufzubauen. Man tat einfach so, als ob die Verwaltung bereits über die nötigen Kapazitäten verfüge. Immerhin brachte es die Verwaltung fertig, mit den Mitteln, die das Ausland zur Verfügung stellte, selber zu überleben. Sie musste die eigenen Beamten, die Lehrer, die Soldaten, Polizisten, Richter und Staatsanwälte bezahlen. Nach Anlaufschwierigkeiten schaffte sie das mehr schlecht als recht. Diese Beamten sind im Prinzip für die Bevölkerung da, auch wenn die Bevölkerung das ganz anders empfindet. Die Sicherung der eigenen Existenz hat noch nichts mit zukunftsträchtigen Entwicklungen zu tun, die die afghanische Verwaltung hätte einleiten sollen. Mittel für solche Aktivitäten flossen ab, aber sie fanden keine Kapazitäten, über die sie hätten zweckentsprechend wirken können. Auch hier entstand eine gigantische Korruption.

Entwicklungshilfe im Kleinen

Diese Entwicklungshilfe, in der es um Umsatz und Mittelabfluss geht, bietet wenig Erbauliches. OFARIN sieht sein Tun als eine Arbeit für die Betroffenen. Die Menschen, die bei uns Lesen, Schreiben und Rechnen lernen und darüber hinaus selbstständiges Denken und Handeln, nehmen etwas mit, was ihnen und auch ihren Mitmenschen nützt und letztlich auch ihrem Land. Vielleicht können wir mit unseren Methoden noch vielen anderen Menschen helfen. Dann hat sich der Einsatz gelohnt. In ein Gesamtkonzept des Neuaufbaus Afghanistans können wir unser Tun nicht einordnen. Für ein solches Konzept wäre unser Programm sicher kein Hindernis. Aber es gibt kein Gesamtkonzept. Immerhin gibt es andere

Organisationen und einzelne Entwicklungshelfer, die ihr Tun so sehen wie OFARIN: „Wir helfen betroffenen Menschen. Das ist besser als gar nichts." Wenn ich mich in solchen Kreisen umsehe, so sehe ich, dass manches entstanden ist, das auf die Dauer weiter hilft. Das ist das, was Spaß macht.

Seit Jahrzehnten arbeitet die evangelische Bruderschaft der Christusträger schon in Afghanistan. Ihre beiden Kabuler Kliniken leitet jetzt Bruder Jac. Dort werden Leishmaniasis (= Orientbeule), Lepra, Epilepsie und Tuberkulose behandelt. Die Dokumentation von Leishmaniasis-Fällen, die Dr. Amin und Bruder Reto aufgebaut haben, sucht auf der Welt ihresgleichen. Dank der Untersuchungen, die Prof. Kurt-Wilhelm Stahl und Bruder Reto über die Orientbeule durchführten, konnten die Behandlungsmethoden deutlich verbessert werden.

Schorsch, ein weiterer Bruder, betreibt eine Werkstatt, in der Handwerker ausgebildet werden, um danach selbstständig zu arbeiten. In dieser Werkstatt arbeiten immer wieder deutsche Handwerker und Ingenieure in ihrem Urlaub oder im Ruhestand für ein paar Wochen mit. Hier werden hochwertige medizinische Geräte repariert oder für afghanische Umstände brauchbar gemacht, aber auch landwirtschaftliche Geräte fortentwickelt.

In Jalalabad haben Norbert Burger und Akbar Mohmand das Vorzeigeprojekt der Deutschen Welthungerhilfe aufgebaut. Etliche Bauern bauen Rosen anstelle von Mohn an. Die Welthungerhilfe presst die Blütenblätter der Rosen aus und gewinnt daraus Rosenöl und Rosenwasser. Von der Wertschöpfung pro Anbaufläche her sind diese Produkte eine ernsthafte Konkurrenz für das Heroin. Leider kann die Welthungerhilfe dieses Projekt nur als Pilotprojekt führen. Sie darf keinen Gewinn erwirtschaften und mit ihren Produkten Geschäfte machen.

Der Freundeskreis Afghanistan betreibt in Jaghori seit fast 30 Jahren ein erfolgreiches Schulprogramm, obwohl er kein Büro in Afghanistan hat.

Ein ausgesprochenes Vorzeigeprojekt ist Lepco. Es bekämpft in Zentralafghanistan und in Mazar-e-Sharif die Tuberkulose und die Lepra. Der letzte ausländische Direktor, Dr. Sebastian Dietrich, hat dieses Programm darauf vorbereitet, von den afghanischen Kollegen weitergeführt zu werden. Das ist glänzend gelungen. Unter afghanischer Führung hat Lepco seine hohen Standards noch verbessert. Lepco wird in den Regionen, in denen das Programm arbeitet, von der Bevölkerung und von afghanischen Gesundheitsbehörden hoch geschätzt. Neben seiner praktischen Arbeit wächst Lepco allmählich in eine beratende Funktion für afghanische Regierungsstellen und andere Organisationen hinein, die sich ebenfalls der Tuberkulose widmen.

Karla Schefter hat in Chak-e-Wardak ein großes Krankenhaus aufgebaut, wie es kein weiteres in der afghanischen Provinz gibt. Vielleicht sind die Provinzkrankenhäuser der italienischen Organisation Emergency mit dem Krankenhaus in Chak vergleichbar. Aber diese Krankenhäuser arbeiten mit einem ganz anderen finanziellen Aufwand und einem viel größeren Einsatz ausländischen Personals. In Chak-e-Wardak ist es derzeit sehr unruhig. Frau Schefter kann sich dort nicht aufhalten. Das Krankenhaus arbeitet dennoch weiter.

Unvergessen ist Prof. Martin Wienbeck, der in Kabul vielen afghanischen Ärzten endoskopische Methoden vermittelte und sich größter Beliebtheit und Hochachtung erfreute. Leider kam er bei einem Verkehrsunfall ums Leben.

In Andkhoi in Nordafghanistan unterstützt Ulla Nölle ein großes Schulprogramm, das ich leider nicht aus eigener Anschauung kenne. Ullas Verein „Afghanistan Schulen" konnte wichtige Impulse geben. So geben die Schulen eine Zeitung heraus, die im ganzen Bezirk gelesen wird.

Alle genannten Personen sind Bekannte von mir. Wahrscheinlich würde ich von etlichen anderen erfolgreichen Projekten berichten, wenn ich zufällig andere Bekannte hätte. Auch die Tatsache, dass alle genannten Projekte deutschen Ursprungs sind, liegt an der Beschränktheit meines Bekanntenkreises. Andere Nationen haben sicher auch vieles auf die Beine gestellt, das die Situation in Afghanistan verbessert.

Mir fällt auf, dass fast alle Personen, die genannt wurden, schon vor dem Fall der Taliban in Afghanistan gearbeitet haben. Einen Teil der genannten Projekte gab es „schon immer". Manche Projekte leben fast nur von Spenden und wurden nur gelegentlich durch Mittel finanziert, die letztlich aus staatlichen Pfründen stammen. Die genannten Projekte sind finanziell gesichert und stehen wirtschaftlich besser da als zur Zeit der Taliban. Wesentlich ausgeweitet wurden sie nicht.

Praktisch keine der genannten Personen wurde aufgefordert, ihre Erfahrungen in neue Programme einzubringen, die von Organisationen auf die Beine gestellt wurden, die nach dem Sturz der Taliban nach Afghanistan strömten. Man sollte meinen, solche Neulinge ohne Landeskenntnis hätten sich um die gestandenen Entwicklungshelfer reißen müssen. Sie taten es nicht. Warum? Die Organisationen, die neu nach Afghanistan kamen, wussten, dass es darauf ankam, schnell einen hohen Mittelabfluss vorzuzeigen. Dafür auch noch die Kapazitäten aufzubauen, die für einen seriösen Einsatz der Mittel nötig gewesen wären, das war nicht zu schaffen. Mitarbeiter, die sich in Afghanistan auskannten, hätte man aber nur für den behutsamen Aufbau von echten Kapazitäten gewinnen können. Man gab dem sofortigen Mittelabfluss in dem gewünschten hohen Ausmaß den Vorrang vor einem Mittelabfluss durch solide Kapazitäten. Gegen einen Mittelabfluss „um jeden Preis" hätten Leute mit Landeserfahrung nervende Bedenken vorgebracht. Das ersparten sich die neu ankommenden Organisationen lieber.

Man kann es auch so ausdrücken: Wo sich Entwicklungshilfe am Umsatz messen lassen muss, ist der Mittelabfluss das Ziel der Entwicklungshilfe und nicht das Wohl der Bevölkerung.

9. Abschnitt
Aus den Jahren 2008 und 2009

Consultants

Consultants, also Berater, gibt es derzeit reichlich in Afghanistan. In vielen Ministerien sitzen etwa eine halbe Hundertschaft von ihnen. Sie alle genießen eine gute Bezahlung, meist nicht unter 5000 US-Dollar im Monat, oft über 7000 US-Dollar. Ein Teil von ihnen sind „echte" Ausländer, ein Teil sind Afghanen, die aus dem Ausland zurückgekommen sind.

Exilafghanen, die Consultants sind, lassen ihre Familien meist in ihrem Gastland zurück. Das soll kein Vorwurf sein. Ich würde es nicht anders machen. Stellen Sie sich einen Menschen vor, der sein Heimatland verlassen hat, um zu überleben! Er musste sich in eine fremde Gesellschaft einleben. Mit deren Spielregeln hat er sich größtenteils arrangiert. Das war eine harte Umstellung. Er hat sich einigermaßen durchgeschlagen im fremden Land. Die Kinder sind dort aufgewachsen und in die Schule gegangen. Er hat aber immer Heimweh gehabt. Und jetzt hat er eine Gelegenheit bekommen, in einem afghanischen Fachministerium Berater zu werden. Die Bezahlung ist gut. Er hat sich gefreut, etwas für seine alte Heimat tun zu können. Aber ehe er sich endgültig wieder in Afghanistan niederlässt, will er mehr über die Lage erfahren.

Unerwartet viel ist ihm fremd in Afghanistan. Er hatte noch nie in einer Regierungsverwaltung gearbeitet. In seinem Gastland wurden Zuwanderer wie er nicht in die Staatsverwaltung aufgenommen. Bisher versteht er von der afghanischen Verwaltung noch viel zu wenig. Allerdings hat er bald gemerkt, dass die meisten afghanischen Kollegen nicht gerade glücklich darüber sind, dass er jetzt da ist. Der Herr Staatssekretär, dem seine Abteilung untersteht, hat Krieg und Bürgerkrieg in Afghanistan verbracht. Er wird nach afghanischen Vorschriften besoldet und bekommt gut 900 US-Dollar im Monat. Unser Heimkehrer kann verstehen, dass der Staatssekretär ihn schief ansieht.

Und der Abteilungsleiter, den er zu beraten hat, kassiert von jedem Bittsteller satte Beträge, ehe er dessen Antrag abstempelt. Da mischt er sich lieber nicht ein. Offiziell verdient der Abteilungsleiter noch deutlich weniger als der Staatssekretär. Wie kann er jemandem Vorwürfe machen, der so viel weniger verdient als er selbst, wenn der sein Gehalt aufbessert?

Aber manches geht ihm doch nach. Da wollte neulich ein Antragsteller in seiner Heimatprovinz eine Fabrik eröffnen. Er wollte Obstsäfte herstellen. Für die Landwirtschaft in dieser Provinz wäre das genau das Richtige gewesen. Aber der Abteilungsleiter hat abgelehnt. Der Mann zahlte ihm nicht das geforderte Schmiergeld. Um wie viel es ging, hatte unser Heimkehrer nicht erfahren. Aber er hatte erlebt, wie der Antragsteller das Büro verließ. Er gäbe es auf, sich mit korrupten afghanischen

Beamten herumzuschlagen, hatte der Mann geflucht. Er werde sein Geld in Abu Dhabi anlegen. Unser Consultant hat sich noch nicht endgültig entschieden. Aber er denkt, dass er nach Ablauf seines Vertrages in sein Gastland zurückkehren wird.

Ein Staatssekretär stöhnt über die exilafghanischen Consultants: „Was sollen wir mit denen? Das Ausland drängt uns diese Leute auf. Die haben keine Ahnung von Afghanistan. Was sie in ihrem Gastland gelernt haben, kann man hier nicht gebrauchen. Was waren die denn da? Taxifahrer."

Aber es gibt auch „echte" Ausländer, die afghanische Beamte beraten sollen. Es gibt sogar eine Verwaltungsakademie, die afghanische Spitzenbeamten schult. Die Ausbilder dort sind ausländische Consultants. Ein Freund hat dort einige Monate gearbeitet. Ihm war ein hoher afghanischer Beamter zugeordnet. Das war ein junger Kerl ohne jede formale Qualifikation, etwa einen Studienabschluss oder wenigstens ein Abitur. Immerhin sprach er Englisch. Vor allem hatte er einen Onkel, der ein wichtiger Kommandant war. So wurde er im Rahmen eines vom Ausland oder der UNO finanzierten Sonderprogrammes besoldet und verdiente so gut wie sein Consultant, mein Freund. Dieser sollte den jungen Beamten bei seinen Verwaltungsaufgaben beraten und schulen. Es stand dem Afghanen frei, die Ratschläge des Consultants zu befolgen. Der Beamte ließ den Consultant fühlen, dass er ihn für überflüssig und lästig hielt.

Auch war mein Freund nicht der einzige Consultant, der mit diesem Beamten zusammenarbeitete. Der Afghane war in einem Fachministerium beschäftigt, soweit ich mich erinnere, im Landwirtschaftsministerium. Er hatte dort über bestimmte Projekte zu entscheiden, die an das Ministerium herangetragen wurden. Ein Projekt hatte die UNDP, eine UN-Unterorganisation, geplant, ein anderes die japanische Regierung, noch eines die Europäische Union und noch ein anderes die amerikanische Entwicklungshilfeagentur US-AID. Alle diese Entwicklungsplaner wussten, dass es nicht genügte, dem Landwirtschaftsministerium einen schönen schriftlichen Vorschlag einzureichen und die Finanzierung zu versprechen. Ein Brief allein wäre vom Ministerium nicht beantwortet worden. Deshalb hatten die hilfswilligen Institutionen mit jedem Projekt einen ausländischen Consultant betraut. Ein Consultant arbeitete also für die UNDP, einer für die Japaner, einer für die EU und einer für die US-AID. Jeder musste dem afghanischen Beamten das jeweilige Projekt vorstellen und nach Möglichkeit einen Vertrag abschließen. Jeder sollte dafür sorgen, dass das Vorhaben so durchgeführt wurde, wie es Spezialisten konzipiert hatten, die irgendwo an grünen Tischen getagt hatten. Die Karriere jedes der Consultants hing vom Erfolg des Projektes ab, das er betreute.

Der afghanische Beamte unterzeichnete die Verträge. Die Projekte interessierten ihn wenig. Die ausländischen Consultants waren ja da und kümmerten sich darum. Allerdings hatten die Consultants nur beratende Funktion und konnten kaum etwas durchsetzen. Nach sechs oder zwölf Monaten war dann ein Zwischenbericht fällig. Theoretisch hätte diesen der afghanische Beamte schreiben müssen. Das tat er natürlich nicht. Er wusste schon, dass die Consultants das erledigen würden. Jeder Consultant schrieb den Zwischenbericht so, dass sein Auftraggeber zufrieden war. Danach hatte er seine liebe Not, den afghanischen Beamten dazu zu bringen, diesen Bericht gegenzuzeichnen.

Mein Freund hat diese Schulung von Spitzenbeamten trotz der glänzenden Bezahlung kein ganzes Jahr ausgehalten. Er hat vorzeitig gekündigt.

Über staatliche Strukturen

Die Korruption im Beamtenapparat schritt munter voran. Sie holte sogar den wackeren Generalstaatsanwalt Abdul Jabar Sabet ein. Er hatte sich ein stattliches Grundstück in einem Kabuler Villenviertel schenken lassen. Danach war er kein Schrecken mehr für korrupte Beamte. Inzwischen ist er als Generalstaatsanwalt abgelöst worden.

Eine gewisse Demontage staatlicher Institutionen findet durch den Wettbewerb um die wenigen Fachkräfte statt, insbesondere um Universitätsangehörige. Wenn eine ausländische Stelle die Fachkenntnisse eines afghanischen Spezialisten benötigt, der an der Universität arbeitet, so wird dieser persönlich angesprochen und für eine befristete Zeit und gutes Geld angeworben. Das Universitätsinstitut, für das der Professor eigentlich arbeitet, wird auf diese Art beschädigt. Die besten Mitarbeiter sind kaum noch in der Universität anzutreffen. Die übrig gebliebenen Dozenten fühlen sich benachteiligt. Eine kollegiale Zusammenarbeit ist kaum mehr möglich. Korrekterweise müsste die ausländische Stelle nicht den einzelnen Spezialisten ansprechen, sondern das Institut, für das er arbeitet. Theoretisch könnte durch eine solche Zusammenarbeit das afghanische Institut insgesamt gestärkt werden. Aber das ist graue Theorie. Die ausländische Stelle, die sich auf die Zusammenarbeit mit einem ganzen Institut einließe, würde in Bürokratie und Stammeskrieg versinken. Sie hat keine andere Wahl, als das Institut zu zerlegen und den geeigneten Fachmann direkt anzusprechen.

Eine wesentlich schlimmere Zerstörung der gesamten Verwaltung bewirkt die höchst unterschiedliche Besoldung von Beamten. Die offiziellen Grundgehälter sind noch immer sehr bescheiden. Es gibt aber verschiedene Sonderprogramme, aus denen manche Beamte erheblich besser bezahlt werden. Ein Beamter erhält zum Beispiel umgerechnet 110 US-Dollar. Ein anderer bekommt zusätzlich zu diesen 110 US-Dollar eine monatliche Zusatzzahlung von 3000 US-Dollar. Beide verrichten die gleiche Arbeit. 3000 US-Dollar sind eine untere Grenze für solche Extrabesoldungen. Diese Sonderprogramme wurden teils vom Ausland ins Leben gerufen. Finanziert werden sie alle vom Ausland. Aber afghanische Stellen entscheiden in der Regel, wer aus solchen Programmen Zuwendungen erhält. In den seltensten Fällen dürfte es sachliche Gründe für derartige Sonderbesoldungen geben. Es ist klar, dass die vollkommen verschiedenen Entlohnungen das Klima in den Amtsstuben vergiften und jede Zusammenarbeit der Mitarbeiter zerstören. Natürlich versuchen diejenigen, die zu kurz kommen, um so entschiedener, ihre Einnahmen aufzubessern.

Es ist kein Geheimnis, dass die meisten Minister und Staatssekretäre nach den Wünschen ausländischer Mächte eingesetzt wurden. Manchmal nimmt das Parlament Anstoß an dem einen oder anderen Minister. Der Staatspräsident Karzai hat dann seine liebe Not, die entsprechende Person im Amt zu halten oder auf einen anderen Ministerposten zu versetzen, sodass sie dem Kabinett erhalten bleibt. Karzai scheut sich in solchen Fällen nicht, öffentlich darauf hinzuweisen, dass er den Minister nicht entlassen könne. Der Mann sei aus Deutschland gekommen. Seine Demission würde die Beziehungen zu Deutschland belasten.

Im Falle von Deutschland wirkt das Argument und wird benutzt. Karzai muss natürlich auch Minister halten, die anderen Ländern zuzurechnen sind. Außerdem haben die alten Widerstandsparteien aus der Zeit des Bürgerkrieges viel Einfluss. Auch sie haben ihre Leute im Kabinett. Man redet offen davon, dass einige der Herren seit der Zeit des Bürgerkrieges über gute Beziehungen zum pakistanischen Geheimdienst verfügen. Dieser fördert die Talibanbewegung nach Kräften und arbeitet am Sturz der Regierung Karzai. Dennoch ist es für den Regierungschef scheinbar unmöglich, solche Minister aus dem Kabinett zu entfernen.

Ähnliches gilt für andere Inhaber hoher Ämter, wie Provinz- oder Bezirksgouverneure. Ein Gouverneur, der in seiner Provinz offensichtlich Schaden anrichtet, wird in eine andere Provinz versetzt, wo er dann ebenfalls Gouverneur wird. Wenn jemand Minister oder Gouverneur ist, bleibt er das bis an sein Lebensende.

Der Gouverneur von Baghlan und sein Sicherheitschef, von denen angenommen werden muss, dass sie sechs Parlamentsabgeordnete und einige Klassen Schulkinder in die Luft gesprengt haben, sind noch heute im Amt. Offenbar wurde der Fall nie ernsthaft untersucht. Stattdessen wurde das Gerücht verbreitet, einige der umgebrachten Abgeordneten hätten gefährliche geheime Beziehungen zum Iran gepflegt.

Derzeit wird gemunkelt, dass ein Minister die Taliban im Norden mit Waffen versorgt, damit diese den Gouverneur von Balkh bekämpfen können, der sein persönlicher Feind ist.

Die unkontrollierte Verwaltung

Das Ausland übt also auf die Besetzung von Minister- und Gouverneursposten Einfluss aus und stopft die afghanischen Behörden mit Beratern voll. Das bedeutet aber nicht, dass das Ausland die afghanische Verwaltung kontrolliert. Die einzelnen Länder hoffen lediglich, dass „ihre" Minister und Gouverneure ihnen gegenüber eine besondere Loyalität empfinden. Hinzu kommt, dass viele Minister und Staatssekretäre wenig Einfluss auf das Tun der ihnen unterstellten Verwaltung haben. Die Bürokratie hat viel Erfahrung darin, sich gegen Kontrollen, Arbeitsbelastungen und andere Zumutungen von oben abzuschotten. Auch die Consultants laufen neben der afghanischen Verwaltung her. Sie haben keine Weisungsbefugnis und keine Erfahrung mit den Interna afghanischer Bürokratie. Und schließlich besteht „das Ausland" aus zahlreichen Ländern.

Auf fast allen Gebieten, die die afghanische Verwaltung ohne echte ausländische Kontrolle beherrscht, geschieht absolut nichts. Schulhäuser entstehen dank ausländischer Initiative. Aber in den Schulen waltet das allmächtige Erziehungsministerium. Die Schüler lernen praktisch nichts.

Die Ausländer sorgen für die großen Straßen. Die kleinen innerstädtischen Straßen, um die sich die Stadtverwaltung kümmern müsste, sind und bleiben in einem jämmerlichen Zustand.

Ausländische „Grüntischler" haben eine flächendeckende Grundversorgung durch Gesundheitsdienste entworfen. Jeder Regierungsbezirk wird für drei Jahre an eine Hilfsorganisation „vergeben". Diese muss dort ein Bezirkskrankenhaus und, je nach Einwohnerzahl, einige Basisgesundheitsstationen aufbauen. Was die zu leisten haben, ist vorgeschrieben. Die personelle und materielle Ausstattung ist auch festgelegt, ebenso wie die Löhne jeder Krankenschwester und jedes Helfers. Die zuständige Hilfsorganisation bekommt das Geld, das sie braucht, vom Gesundheitsministerium. Dieses erhält die nötigen Mittel vom Ausland, das sich dann aber nicht weiter einmischt. Niemand kümmert sich darum, ob die beauftragten Helfer die vorgeschriebenen Leistungen erbringen. So ist es für Hilfsorganisationen sehr lukrativ, das Geld für die gesundheitliche Betreuung eines Bezirkes einzustreichen. Das Gesundheitsministerium kann die Bezirke bestens an solche Helfer „verkaufen". Eine öffentliche Gesundheitsversorgung findet nicht statt.

Man könnte jetzt durch alle Bereiche gehen, die vom Ausland finanziert, aber nicht kontrolliert werden. Die afghanische Verwaltung leistet dort absolut nichts für ihre Bürger. Dabei kann man nicht behaupten, dass das Ausland sich nicht um die afghanische Verwaltung bemüht. Hier wurde darüber berichtet, dass eine 16-köpfige Delegation aus Deutschland sechsmal hintereinander nach Afghanistan reiste, um 20 hohe afghanische Beamte zu schulen. Es wurde damit begonnen, alle afghanischen Spitzenbeamten durch ein Prüfungsverfahren zu schicken, bei dem ihnen ausländische Söldner eine reinhauen, wenn sie pfuschen wollen. Dadurch sollten die guten und rechtsstaatlich denkenden Beamten ausgesiebt werden. Ausländische und exilafghanische Consultants werden in afghanische Ministerien geschickt. Vom Ausland finanzierte Sonderprogramme sorgen für eine schreiend ungerechte Besoldung der Beamten. All das änderte nichts daran, dass die afghanische Verwaltung absolut nichts für die Bürger leistet.

Ist wirklich nichts Neues entstanden?

2007 machte OFARIN einen Betriebsausflug ins Schomali, nördlich von Kabul. Zwei Kollegen aus Wardak begleiteten uns. Weil die Sicherheitslage besser war als in ihrer umkämpften Heimat, fühlten sie sich sichtbar wohl. Und das sagten sie auch.

Ein paschtunischer Freund stöhnte über seine Landsleute, die durch den Talibanaufstand in ihrem Gebiet die Möglichkeiten der Weiterentwicklung versäumten. „In den anderen Gebieten werden Straßen gebaut, und die Leute bekommen sogar Strom. Aber die Paschtunen vertun diese Möglichkeiten mit dem blöden Krieg."

Das zeigte mir, der ich vieles aus der Perspektive meines Heimatlandes sehe und daher manchen kleinen Fortschritt nicht wahrnehme, dass hier und da doch etwas entstanden war, was die afghanische Bevölkerung zu schätzen weiß. Es zeigte, dass auch Paschtunen gern diese Möglichkeiten einer friedlichen Entwicklung nutzen würden.

Dabei bleiben fast alle Möglichkeiten, positive Entwicklungen in Gang zu setzen, auf Seiten der Kabuler Regierung und ihrer Unterstützer ungenutzt. Die bessere Sicherheitslage nördlich von Kabul bestand nur aus der Abwesenheit von Krieg. Keineswegs wurde sie von Polizeikräften geschaffen.

Vor einigen Monaten gab es im afghanischen Fernsehen einen Sketch: Ein Fernfahrer steht an der Kabine seines Lasters. Ein Reporter interviewt ihn: „Sie kommen recht weit rum im Land. Manche Gegenden, in die sie fahren, dürften gefährlich sein. Sie kommen ja auch in Landstriche, wo es

Taliban gibt." – „Ach", antwortet der Fernfahrer, „die Taliban sind halb so schlimm. Die Polizei ist viel schlimmer." Darauf rücken von rechts und links Polizisten ins Bild und dreschen mit Gewehrkolben auf den Fahrer ein. Die Szene war sicher gestellt. Aber sie sprach der Bevölkerung aus dem Herzen. Verschiedene Afghanen haben mir diesen Sketch begeistert geschildert. Ich selbst hatte ihn nicht gesehen.

Eine bessere Polizei, die tatsächlich etwas für die Sicherheit der Menschen täte, wäre ein entscheidendes Plus für die Kabuler Regierung in ihrer Auseinandersetzung mit den Taliban. Aber die Polizei ist für die Bevölkerung eine verhasste Räuberbande geblieben; und das, obwohl sich zahlreiche Nationen um die Unterstützung und Ausbildung der Polizei bemühen. Das alles bleibt wirkungslos. Die verschiedenen Nationen haben kein gemeinsames Konzept gefunden. Jede Nation baut eine andere Polizei auf. In dem sensiblen Bereich der inneren Sicherheit wollen alle mitreden. Die konsequente Federführung eines Landes, das natürlich nicht alles richtig machen würde, brächte sicher mehr als das gegenwärtige Durcheinander.

Der Fernsehsketch dokumentiert aber auch eine Errungenschaft der neuesten Zeit. Es gibt in Afghanistan eine Pressefreiheit, wie es sie vor 2001 nie gegeben hat. Sie ist nicht lupenrein und muss immer wieder couragiert verteidigt werden. Die Pressefreiheit wird von der städtischen Bevölkerung durchaus geschätzt. Konservative Afghanen sind sich dagegen nicht sicher, ob durch die Möglichkeit öffentlicher Kritik nicht Ordnung und Sittlichkeit untergraben werden.

Weitere Errungenschaften sind befestigte Überlandstraßen, auch große innerstädtische Entlastungsstraßen in Kabul, und seit Anfang 2009 eine recht zuverlässige Stromversorgung der Stadt Kabul vor allem durch eine Fernleitung aus Usbekistan. Dergleichen ist durch Großprojekte möglich geworden, die vom Ausland finanziert und beaufsichtigt wurden. Zugespitzt kann man sagen, dass Stromverbindungen und Straßen trotz der afghanischen Bürokratie geschaffen wurden. Ähnliches gilt für die Mobilfunknetze, an deren Aufbau Provinz- und Bezirksgouverneure sowie Talibankommandanten reichlich Schmiergeld verdienen. Sie wurden von Privatfirmen geschaffen. Die Gewinnspannen machten das möglich.

Recht erfolgreich ist in einigen Gegenden das Nationale Solidaritätsprogramm. Besonders in der Provinz Pandschir wurde es von der Bevölkerung angenommen und für den Bau von Bewässerungskanälen, Wasserkraftwerken, Straßenverbindungen und Schulgebäuden genutzt. Der Erfolg dieses Programms ist von Bezirk zu Bezirk verschieden. Er hängt sehr von der regional federführenden Organisation ab. Im Pandschir ist das mit Habitat sogar eine UN-Unterorganisation. Das Nationale Solidaritätsprogramm steht unter starkem ausländischen Einfluss. Aber das Ministerium für ländliche Entwicklung hat dieses dezentral geführte Programm mit ausgearbeitet. Dieses Ministerium hat es gewagt, einige heilige Kühe der „afghanischen Verwaltungskultur" zu schlachten.

Auf andere Art hat die Führung der Hasara dafür gesorgt, dass sich ihr Volk eigene Wege der Fortentwicklung suchen kann. Die führenden Hasara unterstützen die Regierung Karzai. Dafür hat ihr Volk in seinen Gebieten weitgehend freie Hand. Die staatlichen Stellen sind dort mit Hasaras besetzt. Die Menschen haben deutlich mehr Vertrauen zu ihren Behörden, zu ihren Gerichten und zu ihrer Polizei als andere Afghanen in ihrer Heimat. Die Hasara sind nicht mehr die verängstigte Minderheit, die sie waren. Sie sind gleichberechtigte Afghanen geworden. Bamian, früher ein Hotelstädtchen für Touristen, ist jetzt das Zentrum des Hasaradschat. Es ist den Hasara gelungen, ein System von Stützpunkten aufzubauen und zu finanzieren, das das Eindringen paschtunischer Nomaden ins Hasaradschat verhindert. Die Hasara leben den anderen Afghanen in ihrem Gebiet einen Föderalismus vor, den man dem ganzen Land wünscht.

Neulich erzählte ein deutscher Agrarwissenschaftler über seine Arbeit. Er ist Berater im Landwirtschaftsministerium. Der ehemalige Minister habe nur dafür gesorgt, dass immer mehr Mitarbeiter seines Volkes eingestellt wurden. Der jetzige Minister sei ein guter Mann. Unter ihm könne man erfolgreich arbeiten. Es war unserem Freund gelungen, einige Umbesetzungen im Landwirtschaftsministerium durchzusetzen. Jetzt sei ein Team beisammen, das etwas erreichen wolle. Sie berieten die Bauern beim Obstanbau. Man ermögliche es den Bauern, neue Sorten anzubauen. Man unterstütze sie auf Kreditbasis. Die Bauern müssten die Kosten zurückerstatten, sobald sie Gewinne machten. Und sie zahlten zurück. Der Obstanbau werde mit der Bienenzucht kombiniert. Das steigere die Erträge entscheidend. Die Bauern rissen sich um die Unterstützungsmöglichkeiten. Und alle Mitarbeiter aus dem Ministerium seien mit Begeisterung dabei. Gerade habe man Verhandlungen mit der Weltbank abgeschlossen. In den letzten Jahren hatte diese nur noch den Anbau von drei Obstsorten unterstützt. Auch das sollte in einigen Monaten auslaufen. Jetzt habe die Weltbank die Unterstützung des Programmes um 15 Millionen US-Dollar aufgestockt und auf andere Obstsorten erweitert.

Da hatte also ein einzelner Consultant etwas bewegt. Bei einer ganzen Abteilung war die Freude an der Arbeit ausgebrochen. Die Beamten sahen Sinn in ihrem Tun. Sie konnten zusehen, wie ihre Arbeit die Lebensbedingungen der Bauern verbesserte. Alle Beteiligten konnten sich in ihre jeweiligen Aufgaben hineindenken.

Unser Freund versteht etwas von Motivation. Diese sei am höchsten, wenn die richtigen Vorschläge von den Mitarbeitern selber kämen. Das laufe in seiner Abteilung wunderbar. Er hatte schon viele Erfahrungen in Afrika gesammelt. Er ist zwar bei einer großen staatlichen Entwicklungshilfeorganisation angestellt, arbeitet aber sehr unabhängig. Und da man sah, dass es bei ihm lief, ließ man ihn gern gewähren. Er sagte: „Ich bin glücklich."

Militärisches in Wardak und Logar

Die Provinzen Logar und Wardak grenzen an die Provinz Kabul. Sie werden überwiegend von Paschtunen bewohnt. Trotzdem kämpften hier keine Truppen von „Enduring Freedom" gegen den Terrorismus. Dennoch gab es in Logar und Wardak immer Taliban. Das waren Paschtunen, die über die Machtverteilung in Kabul unzufrieden waren, bei der ihr Volk die Vorherrschaft verloren hatte. Aber die Menschen hatten persönlich keine Demütigungen durch Übergriffe von US-Truppen erfahren wie die Paschtunen weiter im Süden und Südosten Afghanistans. So sahen die Taliban in Wardak und Logar lange keinen Grund, zu den Waffen zu greifen.

Die Talibanführung hatte aber Interesse daran, die Provinzen, die direkt an die Kabul-Provinz grenzen, unter ihre Kontrolle zu bringen. So drängte sie die Taliban in Logar und Wardak zu mehr Aktivität. Sie drohte, allzu passive Kommandanten abzulösen oder keine Waffen und Gelder mehr zu schicken. Es wurden Kämpfer aus dem pakistanischen Waziristan in die Berge von Logar verlegt. Unter diesen Fremden befanden sich auch Kontingente von Tschetschenen und Usbeken. Diese hatten sich in ihrer Heimat islamistischen Gruppen angeschlossen. Zur Zeit der alten Taliban waren sie als Hilfstruppen nach Afghanistan gekommen. Beim Sturz der Taliban flohen sie in die Grenzgebiete Pakistans. Dort wurden sie den Einheimischen lästig. Die pakistanischen Paschtunen begannen die Usbeken und Tschetschenen zu bekämpfen. Man wollte sie ausrotten. Dadurch, dass in Afghanistan wieder ein Krieg aufflammte, konnte man die Fremden wieder ins Nachbarland entsorgen. Dagegen haben sich die pakistanischen Paschtunen wegen der Lage in ihrer Heimat inzwischen weitgehend aus Afghanistan zurückgezogen.

Im Winter 2007/08 kam es im Grenzgebiet von Logar und Wardak zu Überfällen auf US-Konvois. Daraufhin bombardierten die Amerikaner Gehöfte und setzten Hubschrauber ein. Deren Besatzungen drangen in Dörfer ein. Es wurden US-Stützpunkte eingerichtet.

OFARIN hat in dieser Gegend von Logar ein gut funktionierendes und sehr anerkanntes Unterrichtsprogramm für über 50 Klassen. Ich selbst konnte Logar nicht mehr besuchen. Aber der Verantwortliche für das Programm und andere Mitarbeiter berichteten regelmäßig. Einige Kollegen stammen von dort. Sie besuchten oft ihre Verwandten in der Heimat.

Im Februar 2008 erzählte man mir, dass US-Soldaten einige Afghanen festgenommen und in ihren Stützpunkt gebracht hätten. Dort wurden sie vernommen. Dann nahm man ihnen ihre Schuhe weg und zwang sie, barfuß im Schnee herumzulaufen. Danach mussten sie sich hinlegen, und Soldaten schaufelten Schnee auf sie. Darauf durften sie wieder aufstehen und durch den Schnee nach Hause gehen – ohne ihre Schuhe.

Ein Mitarbeiter aus Kabul besuchte seine Eltern in Logar. Bereits am nächsten Abend war er wieder in Kabul. Es sei ihm in Logar zu unruhig gewesen. Morgens habe er einen Freund besucht, der Pharmazie studiert hatte und als Landarzt arbeitet. Dieser berichtete, er habe bereits eine Frau und ihre kleine Tochter verbunden. In deren Haus seien US-Soldaten mit einem großen Hund eingedrungen. Man habe die Frau gefragt, wo ihr Mann sei. Als ihre Antwort die Soldaten nicht befriedigte, habe man den Hund auf sie und ihr Kind gehetzt.

Auf dem Rückweg zum Haus seiner Eltern stieß unser Kollege auf eine Ansammlung empörter Menschen. Abends waren US-Soldaten in der Moschee erschienen. Dort trafen sie den Mullah und dessen Bruder, einen Lehrer, an – beides ältere Herren. Die hätten sie mitgenommen. Jetzt hatten die Menschen die Leichen der beiden im Feld gefunden.

Auch von Kollateralschäden wurde berichtet. Der Sohn eines Freundes hatte einen Geschäftspartner in dessen Haus besucht. Dann gab es draußen eine Schießerei. Zwei Taliban hätten sich in das Haus geflüchtet. Das sei dann die ganze Nacht immer wieder von Hubschraubern angegriffen worden. Die Taliban hätten zurückgeschossen. Morgens hätte schließlich ein Hubschrauber eine Bombe auf das Haus geworfen und alle getötet, die sich darin befanden.

Im Maidan-Tal in Wardak starteten US-Truppen eine größere Offensive. Die Heeressoldaten waren unter dem Verteidigungsminister Rumsfield zu „Killern" trainiert worden. Dieser brutale Ausdruck wurde tatsächlich benutzt. Er besagte, dass die Soldaten geschult wurden, schneller und sicherer zu schießen. Einigen Medien feierten das als gelungene Professionalisierung. Im Maidan-Tal zeigte sich, dass der brutale Ausdruck recht zutreffend war. Wer schnell schießen soll, braucht einfache Kriterien, um zu unterscheiden, wer Freund und wer Feind ist. Im Maidan-Tal war das Kriterium der Bart. Bartträger waren „Al Qaidas", wie die GIs ihre Gegner zu nennen pflegen. Im Maidan-Tal tragen alle Männer einen Bart – aus Furcht vor den Taliban.

Die Bundeswehr in Nordafghanistan

Die Bundeswehr bekam im Raum Kundus Probleme mit den dortigen Taliban. In dieser Gegend gibt es eine starke und aktive paschtunische Minderheit. Diese hatte schon im Krieg der Taliban gegen die Nordallianz eine entscheidende Rolle gespielt. Nach ihrem ersten Vorstoß über den Hindukusch wurden die Taliban zunächst aus dem Norden vertrieben. Nur Kundus konnten sie halten. Von dort aus unternahmen die Taliban mehrere Vorstöße, bis sie schließlich den größten Teil Nordafghanistans erobern konnten. Die Paschtunen in Kundus scheinen aus einer Minderheitenposition heraus einen besonders starken Selbstbehauptungswillen entwickelt zu haben. Jedenfalls fühlen sie sich den Paschtunen im Süden verbunden, die gegen die Amerikaner kämpfen. Teile von ihnen zeigten ihre Solidarität, indem sie auch zur Waffe griffen. Da es in Kundus keine Amerikaner gab, griffen sie die Deutschen und die afghanischen Regierungstruppen an.

Die Bundeswehr begegnete dem mit einer sehr defensiven Taktik. Wenn ein Konvoi angegriffen wurde, durfte nur zurückgeschossen werden, wenn eine Notwehrsituation vorlag. Die beschossenen Fahrzeuge drehten ab und zogen sich zurück. Die Taliban, die geschossen hatten und sich dann davon machten, wurden nicht bekämpft. Hier stellt sich die Frage, wie defensiv man sein kann und darf. Die kriegerischen Taliban verstanden ihre Gegner nicht. Diese waren bis an die Zähne bewaffnet und zogen sich zurück, ohne sich zu wehren. Das legten die Taliban als Feigheit aus und fühlten sich zu weiteren, für sie relativ ungefährlichen Vorstößen ermuntert. Erst im Sommer 2009 wurden die Einsatzrichtlinien für die deutschen Soldaten geändert und der Schusswaffengebrauch erleichtert.

Das deutsche PRT-Konzept

Es wurde schon berichtet, dass die USA das PRT-Konzept erfunden haben. PRT heißt „Provincial Reconstruction Team". Die Amerikaner entsenden Entwicklungshelfer in Gegenden, in denen sich ihre Truppen vorher ausgetobt haben. Diese sollen dort etwas aufbauen, was bei der geschundenen Bevölkerung die antiamerikanischen Gefühle abbaut. Ein absurdes, zynisches Unterfangen.

Natürlich hatten die anderen Länder, die in Afghanistan militärisch engagiert sind, vom großen Bruder zu lernen. Sie sollten ebenfalls PRTs aufstellen. Während man sich vielen Forderungen der USA aus guten Gründen verschloss, konnte man sich dem PRT-Konzept schlecht verweigern. Die Deutschen veredelten das Konzept sogar für den innenpolitischen

Gebrauch: Es wird so getan, als ob deutsche Soldaten in Afghanistan sein müssten, um „ihre Aufbauhelfer" zu schützen, damit diese ihre Arbeit tun können. Das ist unzutreffend. Entwicklungsarbeit erfordert das Vertrauen der gesamten Bevölkerung. Der Ausländer, der in Afghanistan arbeitet, gilt bis zum Beweis des Gegenteils als jemand, der nichts mit den internen Auseinandersetzungen der Einheimischen zu tun hat. Zu ihm hat man mehr Vertrauen als zu den eigenen Landsleuten. Diese Neutralität sorgt für eine hohe persönliche Wertschätzung. Ohne einen solchen Nimbus kann man Projekte kaum sinnvoll führen. Wenn es in der Bevölkerung erhebliche Spannungen gibt, muss der Entwicklungshelfer seine persönliche Unabhängigkeit unbedingt bewahren. Er muss strikt neutral bleiben.

Man darf die Bundeswehr wirklich nicht mit der US-Army oder der -Airforce in einen Topf werfen. Aber sie ist erklärtermaßen Parteigänger der Kabuler Regierung. Wenn man sich in Gegenden, in denen es Feinde der afghanischen Regierung gibt, mit deutschen oder afghanischen Soldaten zeigt, hat man den Nimbus der Neutralität verspielt. Dann sollte man besser nach Hause gehen.

In Gegenden, in denen es keine ausgesprochenen Feinde der Regierung gibt, braucht man keinen militärischen Schutz. Das galt für den größten Teil des Einsatzgebietes der Bundeswehr. Wenn man aber als Entwicklungshelfer von der Bundeswehr keinen persönlichen Schutz benötigt, welche Unterstützumg kann man dann von ihr erwarten? Bei welchen Entwicklungsvorhaben könnte das Militär Entwicklungshelfer unterstützen? Mir fällt dazu nichts ein. Das Militär und die Entwicklungshelfer haben sehr verschiedene Aufgaben. Wenn man krampfhaft versucht, beide Seiten mit ihren Aufgaben zusammenzuführen, behindert man beide Seiten, und es entstehen überflüssige Kosten.

Die Bundesregierung sollte auf das PRT-Konzept verzichten. Die Bundeswehr ist nicht zum Schutz von Entwicklungshelfern in Afghanistan. Wenn die Bundesregierung diesen Grund für die Entsendung von Soldaten nach Afghanistan ins gleißende Rampenlicht stellt, wird die gesamte Mission in Frage gestellt werden, sobald die Öffentlichkeit erfährt, dass die Bundeswehr einen militärischen Auftrag hat, der Kampfhandlungen nicht ausschließt. Die deutsche Regierung sollte der Öffentlichkeit ehrlich sagen, warum die Soldaten nach Afghanistan geschickt wurden, nämlich zur Unterstützung des Aufbaus einer funktionstüchtigen afghanischen Regierung. Diese sollte in der Lage sein, zu verhindern, dass das Land wieder zur Brutstätte eines Terrorismus wird, der die Weltgemeinschaft bedroht. Dieser Grund gilt immer noch, auch wenn die Militärmission ihre Probleme hat. Niemand konnte erwarten, dass der Afghanistaneinsatz der Bundeswehr ein netter Betriebsausflug wird. Die Probleme, die

die deutschen Soldaten jetzt in Afghanistan haben, wurden durch das brutale militärische und auch durch das plumpe politische Vorgehen der USA verursacht und durch die unsäglichen Fehlleistungen beim zivilen Wiederaufbau, die von der Völkergemeinschaft zu verantworten sind. Die Schwierigkeiten liegen also bei „uns selbst". „Wir" könnten sie selber beseitigen. Man müsste dazu allerdings den Mut haben, ehrlicher mit dem großen Bruder und den afghanischen Partnern umzugehen. Die Gründe für die Entsendung von Soldaten nach Afghanistan mit dem albernen PRT-Konzept zu vernebeln, ist keine seriöse Öffentlichkeitsarbeit. Das könnte sich eines Tages rächen.

Die USA haben den Spitzendiplomaten Richard Holbrooke als Sonderbotschafter damit betraut, in Pakistan und Afghanistan nach Wegen zum Frieden zu suchen. Im November 2009 wurde Holbrooke auf einer Pressekonferenz gefragt, woher die USA ihre Geheimdienstnachrichten über Afghanistan bekämen. Treuherzig antwortete er, dass man 90 Prozent der Informationen aus der NGO-Szene erhalte. Bisher war bekannt, dass einige große US-Organisationen von der CIA infiziert, um nicht zu sagen „verseucht", sind. Auch von einigen anderen Personen wussten wir, dass sie hinsichtlich der Zusammenarbeit mit ausländischen Geheimdiensten „nicht sauber" sind. Solchen Individuen geht man aus dem Weg. Holbrooke hat mit seiner Einlassung nicht nur ein ganz anderes, grelles Schlaglicht auf die zivil-militärische Zusammenarbeit gerichtet, er hat auch gezeigt, welchen Stellenwert die humanitäre Arbeit für ihn und seinesgleichen tatsächlich hat, indem er sie bedenkenlos denunzierte.

„Enduring Freedom" überall

In der sonst ruhigen Provinz Takhar, wo das deutsche Kontingent für Ordnung sorgen soll, landeten im Frühjahr 2009 nachts Hubschrauber, nahmen Männer gefangen und verschwanden mit ihnen. Niemand wusste, was das für Soldaten waren. Die deutsche und die afghanische Militärführung erfuhren nachträglich von solchen Überfällen. Es stellte sich heraus, dass US-Truppen zugeschlagen hatten. Man wollte den deutschen „Weicheiern" zeigen, wie man Krieg zu führen hat.

Mitte 2009 wurden die Einsatzregeln für die westlichen Truppen weiter den Wünschen der USA angepasst. „Enduring-Freedom"-Kommandos dürfen seitdem in ganz Afghanistan operieren. Überfälle auf die Bevölkerung durch Antiterroreinheiten wie in Takhar sind überall möglich und geschehen auch in Nordafghanistan häufiger. Im Herbst 2009 wurden 300 solcher US-Soldaten im deutschen Stützpunkt von Mazar-e-Scharif stationiert. Diese Gegend war bisher ruhig. Man kann davon ausgehen, dass die US-Krieger nicht dorthin gekommen sind, um defensive Kriegführung zu erlernen. Und prompt wurde bald von der Verschlechterung der Sicherheitslage in Nordafghanistan berichtet. Die Kliniken des Lepco-Programmes in Masar-e-Scharif werden kaum noch von Afghanen besucht, die nicht in der Stadt leben. Auf dem Land reist man kaum noch.

Die deutschen Soldaten sind nicht mehr davor sicher, mit den Kriegern von „Enduring Freedom" verwechselt zu werden.

Das US-Militär ist sich seit Generationen selbst überlassen. Der US-Präsident entscheidet über Krieg und Frieden. Aber wie Krieg geführt wird und wie sich die Streitkräfte auch im Frieden fortentwickeln, entscheiden die Streitkräfte weitgehend selber. Schließlich verstehen sie ihr Handwerk besser als die Zivilisten. Das Gros der Soldaten lebt ghettoisiert, getrennt von der Zivilgesellschaft.

Die einzelnen Teile der Streitkräfte entfalten ein besonders starkes Eigenleben, wenn sie weit entfernt von der Heimat unter Bedingungen eingesetzt sind, die sich die Befehlshaber in der Etappe kaum vorstellen können. Sie sind dann nur noch schwer zu kontrollieren. US-Truppen gelten in Afghanistan als besonders korrupt, wenn es um die Beschaffung von Material und Treibstoff oder die Finanzierung von Baumaßnahmen geht.

Im Laufe der Jahre habe ich immer wieder von Geschäften von US-Truppen mit dem Feind gehört, sodass ich keine Zweifel mehr daran habe, dass dergleichen stattfindet. Im Kabuler Fernsehen sprechen afghanische Offiziere und Sicherheitsleute offen darüber: US-Truppen beliefern Taliban mit Kriegsmaterial. Dergleichen wird übrigens auch aus Pakistan berichtet. Kanadische Truppen in Südafghanistan beklagen sich darüber, dass sie bereits nach 500 Meter unter Beschuss kommen, sobald sie den Stützpunkt verlassen, während amerikanische Truppen unbehelligt 15 Kilometer weit fahren. Die USA liefern den Taliban Geld und Waffen, damit sie selber nicht bekämpft werden. Mit den Waffen können dann die Kanadier oder die Niederländer beschossen werden.

Vor einigen Jahren gab es Meldungen, dass die Iraner Taliban mit Geld und Waffen versorgten, damit sie gegen die US-Truppen kämpften. Das konnte ich nicht einordnen. Schließlich hassen sich die schiitischen Iraner und die sunnitischen Taliban von Herzen. Doch wenn man berücksichtigte, dass die Bush-Regierung einen großen Luftwaffenstützpunkt in Dasht-e-Bakwa im Westen Afghanistans bauen ließ, reimte sich alles zusammen. Mit dem Stützpunkt wurde die Möglichkeit eines Eingreifens im Iran geschaffen. Ein solches Großvorhaben war in der umkämpften Provinz Farah nur durchführbar, wenn die Amerikaner die Taliban dort

„ruhig stellten". Mit der gleichen Medizin wollten die Iraner die Taliban wieder munter machen.

Für einen Truppenführer ist das Wohlergehen der ihm anvertrauten Soldaten ein hohes Gut. Er hat sie zu schützen, so gut es geht. Das kann durchaus auf Kosten von Kontingenten gehen, die einem anderen Truppenführer unterstehen. Und wenn es sich bei diesen anderen Truppen nur um Alliierte anderer Nationen handelt, ist man beim Schutz der eigenen Leute erst recht nicht wählerisch. Manche Lieferung von Waffen an Taliban mögen Beobachter auch fehlinterpretiert haben. Die Amerikaner halten sich nämlich „eigene Taliban". Das sind Afghanen aus den Aufstandsgebieten, die sich den Amerikanern für einen ordentlichen Sold angeschlossen haben. Sie bilden eigene Kampfeinheiten und sehen so aus wie „richtige" Taliban. Über die Loyalität solcher Hilfstruppen darf man sich Gedanken machen.

Eine weitere Geschichte hatte ich schon früher gehört. Ich hielt sie zwar für zutreffend, wollte sie aber nicht weiterverbreiten, weil sie mir in Deutschland niemand geglaubt hätte. Aber im Oktober 2009 sprach der afghanische Staatspräsident ganz offen im Fernsehen darüber: Man wisse, dass seit fünf Monaten Hubschrauber eines anderen Landes Talibankämpfer von Süd- nach Nordafghanistan transportierten. Das afghanische Parlament richtete eine Anfrage an die Regierung und wollte Näheres wissen. Der Verteidigungsminister schützte Gesichtspunkte der Geheimhaltung vor und ließ sich nichts weiter entlocken. Ich habe dann von Journalisten gehört, die öfter nach Kundus kommen, dass man das bei der Bundeswehr nicht so ernst nähme. In den Hubschraubern säßen US-Special Forces, die sich als Taliban verkleidet hätten. Das ergab kaum Sinn. Welchen Vorteil hätten die US-Soldaten, wenn sie sich verkleideten? Es ist nicht auszuschließen, dass „amerikanische Taliban" in den Hubschraubern saßen, vielleicht zusammen mit einem amerikanischen Berater.

Nach Karzais Auftritt im Fernsehen erzählten viele Afghanen, sie hätten von den Hubschraubertransporten gewusst. Keiner glaubte an die Version, an die man bei der Bundeswehr in Kundus glaubte. Vielmehr seien auch Usbeken und Tschetschenen nach Norden geschafft worden. Die hätten gehofft, über die Grenze nach Usbekistan zu gelangen. Usbekistan war aber auf der Hut und verhinderte jeden Grenzübertritt. Die Usbeken und Tschetschenen hielten sich jetzt irgendwo in Nordafghanistan auf. Es seien aber auch afghanische Taliban aus der Provinz Hilmend nach Kundus gebracht worden, wo sie von Paschtunen aufgenommen wurden. Insgesamt haben sich die US-Truppen auf diese Weise im Süden einige Feinde vom Hals geschafft und den Deutschen im Norden eingeheizt. Für mich ist es nicht möglich, zu entscheiden, was zutrifft. Auf jeden

Fall mussten die Amerikaner die Deutschen darüber informieren, dass sie Transporte durchführten. Sonst hätte die Bundeswehr vielleicht eingegriffen. Und die Amerikaner mussten eine relativ harmlose Begründung für diese Transporte liefern.

Ich halte es übrigens nicht für harmlos, wenn in dem Gebiet, das die Bundeswehr kontrollieren soll, größere Anzahlen von Verbündeten operierten, die sich als Feinde verkleidet haben. Ich halte es auch nicht für harmlos, dass über die Einlassungen des Staatspräsidenten Karzai fast nicht in Deutschland berichtet wurde. Sie waren – so oder so – brisant.

Religionsunterricht

In Kabul hatte das Unterrichtsprogramm von OFARIN inzwischen kleine Fortschritte gemacht. In unseren Klassen unterrichteten wir täglich je eine halbe Stunde Religion, Mathematik sowie Lesen und Schreiben. Der Unterricht in Mathematik und in den Muttersprachen folgte Regeln, die wir entwickelt hatten. In den Religionsunterricht mischten wir uns nicht ein. In den Moscheen kümmerte sich der Imam darum. Lehrer, die in Privaträumen arbeiteten, mussten sehen, wie sie zurechtkamen. Manchmal, allerdings sehr selten, haben sich Eltern beschwert, dass unser Religionsunterricht nicht gut sei. Unsere Mitarbeiter konnten die betroffenen Lehrer beraten, sodass es bald keine Klagen mehr gab.

Uns fiel auf, dass im Religionsunterricht nur wenige Schüler ziemlich zerfledderte Heftchen besaßen. Die Heftchen kamen aus dem Iran. Die meisten Kinder hatten überhaupt nichts Schriftliches für den Religionsunterricht. Es gäbe nicht genug Heftchen, wurde uns erklärt. Daraufhin fragten wir einen befreundeten Mullah, ob er uns für die ersten Klassen Religionsbücher schreiben wolle. Das tat er. Die Bücher legten wir dem Ministerium für Islamische Angelegenheiten vor. Das betraute ein Gremium von 40 Schriftgelehrten mit der Prüfung der Bücher. Es dauerte Monate, bis ein solches Buch geprüft war. Schließlich erhielten wir es mit nur wenigen Änderungswünschen zurück.

Das Buch für Anfänger hilft dem Lehrer lediglich, die Buchstaben des arabischen Alphabets in ihren verschiedenen Formen vorzustellen. Dazu brauchen die Schüler keine Vorkenntnisse.

Das Buch wurde mit großer Begeisterung aufgenommen. Lehrer und Eltern lobten es. Das Ministerium freute sich, dass jetzt Bücher vorliegen, die in Afghanistan geschrieben worden sind. Die weiteren Bücher vermitteln in ihren Texten Glaubensinhalte. Sie setzen voraus, dass die Schüler lesen können.

Neuer Mathematikunterricht

Mitte 2007 hatten wir uns entschlossen, den Mathematikunterricht umzustellen. Wenn dieser die Zahl 19 erreichte, hatten unsere Schüler im Muttersprachenunterricht ordentlich lesen gelernt. Sie verstanden, was sie lasen; und sie lasen gern. Daher wagten wir es, ein Buch über die Zahlen zwischen 20 und 99 sowie ihre Addition und Subtraktion zu schreiben. Dieses Buch nahm dem Lehrer sein Monopol bei der Vermittlung des Stoffes. Unsere über 200 Lehrer waren zu schlecht vorgebildet. Das elementare Kopfrechnen beherrschten sie kaum. Ihre Vorstellungen, wie man unterrichten soll, waren mit den unseren unvereinbar.

Der neue Unterricht, in dem also die Zahlen von 20 bis 99 vorgestellt werden und ihre Addition und Subtraktion geübt wird, sollte sich ganz auf das Buch stützen. Der Lehrer sagt an, welche Aufgabe zu behandeln ist und lässt dann die Schüler alleine arbeiten. Er beobachtet, wie viele seiner Schüler bereits eine Lösung gefunden haben, entscheidet dann, wer die Lösung vorträgt, und sorgt dafür, dass der Lösungsweg verständlich erläutert wird. Notfalls muss er selber eingreifen. Dazu steht ihm ein Lehrerbuch zur Verfügung.

Das Schülerbuch ist also das entscheidende Medium der Wissensvermittlung. Wenn der Schüler die Aufgaben, die er bearbeiten soll, als langweilig empfindet, hängt ihm die Mathematik bald zum Halse raus. In Deutschland wird Schulmathematik als ein endloses Einüben von Lösungsroutinen erfahren. Und da der Schüler die Ansätze und Lösungswege dann doch nicht gründlich genug erlernt, vertut er sich immer wieder mal. So bleibt die Schulmathematik den meisten Schülern als eine Mischung aus Langeweile und Angst in Erinnerung. Findet man eine korrekte Lösung, nimmt man das mit Gleichmut hin. Wenn man dagegen ahnt, dass die eigene Lösung nicht richtig ist, kommt Panik auf. An der Universität hält die Mathematik ganz andere Erlebnisse bereit. Hier muss man als Student jede Woche Übungsaufgaben lösen – aber was für welche! Stunden, ja Tage, quält man sich mit einer Aufgabe herum. Oft muss man sich Begriffe klarmachen, die in der Aufgabe vorkommen und die man noch nicht richtig verstanden hatte. Wenn einem dann, meist plötzlich, die Lösung einfällt, erfasst einen ein Glücksgefühl, das kaum zu überbieten ist. Oft kann man solche Probleme nicht lösen. Aber allein zu erfahren, wie eine Aufgabe gelöst werden kann, an der man lange herumgeknobelt hat, macht Vergnügen, auch wenn man es nicht selber geschafft hat. Nur wirklich knackige Probleme können Schülern Freude an diesem Fach vermitteln. Etwas von der Freude, die die Mathematik geben kann, sollten auch unsere afghanischen Schüler erfahren. Dazu suchten wir nach schwierigen Aufgaben. Wir fanden welche. Wir durchforsteten sogar Rätselbücher. Dadurch gerieten einige knifflige Probleme in das Buch, die nicht genau zum Unterrichtsstoff passen, die aber Spaß machen.

Im Frühjahr 2008 waren Schüler- und Lehrerbuch fertig und wurden ausgeliefert. Die erste Rückmeldung kam aus Logar. Der dort Verantwortliche berichtete begeistert, dass die Schüler sich mit Eifer auf die schwierigen Aufgaben stürzten. Mädchen, die früher einmal unseren Unterricht besucht hatten, baten ihre kleinen Geschwister, ihnen auch das neue Mathematikbuch mitzubringen. Sie wollten auch knobeln. Das war mehr, als wir erhofft hatten. Natürlich berichtete unser Mann von den Glanzpunkten des neuen Unterrichtes. In vielen Klassen dürfte das Buch nicht ganz diesen Erfolg gehabt haben. In Kabul hielt sich der Enthusiasmus in Grenzen. Dass die offene Freude am Lösen von kniffligen Aufgaben bisher nur einige Schüler erfasst hatte, lag daran, dass die neue Art des Unterrichtes zunächst viel Verunsicherung schuf. Vor allem die Lehrer verstanden nicht, dass das, was da stattfand, regulärer Unterricht sein sollte. Die Schüler sagten dagegen übereinstimmend, dass ihnen der neue Unterricht viel besser gefiel als der alte. Sie freuten sich, selbstständig arbeiten zu können. Sie waren glücklich, den Stoff ordentlich in einem Buch bei sich zu haben. Sie gaben an, viel schneller zu verstehen und zu lernen als früher. Die begeisterten Reaktionen in Logar hatten gezeigt, was der Unterricht mit dem Buch zu leisten vermag. Wir hatten einen Schatz ausgegraben. Er musste noch gereinigt und poliert werden, bevor er seine ganze Wirkung entfalten konnte.

Vor allem muss den meisten Lehrern geholfen werden, in ihre neue Rolle hineinzufinden. Eine Lehrerin, die in einer Privatwohnung arbeitete, verlegte ihre Unterrichtszeiten in die Abendstunden, um ungestört von unseren häufigen Besuchen auf die alte Art weiter zu unterrichten. In einer Moschee bearbeitete eine Klasse plötzlich die Addition einstelliger Zahlen und den Zehnerübergang (also etwa: 8 + 5 =). Ich fragte die Lehrerin, warum sie diesen Stoff durchnähme, den ihre Klasse doch längst beherrsche. Sie wolle endlich wieder einmal „richtig unterrichten", gab sie zurück. In solchen Fällen konnten wir mit den Lehrerinnen direkt über ihre Probleme sprechen. Beide gehören seitdem zu den besten. In der Regel wichen die Lehrkräfte nicht so direkt aus. Sie hielten sich tapfer an die neu vorgegebenen Spielregeln. Aber ihre Verunsicherung war offensichtlich und übertrug sich auf die Schüler.

Dennoch! Der Mathematikunterricht hatte einen entscheidenden Fortschritt gemacht. Wie waren wir darauf gestoßen? Wir hatten eingesehen, dass es unmöglich war, unsere gut 200 Lehrkräfte zu ordentlichen Mathematiklehrern fortzubilden. Daher verbot es sich, die Vermittlung der Mathematik allein auf diese Lehrkräfte zu stützen. Glücklicherweise erlernten die Schüler immerhin das Lesen und Schreiben der Muttersprache bei unseren Lehrkräften. So konnten wir ein Lehrbuch zur Hauptstütze des Unterrichtes machen, sobald die Schüler lesen konnten. Bis das der Fall war, musste aber das Rechnen mit den Zahlen bis 19 eingeübt werden. Dazu gehörten die schwierigen Zehnerübergänge. Außerdem wurden einige geometrische Grundbegriffe eingeführt. Für die Vermittlung dieser Inhalte blieb der Lehrer das einzige Medium der Wissensvermittlung – es sei denn, wir wagten eine ganz große Umstellung des Unterrichtes. Wir fassten uns ein Herz und wagten es: Jetzt erhalten Anfänger täglich nicht mehr je eine halbe Stunde Mathematik-, Muttersprachen- und Religionsunterricht. Neben der Religion lernen sie nun täglich eine ganze Stunde ihre Muttersprache lesen und schreiben. Erst wenn sie das erste Lesebuch in der Muttersprache durchgenommen haben, beginnt die Mathematik. Dafür erhalten Schüler und Lehrer dann von Anfang an Bücher.

Den Unterricht in der Muttersprache beobachteten wir jetzt viel genauer. Zuvor hatte das Lesen und Schreiben im Schatten der Probleme gestanden, die wir mit dem Rechnen hatten. Der Sprachunterricht wurde deutlich besser. Wir gehen jetzt davon aus, dass die Schüler etwa ein Jahr benötigen, bis sie das erste Lesebuch durchgearbeitet haben und mit der Mathematik beginnen können. Auch der Religionsunterricht kann von diesem Zeitpunkt an die neuen Religionsbücher nutzen.

Vorschulerziehung

„Kindergärten in Entwicklungsländern sind ein überflüssiger Luxus", hatte eine gelernte Kindergärtnerin aus meiner Heimat behauptet, die zwei Jahre in Mittelamerika gearbeitet hatte. Das schien mir plausibel. Bei uns braucht man Kindergärten. Die Eltern wollen ihren Berufen nachgehen. Und da die meisten Familien nur wenige Kinder haben, ist der Kindergarten notwendig, damit die Kleinen das Sozialverhalten in größeren Gruppen Gleichaltriger einüben können. In Entwicklungsländern ist meist mit der Mutter ein Elternteil zu Hause. Aber die Mutter muss für viele kochen und die Wäsche waschen. Das kostet unter den Bedingungen, unter denen sie arbeitet, sehr viel Zeit. Ihre Kinder sind trotzdem nie allein. Sie werden von den älteren Geschwistern, meist von den Mädchen, betreut. Wenn es keine älteren Geschwister gibt, hat die Mutter eine Schwester, Cousine oder Schwägerin. Dann müssen deren Kinder für das Kleine sorgen.

Mitte 2008 hatte sich Anne Marie von ihren beruflichen Pflichten in der Heimat freigemacht und kam nach Afghanistan. In vielen unserer Klassen saßen Kinder, die für den Unterricht zu klein waren – vier oder fünf Jahre waren sie alt. Meist waren sie mit einer älteren Schwester gekommen. Das größere Mädchen durfte nur zum Unterricht kommen, wenn es dabei für das kleine Geschwisterchen sorgte. In manchen Fällen bestanden Eltern darauf, dass die Kleinen auch am Unterricht teilnahmen. Für eine junge Lehrerin ist es schwierig, solche Wünsche zurückzuweisen. Jedenfalls waren die kleinen Kinder da, und wir mussten mit ihnen etwas anfangen.

Eine großzügige Unterstützung der Staub-Kaiser-Stiftung aus Winterthur/Schweiz gab uns die Möglichkeit, etwas für die Vorschulkinder zu tun. Anne Marie informierte sich in Deutschland über Formen des Vorschulunterrichtes und überlegte, was man davon in Afghanistan durchführen konnte. Im Herbst 2008 stellte sie Mitarbeiter ein und begann dann in einer ersten Klasse den Unterricht. Der Andrang der Kinder war groß. Auf einer Fläche von 18 Quadratmetern saßen 35 Kinder und zwei Lehrkräfte.

Die Kinder lernten Begriffe unterscheiden wie viel und wenig, groß und klein, oben und unten, vor und hinter, rechts und links. Sie konnten bald die Farben bezeichnen. Sie wussten, was Dreiecke, Rechtecke, Quadrate und Kreise sind. Sie lernten die Zahlen bis 9 kennen und schreiben. Sie erlernten Buchstaben und fanden Wörter, die mit dem neu erlernten Buchstaben begannen. Sie zeichneten selber Blumen, Menschen, Häuser oder Autos. Den Meisten waren solche Beschäftigungen bisher unbekannt. Sie hatten zu Hause nie einen Bleistift benutzt. Bei uns gab es sogar Buntstifte. Die durften die Kinder anspitzen. Mit Inbrunst radierten sie Bleistiftstriche weg, die sie gerade gemacht hatten; immer und immer wieder. An ihren Bildern konnte man ihre Entwicklung nachvollziehen. Am Anfang bemalten sie nur einen Teil des Blattes. Die Objekte waren klein und einfarbig. Nach drei Wochen nutzten sie die ganze Fläche, und die Zeichnungen wurden bunt. Die Bilder, die sie malten, sahen dann genau so aus wie die gleichaltriger Kinder in deutschen Kindergärten.

Auch in Afghanistan gibt es Kindergärten. Dort werden Kinder aufbewahrt. Sie müssen still auf einem Platz sitzen und dürfen in keiner Weise aktiv werden. Wenn man so will, ist das genau die richtige Vorschulerziehung für die staatliche afghanische Schule. Dagegen bietet Anne Maries Unterricht offenbar etwas an, das die Kinder dringend nötig haben. Unsere Vorschüler sind meist schon eine Viertelstunde, bevor der Unterricht beginnt, vollzählig anwesend. Wenn die Lehrer schließlich kommen, jubeln die Kinder begeistert. OFARINs Vorschulunterricht entfaltet bei den kleinen Kindern viele Fähigkeiten. Die landesübliche „Betreuung" durch die älteren Geschwister gibt viel zu wenige Anregungen. Die Kinder spüren das offenbar.

Anne Marie hat sich entschlossen, nur solche Kinder in ihre Klassen aufzunehmen, die direkt nach der Vorschulerziehung mit dem normalen Unterricht von OFARIN beginnen, das heißt die Muttersprache und Religion lernen. Deshalb werden zur Vorschulerziehung nur Kinder zugelassen, die kurz vor der Schulreife stehen. Ein wichtiges Kriterium, dies zu erkennen, ist, dass die ersten Milchzähne ausgefallen sind. Das Vorschulprogramm fand bis Mitte 2009 eine feste Form. Die Kinder erlernen den Stoff des Programmes etwa in fünf Monaten.

10. Abschnitt
Pakistan und die Taliban

Wo ist die Strategie für das militärische Vorgehen?

Oft wird beklagt, dass Deutschland kein Konzept für die Auseinandersetzung mit den Taliban in Afghanistan hat. Nach dem 11. September 2001 hatte man den USA seine Solidarität zeigen wollen und war bereit, Truppen zu stellen, um den staatlichen Neuaufbau Afghanistans abzusichern. Zu diesem Zeitpunkt brauchte Deutschland kein Konzept für den Kampf gegen die Taliban. Am Jahresende 2001 gab es keine Talibanbewegung. Die Bundeswehr sicherte zusammen mit den Kontingenten anderer, meist europäischer Länder die Bildung einer provisorischen Regierung, dann die Präsidentschaftswahlen, die Bildung der eigentlichen Regierung und schließlich die Parlamentswahlen ab. Das alles ist gut gelungen – soweit es eine militärische Aufgabe war.

Dass die US-geführten „Enduring-Freedom"-Truppen relativ schnell dafür sorgten, dass eine neue Talibanbewegung entstand, war nicht vorhersehbar. Seitdem es sie wieder gab, war es das Bestreben der deutschen Regierung, die Bundeswehr möglichst aus der Kriegführung der USA herauszuhalten. Die Amerikaner drängten dagegen darauf, dass sich alle Verbündeten ihrer Art der Kriegführung anschlossen. Unter diesen Umständen war es kaum möglich, eine eigene deutsche Strategie zu entwickeln.

Überhaupt ist es fraglich, ob bei einer Gemeinschaftsaktion vieler Staaten jeder eine eigene Strategie verfolgen sollte. Aber offenbar ist nie der Versuch gemacht worden, ein gemeinsames Konzept zu entwerfen. Die Weltgemeinschaft war am 11. September 2001 überrascht worden und hatte nicht viel Zeit, bevor sie das Abenteuer in Afghanistan begann.

Hatte die Führungsmacht, die USA, eine Strategie? Auch die USA wurden überrascht. Die Regierung Bush war im September 2001 noch nicht lange im Amt. Sie hatte noch kein Konzept für den Umgang mit Afghanistan und seiner Talibanregierung entwickelt. Danach widmete man sich Afghanistan notgedrungen, hätte sich aber viel lieber auf den Irak konzentriert. Der nebulöse Auftrag der US-Truppen, der „Kampf gegen den Terror" zeigte, dass man eigentlich nicht wusste, was man mit seinen Soldaten in Afghanistan wollte. Sie hätten führende radikale Bösewichte fangen sollen. Aber sind reguläre Truppen für solche Aufgaben geeignet?

2009 wählten die US-Bürger Barack Obama zum Präsidenten. Hat er eine Strategie für das Vorgehen in Afghanistan entwickelt? Er ließ den Verteidigungsminister der Bush-Regierung im Amt. Die Planung der Militärs sah vor, 30'000 zusätzliche Soldaten nach Afghanistan zu verlegen. Obama behagte das nicht. Er wollte das Afghanistan-Abenteuer zunächst überdenken. Aber das Militär drängte. Vielleicht fürchtete der Präsident, beschuldigt zu werden, er setze seine Soldaten der Gefahr einer Niederlage aus. Jedenfalls gab er nach und genehmigte die Verstärkungen. Kurz darauf verkündete er jedoch, dass 2011 der Abzug der US-Truppen aus Afghanistan beginnen werde.

Diese Abfolge von Entscheidungen zeigt, dass es in den USA auch jetzt keine schlüssige Strategie für Afghanistan gibt. Vielmehr hat Obama den Beginn des Abzugs ganz offensichtlich mit Rücksicht auf die amerikanische Öffentlichkeit verkündet. Für die Kriegführung in Afghanistan ist die Bekanntgabe eines solchen Termins ein böser Fehler. Weitergehende Überlegungen, wie man sich in der Region verhalten muss und was aus Pakistan mit seiner Bombe werden soll, haben noch zu keinem Konzept geführt.

Wer ist der Feind?

Eine militärische Strategie muss den Gegner berücksichtigen. Von ihm muss man möglichst alles kennen – seine Motive, seine Ängste, seine Stärken und Schwächen. Was weiß man über die Taliban? Die US-Militärs haben uns belehrt, dass die afghanischen Taliban aus Lehmmoscheen im Grenzgebiet von Pakistan und Afghanistan kommen. Dort könnten sie beliebig viele Kämpfer rekrutieren. Dort seien auch ihre „Rückzugsgebiete". Das ist blühender Unsinn. Das US-Militär hat sich seit 2001 keine Mühe gemacht, seinen Gegner zu verstehen. Man glaubte, sich das ersparen zu können. Schließlich weiß man, wie man Krieg zu führen hat. Man ist reichlich mit Waffen und Gerät ausgestattet. Wenn man gelernt hat, wie man einen Feind erledigt, braucht man keine Gedanken darauf zu verschwenden, warum dieser zur Waffe gegriffen hat. Die Arbeitshypothese, dass die Taliban irgendwo im Grenzgebiet zahlreich und hoch fanatisiert gewissermaßen aus der Hölle kriechen, nimmt ihnen jedes menschliche Maß. Auf solche Feinde kann und muss man draufhauen. Die US-Soldaten bezeichnen die Taliban gern als „Al Qaidas".

Auch in Deutschland macht sich niemand klar, wer die Taliban sind. Man lässt sich von einer obskuren Sicherheitsfirma vorrechnen, dass es dieses Jahr bereits so und so viele „sicherheitsrelevante Vorfälle" gegeben habe, im Jahr davor aber nur so viele. Man zählt die gefallenen NATO-Soldaten. Die Taliban werden an ihren Wirkungen gemessen. Wer sie wirklich sind, bleibt unbekannt. Dadurch erscheinen sie rätselhaft und bedrohlich.

Politiker erklären sich bereit, „mit den Taliban zu sprechen". Das ist reiner Populismus. Er belegt die Ahnungslosigkeit desjenigen, der solche Bereitschaft bekundet.

Wenn man Afghanistan und möglichst auch noch Pakistan dauerhaft stabilisieren will, muss man wesentlich genauer wissen, wer die Taliban und die anderen relevanten Kräfte der Region sind und was sie anstreben. Wenn man davon etwas verstehen will, muss man sich die Mühe machen, in die Geschichte der Region einzutauchen.

Pakistan und Afghanistan

Gegen Ende des 18. Jahrhunderts war Afghanistan eine regionale Großmacht. Dann brachten die Briten Indien unter ihre Kontrolle. Afghanistan verlor im 19. Jahrhundert große Gebiete im heutigen Pakistan an die Sikhs, die mit den Briten verbündet waren. Die Hälfte der paschtunischen Bevölkerung kam schließlich unter britische Herrschaft. Afghanistan wurde gezwungen, diese Verluste hinzunehmen. Als die Briten aber 1948 ihre indischen Kolonien aufgaben und Indien und Pakistan entstanden, erkannte Afghanistan die Grenze zu Pakistan nicht an und förderte separatistische Bestrebungen der pakistanischen Paschtunen. Tatsächlich wünschten sich viele pakistanische Paschtunen die Vereinigung mit ihren afghanischen Brüdern und die Trennung von Pakistan. Die Sowjetunion unterstützte diese Tendenzen. Politisch manifestierten sich diese in einer Partei mit kommunistischer Ausrichtung, die gegen die westlich orientierte pakistanische Regierung opponierte. Allerdings machten die pakistanischen Paschtunen klar, dass sie in dem zu bildenden Land die Vormacht sein müssten, weil sie hinsichtlich ihrer Ausbildung und der politischen Kultur den Afghanen überlegen seien.

Der Hauptfeind Pakistans war Indien. Bei der Teilung Britisch-Indiens war Kaschmir größtenteils an Indien gefallen, obwohl fast alle Kaschmiris Moslems waren. Pakistan führte mehrfach vergebens Krieg gegen Indien, um Kaschmir zu gewinnen. Außerdem förderte Pakistan in Kaschmir einen terroristischen Widerstand gegen Indien. Pakistan musste befürchten, von den Indern erobert zu werden. Angesichts der Geografie Pakistans wäre es für indische Truppen möglich, durch Pakistan durchzustoßen und so einen möglichen Krieg zu gewinnen. Daher spielte das Militär Pakistans mit dem Gedanken, Afghanistan unter pakistanische Kontrolle zu bringen. Das hätte es den pakistanischen Truppen ermöglicht, im Falle eines indischen Angriffs auf afghanisches Gebiet auszuweichen, um von dort aus einen Gegenschlag zu führen. Afghanistan hätte Pakistan „strategische Tiefe" geben können. Noch brisanter wurde das Verhältnis zwischen Indien und Pakistan dadurch, dass zunächst Indien und dann auch Pakistan erfolgreich Atombomben entwickelten.

Die Machtergreifung der Kommunisten in Afghanistan im April 1978 und dann der Einmarsch der Sowjetunion Ende 1979 schufen für Pakistan eine gefährliche Bedrohung. Die paschtunischen Separatisten sahen sich ihrem Ziel nahe. Pakistan fürchtete darüber hinaus, dass die Sowjetunion eine Landverbindung an den indischen Ozean unter ihre Kontrolle bringen wolle. Die brutale Herrschaft der Kommunisten in Afghanistan trieb Millionen von Afghanen als Flüchtlinge nach Pakistan. In Afghanistan formierte sich militärischer Widerstand gegen die Kommunisten. Pakistan beeilte sich, diesen Widerstand zu unterstützen.

Dabei wurde es vom Westen, aber auch von arabischen Ländern und von China unterstützt. Humanitäre Hilfe und Waffen gingen an die afghanischen Flüchtlinge und an die afghanischen Widerstandskämpfer, die sich Mudschaheddin nannten. Da diese Transaktionen auf pakistanischem Staatsgebiet stattfanden, brachte Pakistan sie unter seine Kontrolle. Es übernahm die Verteilung der Güter, insbesondere der Waffen. Pakistanische Offiziere bildeten Afghanen an schweren Infanteriewaffen aus. Die USA überließen den Pakistanern schon aus Kostengründen diese Aufgaben. Sie unterstützten dafür das pakistanische Militär und den Geheimdienst ISI großzügig mit Geld und Material. Auch die humanitäre Hilfe der USA für die afghanischen Flüchtlinge floss weitgehend durch pakistanische Kanäle. Ein hoher Mitarbeiter der amerikanischen staatlichen Entwicklungshilfeorganisation US-AID schilderte das so: „Wir haben ein riesiges Lager in Islamabad. Wir wissen, was da reingeliefert wird. Aber wohin diese Lieferungen dann weiter fließen, wissen nur die Pakistaner."

Pakistan machte sich durch die Verteilung des Waffensegens die Führer des afghanischen Widerstandes gefügig. Sie mussten ihre Basen in Peschawar aufschlagen. Pakistan ersehnte den Erfolg der Mudschaheddin. Aber eine einheitliche Führung der Afghanen wäre für Pakistan selbst bedrohlich geworden. Es erkannte sieben afghanische Widerstandsorganisationen an und sorgte dafür, dass diese sich nicht allzu einig wurden. Weitere Organisationen wurden nicht anerkannt und erhielten keine Waffen. Allerdings gab es in Afghanistan noch einige andere Widerstandsparteien, vor allem schiitische, die vom Iran gefördert wurden. Die Pakistaner favorisierten unter den Mudschaheddin-Gruppierungen die Hisb-e-Islamie des Gulbuddin Hekmatyar. Diese Partei erhielt über die Hälfte des Waffensegens. Hekmatyar hatte von Anfang an seine Alleinherrschaft über Afghanistan im Auge. Er bekämpfte die konkurrierenden Mudschaheddin mehr als die Kommunisten und isolierte seine Hisb-e-Islamie auf diese Art vom Rest des Widerstands.

1989 begannen die Sowjets ihre Truppen aus Afghanistan abzuziehen. Im Frühjahr 1992 gaben die afghanischen Kommunisten auf. Die

Mudschaheddin-Parteien zogen siegreich in Kabul ein. Mit dem Wiederaufbau eines Staatswesens waren sie vollkommen überfordert. Ihre Krieger wollten Beute machen. Ihre Anführer wollten die alleinige Macht. Ein brutaler Bürgerkrieg brach in der Hauptstadt Kabul aus.

Die islamistische Mission

In Pakistan herrschte von 1977 bis 1988 der Militärdiktator Zia ul Haq. Er war ein strammer Moslem und suchte, auch wegen des Krieges in Afghanistan, die Zusammenarbeit mit Saudi-Arabien. Er förderte die Islamisierung Pakistans durch saudische Missionare. Überall entstanden Zentren für Islamic Studies. Die Araber predigten einen puristischen Islam. Sie richteten sich gegen „verderbliche Einflüsse" wie Filme, Schlager, leicht bekleidete Frauen im Fernsehen und gegen Alkohol. Auch Feste, die keinen islamischen Ursprung hatten, sollten verboten werden. Besonders feindselig richteten sich die Missionare gegen Schiiten, die in Pakistan eine bedeutende Minderheit bilden. Als Rechtssystem ließen sie nur die Scharia gelten.

Diese Mission erreichte einen großen Teil der Bevölkerung. Sie fand besonders bei den Menschen auf dem Land Resonanz. Sie profitierte von der Unzufriedenheit des Volkes über den Staat und seine Organe. Die von den Briten übernommene Rechts- und Verwaltungsordnung funktionierte in Pakistan kaum noch. Korruption lähmte die Verwaltung. Gerichte brauchten Jahre, um die einfachsten Prozesse zu erledigen. Das Scharia-Recht versprach dagegen kurze, schnelle Prozesse. Die Ideen, die die Mission der Araber ins Land getragen hatten, führten zur Gründung islamistisch ausgerichteter Parteien.

Gläubige Araber, vor allem aus Saudi-Arabien, aber auch aus anderen Ländern, wollten am Widerstandskampf der Mudschaheddin teilnehmen. Pakistan war bereit, diese Freiwilligen nach Afghanistan zu lassen. Die USA versuchten das zunächst zu verhindern, willigten aber schließlich ein. Für den Verlauf des Krieges gegen die Kommunisten dürften diese Araber unbedeutend gewesen zu sein. Allerdings war deren Gemeinschaftserlebnis in Afghanistan folgenreich. Die Freiwilligen machten sich gemeinsam Gedanken über ihre Religion in den Heimatländern. Sie sahen, dass dort vieles nicht der reinen Lehre entsprach. Sie machten den Westen für vieles verantwortlich, das den hehren Glauben der Moslems verschmutzt hatte. Sie verließen Afghanistan mit der Absicht, gegen die verdorbenen Führungen ihrer Länder und die bösen Einflüsse des Westens zu kämpfen.

Auf die Afghanen hatte die arabische Mission wenig Einfluss. Eine der sieben Widerstandsorganisationen, die Etehad des Prof. Sayyaf, wurde von Saudi-Arabien finanziert. Sie hatte einige Basen in der Provinz Kunar. Dort versuchten Araber mit geringem Erfolg, die Einheimischen zur wahabitischen Form des Islam zu bekehren, die in Saudi-Arabien vorherrscht. Die zahlenmäßig stärkste Mudschaheddin-Organisation, Harakat-e-Enqelab-e-Islamie, erlaubte in den Flüchtlingslagern, die sie beherrschte, die Missionstätigkeit der Araber und ihrer pakistanischen Anhänger.

Die alte Talibanbewegung

1994 tauchte plötzlich eine neue Partei in Afghanistan auf, die mit den anderen um die Macht stritt. Sie nannte sich Talibanbewegung. Das nominelle Oberhaupt war der Kommandant Mullah Omar, der im Raum Kandahar eine Gruppe führte, die energisch gegen besonders korrupte Warlords vorging und sich dadurch Achtung und Anerkennung erworben hatte. Der Name „Taliban" wurde gewählt, weil sich der Kampfgruppe des Mullah Omar viele Koranschüler anschlossen. Diese hatten in den Moscheen pakistanischer Flüchtlingslager, die der Haraqat-e-Enqelab-e-Islamie unterstanden, an religiösen Unterweisungen teilgenommen. Viele von ihnen waren Waisenjungen. Als Koranschüler erhielten sie eine bescheidene Unterkunft und Verpflegung. Ihre Ausbildung bestand darin, dass ihnen Pakistaner oder Araber einige religiöse Wahrheiten eintrichterten. Ansonsten blieben sie Analphabeten.

Die Bewegung erstarkte schnell, eroberte 1996 Kabul und brachte bis auf Gebiete im Nordosten ganz Afghanistan unter ihre Herrschaft. Es besteht kein Zweifel daran, dass die Taliban sehr von Saudi-Arabien und vor allem von Pakistan gefördert wurden. Diese Länder sorgten auch für einen Zustrom von Hilfstruppen aus islamischen Ländern.

Pakistan hatte mehrere Gründe, Afghanistan mit Hilfe der Taliban zu seinem Protektorat zu machen. Neben der „strategischen Tiefe" für eine Auseinandersetzung mit Indien wünschten sich die pakistanischen Paschtunen, die im Militär überproportional stark vertreten sind, mit ihren afghanischen Brüdern wiedervereinigt zu sein. Auch musste Pakistan unter diesen Umständen keine territorialen Ansprüche Afghanistans fürchten. Pakistan konnte sogar an einer langfristigen Schwächung des Nachbarlandes arbeiten. Es ließ in Afghanistan die wenigen technischen Einrichtungen demontieren und dezimierte das Bildungssystem.

Schließlich strebte Pakistan in Afghanistan Ruhe und Sicherheit an. Pakistan wollte die Transitwege durch Afghanistan nutzen, um wirtschaftliche Verbindungen zu den ehemaligen Sowjetrepubliken in Mittelasien aufzubauen. In dieser Zeit gab es Pläne, eine Ölleitung von Turkmenistan durch den Westen Afghanistans und Pakistans an den indischen Ozean zu bauen. Damit hätte man die Ölvorräte Turkmenistans und Kasachstans am Iran und an Russland vorbei für Südasien und den Westen erschließen können. Insbesondere die USA waren an einer solchen Pipeline interessiert. Sie hatten daher anfangs Sympathien für die Taliban. Ernsthaft unterstützt haben sie sicher die Harakat-e-Enqelab-e-Islamie, solange diese gegen die Kommunisten kämpfte. Aber das geschah indirekt über Pakistan. Die Taliban selbst haben die USA meiner Einschätzung nach nicht unterstützt. Auch die anfängliche Sympathie verflog schnell, als die Herrschaftsmethoden der Taliban bekannt wurden. Die zweite Regierung Clinton distanzierte sich seit 1997 klar von den Taliban.

Der pakistanische Geheimdienst ISI

Die Durchführung der Politik Pakistans in Afghanistan oblag dem pakistanischen Militär und seinem Geheimdienst ISI (Inter-Services Intelligence). Der ISI wurde seit dem Krieg der Afghanen gegen die Kommunisten stark von den USA gefördert. Die Amerikaner gingen davon aus, dass die Partnerschaft zwischen CIA und ISI eine „Freundschaft fürs Leben" sei. Sie verliessen sich auf den ISI.

Nach dem Tod des Diktators Zia ul Haq wurden Benazir Bhutto und später Nawas Scharif zu pakistanischen Ministerpräsidenten gewählt. Sie kamen an die Regierung, aber nicht an die Macht. In die Geschäfte von Militär und Geheimdienst mischten sie sich nicht ein. Sonst hätten sie gar nicht erst die Regierung übernehmen dürfen. In den ihnen verbleibenden Geschäftsbereichen waren sie korrupt und ineffizient. Sie wurden vom Militär nach Belieben immer wieder einmal abgesetzt. Hinsichtlich der Abenteuer des ISI in Afghanistan hatten sie nur die Aufgabe, gegenüber dem Ausland die Unterstützung der Taliban durch Pakistan abzustreiten. Es war schon damals sinnlos, die pakistanische Regierung unter Druck zu setzen, um die Einmischung ihres Landes in Afghanistan zu unterbinden. Militär und Geheimdienst führten nicht nur die pakistanische Politik gegenüber Afghanistan aus. Sie gestalteten sie auch.

Bis 1995 hatten Teile des ISI Gulbuddin Hekmatyar gefördert. Als sich abzeichnete, dass dieser sich nicht gegen die anderen Parteien durchsetzen und in Afghanistan die Macht übernehmen konnte, wechselte der Geheimdienst entschlossen das Pferd. Die Talibanbewegung wurde der afghanische Juniorpartner des ISI. Die Geheimdienstler, die bisher Hekmatyar favorisiert hatten, fügten sich loyal in den Richtungswechsel.

An der Unterstützung der Taliban beteiligten sich auch die dank der arabischen Missionierung entstandenen pakistanischen islamistischen Parteien. Sie rekrutierten Freiwillige in Pakistan, die dann in Afghanistan für die Taliban kämpften. Sie schwärmten vor der pakistanischen Bevölkerung von den paradiesischen Zuständen in der neu aufgebauten islamischen Gesellschaft Afghanistans. Diese Parteien fanden besonders in den nach Unabhängigkeit strebenden westlichen Provinzen Pakistans Zulauf. Die kommunistisch ausgerichteten Parteien, mit denen man sich während des Kalten Krieges von der Zentralregierung distanzieren konnte, hatten jede Anziehungskraft verloren. Jetzt richtete man sich gegen Islamabad, indem man islamistische Positionen vertrat und zum Beispiel die Einführung des Scharia-Rechts forderte sowie die Beschneidung der Rechte religiöser Minderheiten, insbesondere auch der Schiiten.

Der ISI und die neue Talibanbewegung in Afghanistan

2001 wurden die afghanischen Taliban durch die US-Luftwaffe gestürzt. Während der Westen versuchte, mit viel Geld, aber vollkommen unzulänglichen Methoden, einen staatlichen Neuaufbau einzuleiten, trieben die US-Truppen die Menschen in den Siedlungsgebieten der Paschtunen in den Aufstand. Das war die Chance für den ISI und auch für arabische Islamisten, eine afghanische Talibanbewegung wieder zu beleben. Die Afghanen, deren Familien von US-Special Forces heimgesucht worden waren und auf Rache sannen, wurden mit Waffen versorgt. Schnell erstarkte die neue Talibanbewegung in den Siedlungsgebieten der Paschtunen, die unter den US-Freiheitskämpfern litten. Auch ehemalige Talibankrieger, denen die Kabuler Regierung keine beruflichen Perspektiven bot, schlossen sich den neuen Taliban an.

Die Masse der „neuen Taliban" besteht also aus der afghanischen Landbevölkerung, die sich in ihrer engeren Heimat bewegt. Es wurde schon darauf hingewiesen, dass es für die Taliban heikel ist, ortsfremde Truppen in Afghanistan zu stationieren. Die Einheimischen haben Probleme, diese Truppen zu dulden, auch wenn es Waffenbrüder sind. Fremde sind Feinde oder Gäste. Gäste haben Anspruch auf Unterbringung und Verpflegung. Die Gastgeber können solche Leistungen nicht in beliebigem Maße erbringen. Gäste müssen sich aber den Gastgebern unterordnen. Sonst müssten die Gastgeber befürchten, dass die Gäste sie vom eigenen Grund und Boden vertreiben. Entsprechend ist es für afghanische Taliban kaum möglich, sich in großer Zahl und länger bei islamistischen Kameraden im Grenzgebiet von Afghanistan und Pakistan aufzuhalten. Die Rückzugsgebiete der afghanischen Taliban sind die Berge ihrer näheren Heimat.

Dennoch trifft es zu, dass die Talibanführung Kontingente von Kriegern aus Pakistan nach Afghanistan verlegte. Diese bildeten meist

Stützpunkte in entlegenen Bergregionen und wurden von der einheimischen Bevölkerung mit Misstrauen beobachtet – auch von den lokalen Taliban. Unter diesen Fremdkriegern befanden sich auch die Usbeken und Tschetschenen. Aufgrund der Lage in Pakistan sind die pakistanischen Gastkrieger größtenteils in die Heimat zurückgekehrt. Insgesamt waren die ortsfremden Kontingente aber nie bedeutend.

Die lokalen afghanischen Taliban sind in einem traditionsgebundenen Islam aufgewachsen. Ihr Islam ist eingebettet in lokale Sitten und Riten. Ein Teil der Taliban lehnt aus historischen Erfahrungen heraus Schulbildung ab. Die afghanischen Taliban kämpfen auch, um ihre traditionellen Wertvorstellungen zu behaupten. Durch die Kabuler Regierung und ihre Förderer aus dem Westen sehen sie ihre kulturelle Identität bedroht. Und schließlich fördern die afghanischen Stammestraditionen ein kriegerisches Verhalten.

Die afghanischen Paschtunen, die sich den Taliban angeschlossen haben, sind keine Islamisten wie die Attentäter vom 11. September 2001 oder wie Staatsbürger westlicher Länder, die nach Afghanistan reisen, um sich hier die islamistischen Weihen zu holen. Militante Islamisten führen den Dschehad. Den verstehen sie als einen Krieg um die Weltherrschaft. Afghanistan brauchen sie als Basis. Sonst ist ihnen dieses Land egal. Sie sind Internationalisten. Ihr Islam ist entwurzelt. Lokale oder regionale kulturelle Traditionen lehnen sie ab.

Die afghanischen Taliban haben ein Interesse daran, dass der Krieg nicht derart eskaliert, dass das eigene Haus zerstört wird. Sie bewirtschaften Felder und müssen ihre Ernte einbringen und eventuell auch vermarkten. Sie sind glücklich, wenn es in der Nähe noch eine einigermaßen funktionierende Krankenstation gibt, zu der sie nötigenfalls kranke Kinder oder die alte Mutter bringen können. Die Herren vom ISI haben anderer Prioritäten. Sie möchten möglichst viel Unruhe und Krieg.

Trotz allem brauchen sich Islamisten und afghanische Taliban. Die Islamisten brauchen Basen, wohin sie sich zurückziehen können, um neue Pläne zu schmieden. Die afghanischen Taliban brauchen Waffen und Geld.

Wenn man jetzt versuchte, „mit den Taliban zu reden", könnte man nicht isoliert mit Afghanen verhandeln. Pakistaner und auch Araber säßen immer mit dabei, wenn auch nicht immer physisch. Ohne die Zustimmung des ISI könnte man mit afghanischen Taliban keine bindende Abmachung erzielen. Gemäß der Interessenlage dieser ausländischen Drahtzieher sind keine Abmachungen denkbar, die auf Deeskalation und Befriedung aus sind. Im Übrigen hat es bisher durchaus schon Versuche gegeben, „mit den Taliban zu reden". Nur es gab nie konkrete Ergebnisse.

Die Selbstmordindustrie

Die Afghanen, die nicht zum Volk der Paschtunen gehörten, hatten kein Interesse daran, noch einmal von den Taliban beherrscht zu werden. So blieb es in den anderen Landesteilen zunächst ruhig. Dann wurde die Selbstmordindustrie nach Afghanistan gebracht. In den ersten Jahren waren die Selbstmordattentäter fast nur Ausländer – Pakistaner, Bangladeschi, Araber. Was bringt einen Pakistaner dazu, nach Afghanistan zu reisen, um sich dort so umzubringen, dass möglichst viele Mitmenschen dabei umkommen? Sicher eine ziemlich trostlose persönliche Lage. Aber dafür allein reist niemand nach Afghanistan. Nein, die Familien der Selbstmordattentäter erhalten eine ordentliche Prämie. Außerdem ist ein erfolgreicher Selbstmordanschlag nur möglich, wenn er gut vorbereitet wird. Man braucht dazu Organisationstalent und Geld. Über beides verfügt ein Geheimdienst.

Später ließen sich auch Afghanen für solche Attentate gewinnen. Dabei handelte es sich meist um Flüchtlinge, die in Pakistan lebten, oder um Paschtunen aus dem Süden und Osten. Viele Selbstmörder waren weiterhin Ausländer. Sie wurden aber mit Papieren ausgestattet, die eine afghanische Staatsbürgerschaft vortäuschten.

Im Jahre 2009 gab es zwei schwere Selbstmordanschläge auf dem Anwesen der indischen Botschaft. Insgesamt dürften dabei etwa Hundert Menschen umgekommen sein, vor allem Afghanen, die ein indisches Visum beantragten. Was haben afghanische Taliban gegen Indien? Indien hat kein Militär nach Afghanistan entsandt. Die Zusammenhänge erschließen sich sofort, wenn man die Beziehungen des ISI zu den afghanischen Taliban einerseits und zu Indien andrerseits berücksichtigt.

Solche Anschläge ließen sich auch in Kabul und in Nordafghanistan plazieren, wo es sonst keinen Aufstand gab. Dadurch entstand der Eindruck, dass sich ganz Afghanistan im Aufruhr befinde, was nicht der Fall war. Ganz ruhig blieb es im Hasaradschat. Das Volk der Hasara, das dort lebt, hat deutlich ostasiatische Gesichtszüge. Unter den Hasaras wären Paschtunen aus dem Süden, Pakistani oder Bangladeschi aufgefallen und hätten Verdacht erregt. Man versuchte daher gar nicht erst, im Hasaradschat Selbstmordanschläge durchzuführen.

Afghanische Taliban und ISI – eine ewige Liebe?

Seit den Zeiten der alten Taliban bedient sich der ISI nicht nur neuerer Terrormethoden. Der ganze ISI hat sich gewandelt. Das ist meine persönliche Einschätzung und die vieler afghanischer Freunde. Allerdings bin ich kein Geheimdienstfachmann. Seit dem Tode Zia ul Haqs gab es niemanden mehr, dem der ISI rechenschaftspflichtig war. Wer aber führt einen Geheimdienst, wenn niemand von außen festlegt, wer das letzte Wort hat? Auf die Dauer hatten dort diejenigen das Sagen, die sich intern durchsetzten. Wenn jemand im ISI „nach oben" wollte, brauchte er Seilschaften, die ihn unterstützten. Dadurch entstanden immer mehr interne Abhängigkeiten. Es wurde unmöglich, den ISI nach den Prinzipien von Befehl und Gehorsam zu führen. Immer mehr Einzelteile dieser Organisation taten, was sie wollten.

Diese Führungsschwäche des ISI spiegelt sich in der Uneinheitlichkeit der neuen Talibanbewegung in Afghanistan wieder. Verschiedene Seilschaften des ISI haben ihre eigenen Favoriten, die alle einmal Führer der afghanischen Talibanbewegung werden sollen. Neben Mullah Omar, dem Oberhaupt der alten Talibanbewegung, gibt es zum Beispiel Jalaluddin Haqqani, der bereits in den Zeiten des Widerstandes gegen die Kommunisten ein Kostgänger des ISI war, damals allerdings ein nur regional bedeutender. Inzwischen führt ein Sohn des Jalaluddin Haqqani das Erbe des Vaters. Es gibt und gab einige jüngere Kommandanten, die als kommende Führer aufgebaut wurden, so auch Mullah Daudullah. Er musste nach dem Willen des ISI einen besonders grausamen Häuptling abgeben. Er ließ gefangenen Gegnern vor laufender Kamera die Kehle durchschneiden und stellte solche Heldentaten ins Internet. Inzwischen ist er gefallen. Selbst Hekmatyar ist noch einmal recycelt worden. Schließlich verfügte er in Afghanistan über eine gewisse Anhängerschaft, auf die einige beim ISI nicht verzichten wollten. Aber es ist ein frommer Wunsch des ISI geblieben, dass andere Taliban mit Leuten von Hekmatyar zusammenarbeiten. Mit ihnen waren sie schon während des Krieges gegen die Kommunisten verfeindet.

Diese Zerrissenheit der Taliban ist ein weiterer Grund dafür, dass „Gespräche mit den Taliban" keinen Erfolg haben können. Die Taliban und auch ihre Drahtzieher haben keinen Sprecher.

Die anarchische Organisationsform der neuen Taliban ähnelt der Mudschaheddin-Szene während des Krieges gegen die Kommunisten. Als die Kommunisten im Frühjahr 1992 aufgaben, fielen die konkurrierenden Fraktionen übereinander her und kämpften in einem blutigen Bürgerkrieg um die Macht. Bei einem – hoffentlich hypothetischen – Sieg der neuen Taliban ist genau das Gleiche zu befürchten. Neben den verschiedenen Fraktionen der Taliban gibt es ja noch die anderen Völker Afghanistans, die sich gegen eine erneute Herrschaft der Taliban wehren würden.

Die Zustände in den von den Taliban dominierten Gebieten sind für die betroffene Bevölkerung enttäuschend. Die alte Talibanbewegung sorgte konsequent für die öffentliche Sicherheit und gewann vor allem dadurch Rückhalt bei der Bevölkerung. Die heutigen Taliban können keine Ordnung mehr etablieren. Sie sind untereinander verfeindet. Manchmal kommt es sogar zu Kämpfen zwischen ihnen. In den Aufstandsgebieten treiben Diebesbanden ihr Unwesen, die sich auch meist „Taliban" nennen. Aber die „echten Taliban" trauen sich nicht, gegen sie vorzugehen. Die Diebe könnten sonst von einer anderen Talibanfraktion Hilfe bekommen und man wäre selbst geschwächt. Manchmal mag es schwierig sein, die Talibankrieger mit dem nötigen Material zu versorgen. Schließlich hat jede Gruppierung ihre eigene Logistik. Wenn es einmal an Fahrzeugen oder Lebensmitteln fehlt, sind die Taliban nicht zimperlich, sich das, was sie brauchen, von der Bevölkerung zu nehmen. Die Menschen sagen inzwischen: „Das sind auch nur Diebe wie alle anderen."

Vollkommen uneinheitlich ist die Haltung der Taliban zur schulischen Bildung, insbesondere von Mädchen. Ein Anhänger der Taliban berichtete, man habe sich bei der Führung in Peschawar erkundigt. Die Taliban hätten nichts gegen Schulen und Lernen. Schulen dürften nirgendwo behindert werden. „Selbst der Erziehungsminister der Kabuler Regierung ist nicht unser Feind." Gleichzeitig brennen Taliban Schulgebäude nieder und schütten Mädchen, die aus der Schule kommen, Säure ins Gesicht. In Kabul verübte 2009 ein Talibantrupp einen bewaffneten Überfall auf das Kabuler Erziehungsministerium. Unser Gewährsmann hatte sich bei der „Führung in Peschawar" informiert. Es gibt aber auch Talibanführungen in Quetta/Pakistan.

Manche Talibangruppen statten Männer, die sich ihnen anschließen, nicht nur mit Waffen aus. Sie erhalten zusätzlich Kleidungsstücke und ein Leichtmotorrad. Das ist für junge Burschen ein Köder. Ältere Männer, die in ihrem Leben schon viel Krieg erlebt haben, schließen sich den Taliban kaum noch an.

In der letzten Zeit scheinen die Taliban ihre Herrschaft in ihren Gebieten immer mehr durch Terror zu sichern. Sie verhaften Menschen, denen sie Kooperation mit der Kabuler Regierung oder mit westlichen Ausländern vorwerfen, und erschießen sie. Manchmal werden die Leichen an einen Baum gebunden und ihnen wird ein Schild umgehängt, auf dem davor gewarnt wird, den Toten in den nächsten drei Tagen zu beerdigen. Das ist eine bösartige Brutalität, denn nach traditionellem Glauben muss ein Mensch in den 24 Stunden nach seinem Tod bestattet werden, um nicht der Verdammnis anheimzufallen. Die Angst davor, abgeholt und umgebracht zu werden, ist groß. Sie verhindert, dass sich über Stammesstrukturen ein Widerstand gegen die Taliban entfalten kann. Letztlich ist dieser Terror ein Zeichen dafür, dass die Taliban nur noch wenig emotionalen

Rückhalt bei der Bevölkerung haben. Die paschtunische Bevölkerung in den Aufstandsgebieten erkennt, dass die derzeitige Talibanbewegung keine attraktiven Perspektiven bietet. Sie sorgt nicht für Sicherheit und Ordnung. Man kann sich auf keine ihrer Zusagen verlassen. Und die Steuerung durch das verhasste Pakistan ist allzu offensichtlich. Die jetzigen Taliban sind auch nur ein Übel. Können sie ihre Position durch zunehmenden Terror ausbauen? Oder ist diese Brutalität ein Zeichen des Niedergangs?

Die pakistanischen Taliban

In den beiden westlichen der vier Provinzen Pakistans haben bei Wahlen radikale islamistische Parteien einen sehr starken Einfluss gewonnen. Die Anhänger dieser Parteien vertreten ihre Forderungen gegen die Zentralregierung sehr forsch. Im Grenzgebiet zu Afghanistan versuchten die US-Truppen zeitweise, die Grenze abzuriegeln. Sie verlangten von der pakistanischen Armee, dass sie Radikale bekämpfe, die die afghanischen Taliban unterstützten. US-Truppen beschossen von Afghanistan aus vermeintliche und tatsächliche Unterkünfte solcher Radikalen in Pakistan. Das heizte den Zorn noch weiter an.

Die Radikalen verübten Anschläge auf Hotels, Militär- und Polizeieinrichtungen und zunehmend auch auf Ansammlungen harmloser Mitbürger, etwa in Basarstraßen von Peschawar. Schließlich brachten radikale Islamisten einige Bezirke von NWFP mit Gewalt unter ihre Kontrolle und errichteten dort ein Regime nach ihren Vorstellungen. Solche radikalen pakistanischen Islamisten nennen sich ebenfalls Taliban.

Die pakistanischen Taliban übertreffen in ihrer Radikalität, ja Brutalität, die alten afghanischen Taliban bei Weitem. Wo sie an der Macht sind, herrscht bei der Bevölkerung blankes Entsetzen. Die pakistanische Regierung zögerte lange, bevor sie sich entschloss, militärisch gegen diese Taliban vorzugehen. Ob die pakistanische Armee tatsächlich den Taliban das Handwerk legen kann, muss sich noch zeigen.

Die pakistanischen Taliban haben wenig mit den afghanischen Taliban gemein. Ihre Ziele und Motivationen sind verschieden. Auch der ISI und die Armee haben verschiedene Haltungen zu den beiden Talibanbewegungen. Während der ISI die afghanischen Taliban unterstützt, um sich ihrer zu bedienen, sollen ISI und Armee die pakistanischen Taliban bekämpfen.

Ob sie das auf die Dauer tun werden, ist die große Frage. Denn natürlich sind Armee und ISI selbst auch islamistisch infiziert. Die pakistanische Regierung kann sich nicht sicher sein, dass ihre Soldaten die pakistanischen Taliban bekämpfen oder ob sie nicht eines Tages zu den

Radikalen überlaufen. Die Nachrichten, die über die Zustände in den pakistanischen Talibanbezirken an die Öffentlichkeit drangen, scheinen viele pakistanische Bürger wachgerüttelt zu haben. Man hat erkannt, dass der Staat bedroht ist. Soviel man an diesem auch auszusetzen hat, gegen ein Talibanregime möchte man ihn doch nicht eintauschen. Aber wie viel Pakistaner im Zweifelsfall bereit sind, ihr Staatswesen zu verteidigen, ist fraglich.

Auch die USA haben jetzt verstanden, dass der ISI kein zuverlässiger Partner ist. Sie finden sich in einer sehr gefährlichen Zwickmühle wieder. Bei der CIA gibt man jetzt offen zu, dass man nicht weiß, wie stark der ISI und auch die pakistanische Armee bereits von Islamisten zersetzt sind. Die CIA hat den ISI seit dem Krieg gegen die Kommunisten in Afghanistan mit immer höheren Zuwendungen unterstützt. Es gibt Schätzungen, dass die CIA ein Drittel der Mittel, die ihr zur Verfügung stehen, an den ISI zahlt. Sie kann diesen Geldhahn jetzt nicht zudrehen. Täte sie es, würden sich vermutlich entscheidende Teile des ISI und der Armee den Radikalen anschließen. Pakistan ist aber eine Atommacht. Mit Armee und Geheimdienst ginge dann auch die Bombe an die Radikalen. Es bleibt also nichts weiter übrig, als den ISI weiter satt zu alimentieren und zu hoffen, dass er stabil bleibt, bis Pakistan die Krise überstanden hat. Da die Waffenversorgung der pakistanischen Taliban mit Sicherheit durch Sympathisanten der Radikalen in Armee und ISI geschieht, dürften die USA über ihre pakistanischen Sicherheitspartner sowohl die Regierungstruppen als auch die pakistanischen Taliban finanzieren. Dass sie darüber hinaus über den ISI auch die afghanischen Taliban mit Waffen versorgen, ist ohnehin offensichtlich.

11. Abschnitt
Und jetzt?

Die weitere Entwicklung Afghanistans wird wesentlich von der Auseinandersetzung zwischen der afghanischen Talibanbewegung und ihren Unterstützern sowie der Kabuler Regierung und der sie stützenden internationalen Gemeinschaft abhängen. Welche Optionen bestehen für die westliche Welt, Afghanistan zu helfen, doch noch den Weg in eine glückliche Zukunft zu finden?

Die Taliban-Option

Von Entwicklungshilfefunktionären habe ich gehört, es gäbe Untersuchungen, dass man wegen der militärischen Auseinandersetzungen schlechter in Afghanistan arbeiten könne als unter den alten Taliban. Es wird vermutlich Soziologen geben, die zu Untersuchungen fähig sind, die zu solchen Ergebnissen führen. Wer zur Zeit der Taliban in Afghanistan war, kann über soviel Unwissenheit und Zynismus nur den Kopf schütteln. Die afghanische Bevölkerung hat unter den Taliban gelitten. Viele Hilfsaktivitäten waren für NGOs nicht möglich, insbesondere fast alles, was Frauen und Mädchen helfen sollte. Vielleicht gab es damals tatsächlich spezielle Projekte, die man jetzt aus Sicherheitsgründen nicht durchführen kann. Doch wenn man die Lebenssituation der Menschen außer Acht lässt und nur darauf aus ist, ungestört seinen Umsatz zu machen, täuscht man sich. Damals wurde nicht viel Umsatz gemacht. Die Geldgeber waren sehr zurückhaltend in der Talibanzeit.

Außerdem hilft es nichts, sich an den alten Taliban zu orientieren. Die Taliban von heute sind mit den alten Taliban nicht zu vergleichen. Die heutigen Taliban dürften kaum dazu in der Lage sein, die Friedhofsruhe herzustellen, die unter den alten Taliban herrschte. Sie würden vermutlich Bürgerkrieg und Chaos bringen. Afghanistan würde in einem Zustand versinken, wie er etwa in Somalia herrscht. Islamisten aus allen Ländern würden wieder nach Afghanistan pilgern, um hier von Terroranschlägen zu träumen, bevor sie wieder ausschwärmten, um Taten zu vollbringen. Von hier aus würden die Nachbarländer destabilisiert. Insbesondere das ohnehin schon schwankende Pakistan wäre bedroht.

Es ist auch sinnlos, „mit den Taliban zu sprechen". Die afghanischen Taliban werden vom pakistanischen Geheimdienst und radikalen Arabern kontrolliert. Die afghanischen Taliban allein könnten keinen Waffenstillstand oder sonst ein Abkommen mit der Kabuler Regierung oder westlichen Politikern oder Militärs abschließen, das nicht den Segen der ausländischen Drahtzieher hat. Und diese sind an keinem Frieden interessiert, der sie nicht an die Macht bringt. Außerdem sind der ISI und die afghanischen Taliban in sich gespalten. Eine Abmachung mit einer Seilschaft würde von den anderen Gruppierungen nicht übernommen werden. Die Taliban und auch ihre Hintermänner können keinen Ansprechpartner aufbieten, der für sie alle verhandelt. Gänzlich sinnlos ist es zu versuchen, mit der pakistanischen Regierung zu sprechen. Diese hat keinen Einfluss auf das, was Militär und Geheimdienst treiben.

Die militärische Option

Offensichtlich sieht es für die NATO nicht gut aus in Afghanistan. Das ist kein Beweis dafür, dass sich mit Waffen kein Frieden erzwingen lässt. Die ISAF hat zwischen 2002 und 2004 durchaus für die Stabilisierung Afghanistans gesorgt, wie man es von ihr verlangt hatte. Wenn man allerdings seine Waffen so einsetzt wie die US-Soldaten von „Enduring Freedom", schafft man Aufstand und Krieg. Ich bin mir ziemlich sicher, dass ohne das Wirken dieser Truppen keine neue Talibanbewegung entstanden wäre.

Dabei geht es nicht darum, dass Soldaten sich nicht wehren sollen, wenn sie angegriffen werden. Die Afghanen haben in den letzten Jahrzehnten viel Krieg erlebt. Sie verstehen auch, dass bei Kampfhandlungen Kollateralschäden nicht immer vermeidbar sind. Was die Paschtunen in den Widerstand getrieben hat, ist das brutale Auftreten der US-Soldaten, das Eintreten von Türen, das Eindringen in die Frauengemächer, das Verschleppen von Männern, das bewusste, sinnlose Erniedrigen der Menschen, das leichtfertige Erschießen von Zivilisten.

Die afghanische Talibanbewegung ist auf die Menschen angewiesen, die durch das Vorgehen der Amerikaner in den Krieg getrieben wurden. Wenn sie keinen Grund mehr haben, sich für Demütigungen zu rächen, werden sie sich um ihre Felder kümmern und Tee trinken. Dann wird es bald keine Taliban mehr geben. Allein mit ISI-Offizieren und arabischen und tschetschenischen Desperados kann man keinen Aufstand am Leben erhalten, auch wenn einem viel Geld zur Verfügung steht.

Es wäre also nötig, dass die US-Truppen ihre Art der Kriegführung radikal änderten. Dann dürfte sich die Talibanbewegung langsam beruhigen. Damit ist leider nicht zu rechnen. Die USA verlieren einen Krieg nach dem anderen, ohne dass ihr Militär irgendwelche Lehren daraus zieht.

Gewiss, der US-General Petraeus hat neue Heeresdienstvorschriften schreiben lassen. Darin steht, dass die Truppen die Zivilbevölkerung schützen und nicht bekämpfen sollen. Das ist eine platte Selbstverständlichkeit, sofern der gesunde Menschenverstand walten darf. Dass sie jemals Einfluss auf das Eigenleben der einzelnen Truppenteile gewinnen wird, darf man jedoch bezweifeln.

Vielleicht wird das Gefangenenlager in Guantanamo irgendwann einmal aufgelöst werden, wie es US-Präsident Obama für das erste Jahr seiner Regierung versprochen hatte. In den Gefängnissen von Bagram in Afghanistan wird noch gefoltert wie zu Bushs Zeiten. Nicht nur der Einfluss der pakistanischen Regierung auf Militär und Geheimdienst ist schwach. Auch US-Präsident Obama kann die Interna von Armee und CIA kaum beeinflussen. Ich habe keine Hoffnung, dass man die Talibanbewegung dadurch austrocknen kann, in dem die US-Truppen ihr Auftreten ändern.

Gegen den ISI vorgehen?

Eine andere Option wäre es, gegen den ISI vorzugehen. Ohne den ISI würde die Talibanbewegung schnell zerfallen. Und der ISI lebt in allererster Linie von Zuwendungen der CIA. Mit dem ISI muss man allerdings so vorsichtig umgehen wie mit der pakistanischen Atombombe selber. Es ist keine Option, sie mit einem abgedrehten Geldhahn lahmzulegen.

Ganz offensichtlich ist der ISI eine terroristische Vereinigung. Man könnte ihn auf die Liste der entsprechenden Organisationen setzen. Man könnte allen Personen, von denen bekannt ist, dass sie beim ISI beschäftigt sind oder waren, keine Visa mehr für westliche Länder geben. Man müsste dann aber mit den gleichen Folgen rechnen, wie wenn man den Geldhahn zudrehte.

Die Weiter-so-Option

Wenn man die Talibanbewegung beseitigen will, müsste man ihr die Kämpfer oder die organisatorische und materielle Basis entziehen. Um ihr die Kämpfer zu entziehen, müsste sich die US-Armee ändern. Um den Taliban die organisatorische und materielle Basis zu nehmen, müsste man den ISI ausschalten. Das wäre ein zu heikles Unternehmen.

Da man Afghanistan nicht den Taliban überlassen kann, muss man den Krieg so weiter führen wie bisher. Das ist relativ teuer und verlustreich. Aber vielleicht könnte so doch ein Denkprozess bei der amerikanischen militärischen Führung bewirkt werden. Vielleicht hätte man dann genügend Zeit, den zivilen Aufbau Afghanistans neu zu organisieren, um tatsächlich Fortschritte zu erzielen.

Eine vorübergehende Verstärkung der Truppen scheint dagegen überflüssig zu sein. Man kann sich Situationen ausdenken, in denen dank einer höheren Anzahl von Bodentruppen größere Kollateralschäden vermieden werden; etwa weil dann nicht immer wegen der zahlenmäßigen Überlegenheit des Feindes die Luftwaffe zu Hilfe gerufen werden muss, die nur undifferenziert bombardieren kann. Aber es ist eher damit zu rechnen, dass noch mehr Special Forces noch mehr Menschen bedrängen, erniedrigen – und in den Widerstand treiben.

Die Afghanisierungs- und Abzugsoption

Die USA pflegen ihr militärisches Scheitern dadurch zu verschleiern, dass sie ihre Kriege den Streitkräften der betroffenen Länder überlassen. So wurden der Vietnamkrieg „vietnamisiert" und der Irakkrieg „irakisiert".

In Vietnam mussten Zehntausende Vietnamesen ihr Leben für diese Niederlage der USA hingeben. Im Irak könnte das Abenteuer gut ausgehen. Der Unterschied zwischen beiden Kriegen besteht darin, dass der Aufstand in Südvietnam vom damaligen Ausland Nordvietnam materiell, organisatorisch und auch personell massiv unterstützt wurde. Dem hatten die „vietnamisierten" Südvietnamesen nicht viel entgegenzusetzen.

Der Irak ist sich mehr oder weniger selbst überlassen. Die Kurden haben eine weitgehende Autonomie. Die Schiiten haben den Einfluss, der ihnen aufgrund ihres Anteils an der Bevölkerung zusteht. Sie brauchen keine Unterstützung des Irans, um zu ihren Rechten zu kommen. Nur die Sunniten haben Probleme damit, die Dominanz im Staat verloren zu haben. Das führt immer noch zu brutalen Selbstmordattentaten, die von radikalen Islamisten gefördert werden. Es ist aber anzunehmen, dass auch die große Mehrheit der Sunniten eine friedliche Zukunft ersehnt und die Radikalen allmählich aufgeben werden.

In Afghanistan muss man leider davon ausgehen, dass die Konstellation eher wie in Vietnam aussieht. Hier haben sich nicht nur die islamistischen Radikalen eingemischt. Hier gibt es noch den ISI, der zwar an Geschlossenheit verloren hat, aber doch über eine gesicherte materielle Basis verfügt.

Auch in Afghanistan werden die Ankündigungen des Abzugsbeginns der USA mit dem Bekenntnis zur „Afghanisierung" des Krieges garniert. Afghanisierung bedeutet den schnellen Aufbau regulärer afghanischer Streitkräfte. Hierbei ist vor bösen Nebenwirkungen zu warnen. Wenn ein Paschtune aus den Aufstandsgebieten in die afghanische Armee oder Polizei eintritt, muss er mit schwersten Repressalien für seine Familienmitglieder rechnen. Oft werden Verwandte von Polizisten und Soldaten erschossen. Daher rekrutieren die afghanische Polizei und die Armee fast nur Angehörige der nichtpaschtunischen Völker Afghanistans. Wenn man die Armee in den Aufstandsgebieten gegen die Taliban einsetzt, kämpfen Paschtunen gegen Soldaten aus allen anderen afghanischen Völkern. Es entsteht ein Stammeskrieg. Solche Kriege sind erfahrungsgemäß schrecklicher als „normale" Bürgerkriege. Der Zusammenhalt des Landes wird bedroht.

Es ist auch die Frage, ob eine konventionell ausgebildete und ausgerüstete Armee das geeignete Instrument ist, einen asymmetrischen Krieg zu führen.

Schließlich war es eine grobe Tölpelei von Barack Obama, einen Termin für den Beginn des Rückzuges der US-Truppen zu nennen. Das mag einen Teil seiner Anhänger kurzfristig beglückt haben. Es ist aber gegenüber der amerikanischen Öffentlichkeit im Wort und hat viel Handlungsspielraum aufgegeben – bevor er sich über die Situation in Afghanistan ausreichend Klarheit verschaffen konnte. Dem ISI und den Taliban dürfte Obamas Ankündigung viel Freude und Mut gemacht haben.

Das regionale Konzept

Wenn Politiker vor einem Problem stehen, das sie nicht zu lösen wissen, verpacken sie es in eine diplomatische Formel. Jetzt wird von einem „Gesamtkonzept für die Region" gesprochen. „Region" meint Pakistan und Afghanistan. Wie das Konzept aussieht, ist unbekannt. Ein Zusammenhang zwischen den möglichen Entwicklungen in Pakistan und Afghanistan ist leider gegeben. Von Afghanistan aus stellt sich vieles einfach dar: Eine weitere Schwächung Pakistans würde den ISI zwingen, von Afghanistan abzulassen. Weltpolitisch ist die weitere Schwächung Pakistans allerdings nicht wünschenswert. Es ist klar, dass es eine Weltkatastrophe wäre, wenn Pakistan mit seiner Atombombe in die Hände fanatisierter Räuberbanden fiele. Aber auch ein „somalisiertes" Afghanistan als Nachbar eines zerfallenden Pakistans ist keine erfreuliche Vision.

Angesichts der gewaltigen Schwierigkeiten, die eine dauerhafte Stabilisierung Afghanistans und vor allem Pakistans tatsächlich bereitet, dürfte der „regionale Ansatz" allenfalls eine Beruhigungsveranstaltung für die gutgläubige Bevölkerung in den westlichen Ländern werden. „Geld heilt alles", wird suggeriert. Wenn Pakistan und Afghanistan nur genug Geld bekommen, werden sie es zur Verbesserung der Bildung und der wirtschaftlichen Lage der Bevölkerung nutzen. Dann werden die Menschen keinen Gefallen mehr am Terrorismus finden. Vielleicht ist auf diese Art wirklich einiges zu erreichen. Allerdings müsste man sich dann die Mühe machen, Pakistan und Afghanistan zu zwingen, das Geld tatsächlich für das Wohl seiner Bürger auszugeben. Das tut aber niemand. Pakistan und Afghanistan sind auch bisher schon reichlich mit Geld aus dem Westen versorgt worden. Das verschwand in der Regel über die Konten von Politikern und hohen Beamten in Bauinvestitionen in Dubai. Das Geld, das der Westen für Pakistan aufbringt, wird immerhin zu einem gewissen Teil tatsächlich in staatliche Einrichtungen gesteckt, nämlich in das Militär und in den Geheimdienst. Der Westen hat sich den ISI schon viel zu lange viel kosten lassen.

Die Bündnisfrage

Die Führung von alliierten Truppen ist immer schwierig. Aber die USA muten ihren Verbündeten in Afghanistan vieles zu, was mit den Grundgedanken eines Bündnisses nicht vereinbar ist.

Der Weg, den die USA in Afghanistan uneinsichtig gehen, gleicht dem, den sie schon in Vietnam gegangen sind. Die Verbündeten müssen sich fragen, ob sie diesen Weg mitgehen wollen. Niemand wünscht, dass Afghanistan an die von einem zerrütteten Pakistan abhängigen Taliban fällt. Die Verbündeten müssen den USA ehrlich und offen sagen, was sie bereit sind mitzumachen. Wenn dazu manche Verbündete nicht bereit sind, sollte es zumindest die Bundesregierung tun. Um ihrer selbst, um der Afghanen und um des westlichen Bündnisses willen, müssen die USA zu einer vollkommen anderen Aufgabenverteilung gezwungen werden.

Die Verbündeten müssen sich aus den Aufstandsgebieten zurückziehen. Gemessen an den verstärkten Truppenkontingenten der USA können sie dort ohnehin nur symbolische Beiträge liefern. Sie können stattdessen die restlichen Gebiete Afghanistans sichern helfen und beim Aufbau afghanischer Streitkräfte mitwirken. Dafür sollten dort keine US-Truppen eingesetzt werden, wo sich andere Nationen militärisch engagieren. Für den Einsatz der Luftwaffe könnte es Sonderabsprachen geben. Die Stationierung von Antiterroreinheiten in den Verantwortungsbereichen anderer Nationen muss sofort rückgängig gemacht werden.

Sollten die USA auf diese Bedingungen nicht eingehen, sollten die Verbündeten – zumindest aber Deutschland – die eigenen Truppen schnell aus Afghanistan abziehen. Es ist nicht zu verantworten, dass die Bundeswehr so eingesetzt wird, dass sie von den US-Truppen nicht mehr unterscheidbar ist. Es ist erst recht nicht zu vertreten, dass deutsche Soldaten sich daran gewöhnen, so gegen die Bevölkerung vorzugehen wie die Amerikaner.

Es ist auch im Interesse der USA, dass der immer noch gute Ruf der meisten anderen westlichen Nationen in Afghanistan nicht weiter beschädigt wird. Schließlich ist auch im zivilen Bereich Afghanistans noch viel zu tun. Dazu ist eine Zusammenarbeit unter befreundeten Partnern nötig. Nationen, die so verhasst sind wie die Amerikaner, werden sich schwer tun beim zivilen Aufbau Afghanistans.

Die zivile Option

Um den Talibanaufstand einzuschläfern, muss man die afghanischen Taliban ansprechen – nicht in offiziellen Gesprächen, sondern mit ansprechenden Taten. Die afghanischen Taliban haben die Wahl zwischen zwei Übeln, dem der Amerikaner plus Kabuler Regierung und dem einer von Pakistan gesteuerten Herrschaft der afghanischen Taliban. Für die Paschtunen geht es darum, welches Übel das kleinere ist. Im Augenblick tun die afghanischen Taliban mit ihrem Terror einiges, um die Amerikaner in der Rolle des größeren Übels abzulösen. Leider kann man kaum darauf hoffen, dass die US-Truppen zu einer weiteren Änderung dieser Balance beitragen, indem sie sich durch ihre Art des Vorgehens darum bemühen, das kleinere Übel zu werden.

Wenn die afghanische Regierung der Bevölkerung mehr Sicherheit, mehr wirtschaftliche Entwicklung, eine ordentliche Gesundheitsversorgung und eine bessere Bildung böte, hätte sie einen kriegsentscheidenden Trumpf in die Hand. Viele afghanische Paschtunen, die jetzt noch die Talibanbewegung unterstützen, würden dieser dann den Rücken zuwenden. Sie würden dafür sorgen, dass auch in ihrer Heimat Krankenstationen, Schulen und sogar Polizeiposten arbeiten können.

Es ist klar, dass die nötigen Strukturen für einen solchen zivilen Aufbruch nicht von heute auf morgen entstehen können. Schließlich sind bereits acht Jahre vergangen, ohne dass in diesem Bereich nennenswerte Leistungen erbracht wurden. Leider ist eine militärische Absicherung dieses zivilen Aufbruches erforderlich, eine Absicherung, die ausreichend Zeit lässt. Der Krieg ist nun einmal vom Zaun gebrochen. Er muss nun geführt werden. Außerdem ist es unerlässlich, dass die internationale Gemeinschaft sehr offen mit dem afghanischen Partner über eine Neuausrichtung der Bemühungen im zivilen Bereich spricht und sich bemüht, international so zu kooperieren, dass man zu Ergebnissen kommen kann.

Wer finanziert, trägt Verantwortung

Es wurde schon über die Pappkarte berichtet, die einem manchmal auf dem Kabuler Flugplatz ausgefüllt wird und die man dann im Innenministerium abstempeln lassen muss. Die Prozedur hat sich seit 2007 nur unwesentlich geändert. Die Fragen, die dieser Verwaltungsakt aufwirft, stellen sich heute wie damals. Sie sollten sich vor allem diejenigen stellen, die diese Aktion finanzieren. Mit Sicherheit bezahlt das Ausland dieses sinnlose Tun, aber welches Land eigentlich? Das ist kaum feststellbar. Dieser große Geldtopf bei der Weltbank oder bei der UNO macht alles schön unübersichtlich und verschleiert die Verantwortlichkeiten. Niemand weiß, ob das Geld, mit dem die Pappkarten-Abteilung des Innenministeriums finanziert wird, von belgischen, von finnischen oder von amerikanischen Steuerzahlern aufgebracht wurde. Aber die Bürger irgendeines Landes finanzieren die Pappkarten-Abteilung. Und diese Menschen hätten mit Sicherheit etwas dagegen, dass ihr Geld auf so unsinnige Weise verpulvert wird.

Hätte man nicht die Verantwortlichkeiten vermischt und stünde fest, dass beispielsweise Österreich das Pappkarten-Department finanziert, würde sich wahrscheinlich die österreichische Regierung für den Nutzen und die Kosten der Pappkartenaktion interessieren. Schließlich ist sie ihren Bürgern gegenüber rechenschaftspflichtig und möchte wiedergewählt werden. Im Falle der Pappkarten käme man vermutlich zu dem Ergebnis, dass das Tun des Departments Afghanistan keine Vorteile bringt. Österreich würde die Finanzierung der Pappkarten einstellen.

Dabei ist die alberne Pappkarte eine harmlose Art der Geldverschwendung. Wer bezahlt eigentlich den Gouverneur von Baghlan und seinen Sicherheitschef, die höchstwahrscheinlich einige Schulklassen zusammen mit einigen politischen und persönlichen Gegnern in die Luft gesprengt haben? Waren das die Bürger Südkoreas oder Kanadas oder Deutschlands?

In vielen Provinzen sind Menschen gestorben, weil die Krankenstationen nicht arbeiten. Das Geld für die Stationen wurde vom Ausland aufgebracht. Aber das afghanische Gesundheitsministerium hat die Gesundheitsversorgung dieser Provinzen an Hilfsorganisationen vergeben, die sich das Geld friedlich mit dem Ministerium teilen. Stellen Sie sich vor, die Schweiz hätte beispielsweise die Mittel für drei der Provinzen aufgebracht und die Schweizer erführen monatlich, wie viele Menschen dort gestorben sind, weil sie nicht medizinisch versorgt wurden!

Die ganze afghanische Verwaltung, die für die afghanischen Bürger nicht die geringste Leistung erbringt, wird von Steuerzahlern anderer Länder finanziert. Wären diese Länder nicht gegenüber ihren eigenen Staatsbürgern, aber auch gegenüber den Afghanen verpflichtet, die Verwendung ihrer Mittel beständig zu überprüfen? Eine solche Überprüfung ist nur möglich, wenn jede geldgebende Nation genau weiß, wofür sie in Afghanistan zahlt. Die Regierung müsste es wissen und die Öffentlichkeit müsste sich, zum Beispiel über das Internet, informieren können. Innerhalb jedes afghanischen Ministeriums könnten die zahlenden Nationen eine Arbeitsgruppe bilden. Das Einzahlen in einen anonymen Topf ist dagegen der direkte Weg in die Verantwortungslosigkeit. Die UNO und ihre Hilfsorganisationen beweisen es täglich. Natürlich müssten die einzelnen Nationen Fachleute aufbieten, die mit den afghanischen Behörden zusammenarbeiten, sich an Planungen beteiligen und die Befugnis haben, Ausgaben zu verweigern oder zu genehmigen. Solche Fachleute kosten Geld. Aber dank ihrer Arbeit würde sehr viel weniger Geld verschwendet werden. Man könnte auch fast alle Consultants einsparen. Deren Beratungsaufgaben würden die Fachleute ganz selbstverständlich wahrnehmen.

Was ist Kolonialismus?

Die edelsten unter den Lesern haben schon längst gewittert, dass ich ein ausgemachter Kolonialist bin. Ich will dem afghanischen Staat seine Souveränität wegnehmen. Wenn Souveränität bedeutet, dass ein Verwaltungsapparat, der seine Unfähigkeit hinlänglich bewiesen hat, mit dem Geld anderer Länder machen darf, was er will, bin ich tatsächlich der Meinung, dass diese Souveränität eingeschränkt werden muss. Jeder Staat ist seinen Bürgern gegenüber rechenschaftspflichtig, wie das Geld, das sie ihm überlassen, ausgegeben wird.

Die deutsche Bundesregierung hat angesichts der Weltwirtschaftskrise ein Ausgabenpaket verabschiedet. Die Gemeinden können den Landesbehörden Vorschläge für Sonderprojekte machen, wie den Ausbau von Kläranlagen, die Neugestaltung von öffentlichen Plätzen oder den Bau von Sportstätten für Schulen. Jetzt fließen die Mittel nicht schnell genug ab, um der Wirtschaft die erhofften Impulse geben zu können. Warum? Die Gemeinden haben ihre Vorschläge gewissenhaft erarbeitet, und jetzt müssen die Bezirksbehörden gewissenhaft prüfen, welche Gemeinde die von ihr beantragten 400'000 Euro bekommen soll und welche nicht.

Wenn dagegen ein afghanischer Minister einige Hunderttausend Euro, die der deutsche Staat für Afghanistan aufgebracht hat, auf sein Privatkonto in Abu Dhabi umleitet, erfahren wir das nicht. Wenn wir es aber erführen, hätten wir vor der Souveränität des afghanischen Staates in ehrfurchtsvolles Schweigen zu versinken. Das darf es ja wohl nicht sein.

Denn auch Afghanistan hat nichts davon, dass ein Minister die Mittel, die andere Menschen aufgebracht haben, veruntreut oder auch nur unsachgemäß ausgibt.

Durch die Zusammenarbeit von afghanischen Verwaltungsbeamten mit ausländischen Fachleuten würde die afghanische Verwaltung die Grundsätze eines kosteneffizienten Umgangs mit Geld erlernen. Ich kenne keinen afghanischen Bürger, der einem anderen Land vorwerfen würde, dass es die Souveränität Afghanistans nicht respektiere, weil es Rechenschaft über die Verwendung der Mittel verlangt, die es Afghanistan zur Verfügung gestellt hat. Gehen Sie davon aus, lieber Leser, dass die Afghanen ihre Staatsdiener äußerst kritisch sehen und dass viele von ihnen letztlich das Gefühl haben, dass sie die Mittel, die man Afghanistan jetzt überlässt, im Prinzip eines Tages zurückgeben müssten! Wir Ausländer müssen uns immer wieder klarmachen, dass die afghanische Verwaltung, die man nach dem Sturz der Taliban vorfand, gar nicht in der Lage sein konnte, die Aufgaben zu bewältigen, die auf sie zukamen. Diese Verwaltung bräuchte Hilfe. Sie müsste lernen. Und dazu müsste sie jemand sehr gründlich schulen. Bis heute ist nichts dergleichen geschehen.

Selbstverständlich bin ich der Meinung, dass diese Bevormundung der afghanischen Verwaltung nur so lange anhalten darf, wie sie nötig ist. Spätestens dann, wenn die Verwaltung die Mittel, die sie benötigt, als Steuern und Abgaben von den eigenen Bürgern erhält, entfällt jede ausländische Mitsprache bei den Geldausgaben Afghanistans von allein.

Bisher ging es um die Leistungen, die die Verwaltung für die afghanische Bevölkerung erbringt, besser: nicht erbringt. Oft entsprechen schwache Leistungen der Verwaltung einer verbreiteten Korruption. Das trifft auch auf Afghanistan zu. Hier konnte eine weitgehend unkontrollierte Verwaltung eine schlimme Korruption entwickeln. Diese hat in Afghanistan solche Ausmaße angenommen, dass sie ein schweres Investitionshindernis geworden ist. Wer nicht schmiert, bekommt keine Genehmigung. Werkstätten werden nicht gebaut. Betriebe werden nicht eröffnet. Potenzielle Investoren wandern in andere Länder ab.

Am schlimmsten an der Korruption ist die Tatsache, dass sie ein Land unregierbar macht. Die Regierung oder das Parlament können ruhig Gesetze erlassen. Wer sein Recht entsprechend dem Gesetz wahrnehmen will, muss Schmiergeld zahlen. Wer das Gesetz umgehen will, zahlt ebenfalls Schmiergeld. Das Gesetz kann man vergessen. Regierung und Parlament können sich vieles überlegen, was dem Wohl der Bevölkerung dient. Die Verwaltung macht alle Gesetze unwirksam. Man kann also auch Regierung und Parlament vergessen. Sie können nichts durchsetzen.

Eine strenge ausländische Aufsicht über die Verwendung der vom Ausland zur Verfügung gestellten Gelder wäre ein starkes Bollwerk gegen die Korruption.

Derzeit ist aber der größte Teil der afghanischen Verwaltung frei von jeder Aufsicht. Das Ausland überlässt Afghanistan reichlich Geld. Aber niemand kontrolliert die Verwendung dieser Mittel. Die Folgen sind, dass die Verwaltung praktisch keine Dienste für die Bevölkerung leistet und dass sich eine Korruption entfaltet hat, die bis zur schwersten Kriminalität reicht und die dem Land riesige Schäden zufügt. Kurz: Diese Schäden werden Afghanistan vom Ausland zugefügt, weil dieses Afghanistan viel Geld überlässt, aber dessen Verwendung nicht kontrolliert. Ein Land, das

Afghanistan Geld gibt, muss also auch den afghanischen Bürgern Rechenschaft darüber ablegen, was mit seinem Geld angerichtet worden ist.

Afghanistan Geld zu überlassen, ohne über dessen Verwendung Rechenschaft ablegen zu können, ist ein Verbrechen – gegenüber den eigenen Bürgern wie gegenüber den Afghanen. Es darf in Afghanistan kein Geld mehr für den zivilen Wiederaufbau ausgegeben werden, dessen Verwendung nicht seriös überprüft wird.

Und die Drogen?

Experten ermitteln immer wieder das Gesamtvolumen des afghanischen Drogenhandels. Wie sie das machen, das muss man ihnen überlassen. Dann wird behauptet, dass all das Geld, das auf diese Weise verdient wird, an die Taliban geht. Das ist kaum vorstellbar. Der Drogenanbau und -handel dürfte privatwirtschaftlich ablaufen. Er ist aber ohne die Duldung der Taliban schlecht möglich. So werden die verschiedenen Fraktionen der Taliban Gebühren dafür eintreiben, die teilweise der Kriegführung dienen. Wie sehr die Talibanbewegung von Drogengeldern lebt, das muss man der Spekulation überlassen. Man kann sicher sein, dass einige Provinzgouverneure und Minister der Kabuler Regierung ebenfalls am Rauschgiftgeschäft mitverdienen.

Die schwache Kabuler Regierung kann das Drogengeschäft nicht unterbinden, selbst wenn sie das wollte. Vom Mohnanbau leben Hunderttausende von Bauern. Denen kann man nicht die Existenzgrundlage entziehen. Viele Bauern würden sich denen als Kämpfer anschließen, die ihnen den Drogenanbau ermöglichen. Der Schaden, der so entstünde, würde vermutlich den Schaden übersteigen, der durch die Drogeneinkünfte der Taliban entsteht.

Man darf auch daran zweifeln, dass die Kabuler Regierung den Drogenanbau unterbinden will. Schon sehr früh gab es Gerüchte, dass Wali Karzai, ein Bruder des jetzigen Präsidenten, einer der größten Rauschgifthändler im Lande sei und dass dessen Machenschaften von staatlichen Stellen geschützt würden.

Die USA haben eine schwarze Liste der größten Drogenbarone Afghanistans aufgestellt. Die dort aufgeführten Herrschaften sollen mit internationalen Haftbefehlen gesucht werden. Das wird das blühende Gewerbe nicht zum Erliegen bringen. Aber solche Maßnahmen sind besser als gar nichts. Sie können Afghanistan davor bewahren, dass Kriminelle in hohe öffentliche Ämter gelangen. Sonst sollte man ernsthafte Versuche durchführen, Alternativen zum Drogenanbau zu entwickeln. Das Rosenöl und das Rosenwasser der Deutschen Welthungerhilfe sind ein erster Ansatz.

Auch Safran und einige Rohstoffe für die Pharmaindustrie könnten mit hohen Gewinnen produziert und verkauft werden. Dergleichen kann man schon jetzt in sicheren Gegenden erproben.

Bildung

In Jaghori im Hasaradschat hatte ich Schulen besucht, die vom Freundeskreis Afghanistan unterstützt und von Herrn Aschraf geleitet wurden. Aschraf berichtete über Schwierigkeiten, die es in der Schule von Say Qul gab. Die Schule liegt hoch in den Bergen. Dort hatten einige Familien grundsätzlich etwas gegen Schulen. Sie bedrohten die Lehrer und die Familien, die ihre Kinder in die Schule schickten. Ich machte Aschraf Vorwürfe, dass er an diesem ungünstigen Standort eine Schule gegründet und ein Schulgebäude gebaut hatte. Er erwiderte: „Ich habe gedacht, es sei wichtig, gerade an einem solchen Ort eine Schule zu bauen. Die Schule sollte die Menschen dort oben besser machen."

Einen so tiefen Glauben an die menschenverbessernde Wirkung von Schulen konnte ich nicht teilen. Schließlich hat mein Heimatland ein riesiges Völkermorden vom Zaun gebrochen, obwohl seine gesamte Bevölkerung eine gute Schulbildung genossen hatte. Dennoch halte auch ich die Schulbildung für den entscheidenden Faktor für eine Weiterentwicklung Afghanistans.

Afghanistan braucht viel bessere Beamten. Es benötigt viel mehr selbstständig denkende Angestellte in den Privatfirmen. Und es braucht Lehrer und Professoren, die in der Lage sind, sich klar zu machen, was ihre Schüler und Studenten für ihr Leben benötigen.

Schüler müssen lesen lernen. Sie müssen den Sinn des Gelesenen aufnehmen können, auch wenn es sich um kompliziertere Sachverhalte handelt. Durch Lesen können sich die Schüler Zugang zu vielen Informationen verschaffen. Sie müssen eine differenzierte, inhaltsreiche Erklärung von einer platten Propaganda unterscheiden lernen.

Derzeit gibt es in Afghanistan kaum eine eigene Literatur. Die wenigen Bücher, die man im Basar findet, sind ganz überwiegend aus dem Iran, sofern sie in persischer Sprache verfasst sind, die sich nicht sehr vom Dari unterscheidet. Wenn es sich um Paschtu-Bücher handelt, so stammen fast alle aus Pakistan. Es gibt derzeit in Afghanistan zu wenige Menschen, die gern lesen, als dass es sich lohnte, für sie zu schreiben. Leider muss sich die Lesekultur jetzt gegen die erdrückende Macht des Fernsehens behaupten. Bücher sind vergleichsweise anstrengend.

Schüler müssen aber auch lernen, aktiv zu schreiben. Sie müssen in der Lage sein, schriftlich so zu formulieren, dass andere genau nachvollziehen können, was gemeint ist. Eine entwickelte Schriftkultur ist die Voraussetzung für ein differenziertes Rechtssystem und für staatliche Strukturen, in denen Aufgabenteilung möglich ist. Ein Beamter muss seinen Untergebenen schriftlich mitteilen können, was sie zu tun haben, ohne dass er ihnen jede Verrichtung mehrere Male vormacht. Er muss fähig sein, seine Vorgesetzten korrekt über Ereignisse zu informieren, ohne dass diese sich selbst an den Ort des Geschehens begeben müssen. Bei der derzeitigen Verwaltung scheitern die Delegation von Aufgaben und die korrekte Berichterstattung oft schon am schriftsprachlichen Unvermögen der Beteiligten. Ähnliches gilt für die Zusammenarbeit innerhalb von Privatfirmen und anderen Organisationen.

Die Schüler müssen aber auch in der Lage sein, quantitative Zusammenhänge selber in einer Rechenaufgabe zu erfassen und dann zu berechnen. Das Vermögen, auch etwas kompliziertere Zusammenhänge dieser Art aufzulösen, stärkt das Selbstbewusstsein von Schülern ungemein und gibt ihnen Vertrauen in die eigene Denkfähigkeit.

Sie haben in diesem Buch verfolgen können, wie sehr und wie lange sich OFARIN damit abgequält hat, ein Unterrichtskonzept zu entwickeln, das den geschilderten Anforderungen gewachsen ist. Viele Fehler wurden dabei gemacht, und viele Umwege wurden gegangen. Die afghanischen Kollegen hatten zunächst vollkommen falsche Vorstellungen davon, welche Aufgaben sie Schülern gegenüber haben. Daher war die direkte Mitarbeit von Ausländern unerlässlich. In entwickelten Ländern gibt es rege Diskussionen über die Aufgaben von Lehrern und Schulen und über die Fähigkeiten, die Schüler aus den Schulen mitnehmen sollten. Ein westlicher Ausländer kann daher leicht viele Defizite afghanischer Schulen erkennen. Manche sieht er aber zunächst nicht, weil ihm viele Abläufe im afghanischen Unterricht unbekannt sind.

Es geht also in Zukunft darum, möglichst vielen afghanischen Lehrern die Fähigkeit zu vermitteln, darüber nachzudenken, was ihre Schüler tatsächlich für ihr Leben brauchen. Je mehr afghanische Lehrer einen Sinn dafür entwickeln, desto mehr können sich Ausländer aus der Gestaltung des afghanischen Schulsystems zurückziehen.

Doch soweit ist es noch lange nicht. Zurzeit bemühen sich viele Gruppen von Ausländern um eine Verbesserung des afghanischen Schulsystems. Eine Zusammenarbeit findet praktisch nicht statt. Die Ansätze solcher Gruppen sind sehr verschieden.

OFARIN nimmt selbstverständlich für sich in Anspruch, über die ausgereiftesten Konzepte zu verfügen. Die anderen Organisationen haben viele Fehler noch nicht gemacht, die wir schon hinter uns haben. Andere Organisationen haben bei Weitem nicht die personelle Kontinuität von OFARIN aufzuweisen. Sie haben sich der Zusammenarbeit mit dem Erziehungsministerium unterworfen, das ihrem Tun enge Grenzen vorschreibt.

Es gibt auch interne Gründe, die andere Organisationen bei der Auswahl ihrer Methoden mehr einengen als uns. Die meisten Organisationen, die sich im Erziehungswesen tummeln, sind wesentlich größer als wir. Viele arbeiten weltweit. Sie haben einmal ein Konzept an einem grünen Tisch entwickelt. Das wird in allen Ländern angewandt, in denen die Organisation arbeitet. Die Großorganisationen lassen ihren Niederlassungen in den einzelnen Ländern selten Raum für Abweichungen vom Konzept. Allerdings glaube auch ich, dass die Schwierigkeiten in den Schulen der meisten Entwicklungsländer eng verwandt sind. Aber die kleinste Abänderung eines weltweit angewandten Konzeptes ist jedes Mal mit sehr großem Aufwand verbunden. Solche weltweiten Konzepte sind zu unflexibel.

OFARINs Arbeit wird seit einigen Jahren ganz wesentlich vom Bischöflichen Hilfswerk Misereor gefördert. Die Zusammenarbeit zwischen einer Geldquelle in der reichen Welt und den Entwicklungshelfern „draußen" ist aufgrund der weiten Entfernung sehr oft mit Problemen behaftet. Das gilt sowohl für den Fall, dass der Entwicklungshelfer in der Außenstelle einer Großorganisation arbeitet, wie auch für den Fall, dass er für eine selbstständige Hilfsorganisation tätig ist, die von einem Geldgeber abhängig ist. Die Möglichkeiten des Missverstehens sind zahlreich. Auch der Entwicklungshelfer versteht nur selten, welche Bedingungen die „Bürokraten zu Hause" eingehen müssen, um überhaupt die nötigen Mittel aufzutreiben. Und – es gibt unter den Entwicklungshelfern sehr unterschiedliche Charaktere. Nicht jeder von ihnen ist den großen Entscheidungsfreiräumen gewachsen, die er von der Sache her benötigt.

Wenn sich gegenseitiger Unmut aufgebaut hat, ist der nicht so leicht zu beseitigen, auch wenn es heute E-Mail, Fax und Skype gibt. Wenn erst einmal das Grundvertrauen fehlt, wird die Zusammenarbeit für den Entwicklungshelfer zu einer bedrückenden psychischen Belastung. Dergleichen habe ich selber erlebt und mehrere Male bei Kollegen beobachtet. Man fühlt, dass die eigene Leistung nicht anerkannt wird. Das Misstrauen nagt. In Anbetracht des Ärgers, den man ohnehin meist mit irgendeinem schwierigen Mitarbeiter oder einer afghanischen Behörde hat, sind solche Belastungen sehr entbehrlich.

Um so mehr weiß ich die glückliche Partnerschaft zu schätzen, die OFARIN mit Hermann Rupp vom Bischöflichen Hilfswerk Misereor seit vielen Jahren genießt. OFARIN konnte geduldig immer wieder andere Versuche machen, den Unterricht zu verbessern. Misereor hat uns nie gedrängt. Nicht dass es diesem Geldgeber egal gewesen wäre, was wir trieben. Nein, man hat unser Tun interessiert verfolgt, hat uns Vorschläge gemacht, wie wir etwas hinzulernen könnten, und hat uns immer wieder ermuntert, den Mut nicht zu verlieren. Die Zusammenarbeit mit Misereor habe ich als so glücklich empfunden, dass ich mich entschlossen habe, mich an dieser prominenten Stelle des Buches dafür zu bedanken, die jeder Leser mindestens einmal aufschlägt, weil er wissen will, wie die Sache ausgeht – am Schluss.

12. Abschnitt
Impressionen aus Afghanistan

Impressionen aus Afghanistan 233

Siedlung an den innerstädtischen Bergen von Kabul. In Privatwohnungen solcher Siedlungen unterrichtet OFARIN Schulklassen. Foto: Ulrich Reinhardt/ Zeitenspiegel.

Die Wege zur Pumpe im Tal sind weit. Das Wasser wird teilweise von professionellen Wasserträgern gebracht, denen man es abkaufen kann. Foto: Christoph Püschner/ Zeitenspiegel.

Der Vogelbasar in der Kabuler Altstadt. Foto: Ulrich Reinhardt/Zeitenspiegel.

Bahruddin, einer der Leiter des Unterrichtsprogramms von OFARIN, als potenzieller Käufer auf dem Kabuler Vogelbasar. Foto: Ulrich Reinhardt/Zeitenspiegel.

Eine für Kabul typische KFZ-Werkstatt. Foto: Christoph Püschner/Zeitenspiegel.

Impressionen aus Afghanistan 235

Auf einem chaotisch anmutenden Kabuler Baustoffmarkt transportieren Tagelöhner tonnenschwere Warenmengen von den LKW-Entladeplätzen auf Schubkarren zu den Händlern. Der Verdienst eines Tagelöhners beträgt an einem «guten» Tag etwa 150 Afghani; das sind drei US-Dollar. Bild: Christoph Püschner/Zeitenspiegel.

Im Frühling lassen sich viele Männer und Jungen bei einem Straßenfriseur den Kopf kahl rasieren, um sich von den Läusen zu befreien. Bild: Christoph Püschner/Zeitenspiegel.

Kinder im Kabuler Stadtteil Dascht-e-Bartschi. Auch hier hat OFARIN ein großes Unterrichtsprogramm in Privatwohnungen. Ganz typisch: Die Mädchen müssen sich um die jüngeren Geschwister kümmern. Foto: Ulrich Reinhardt/Zeitenspiegel.

Impressionen aus Afghanistan

Unterrichtsbetrieb von OFARIN: Lesen – vor der ganzen Klasse und unter strenger Aufsicht – ist gar nicht so einfach. Unten: „Die Jungen von der letzten Bank". Rechts: Unterricht auf der Terrasse einer Kabuler Moschee. Bilder: Ulrich Reinhardt/Zeitenspiegel (oben links) und Peter Schwittek (übrige Bilder).

Impressionen aus Afghanistan

Impressionen aus Afghanistan

Alltag der deutschen Schutztruppe in Afghanistan – Einheimische am Zaun des ISAF-Feldlagers. Bild: Rainer Kwiotek/Zeitenspiegel.

Panzer und ehemalige Kriegsschauplätze werden zu Kinderspielplätzen. Leider sind diese oft nicht minensicher. Bild: Christoph Püschner/Zeitenspiegel.

Ein armamputierter Mann fertigt Beinprothesen in einer Werkstatt in Kabul. Bild: Uli Reinhardt/Zeitenspiegel.

Impressionen aus Afghanistan

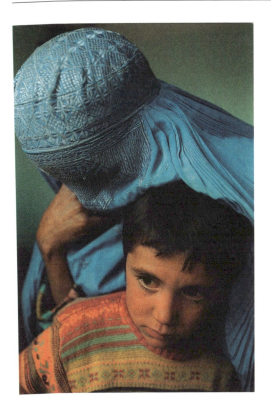

Patienten warten in der Klinik einer Hilfsorganisation auf ihre Behandlung. Bild: Rainer Kwiotek/Zeitenspiegel.

Afghanische Begegnung. Bild: Christoph Püschner/Zeitenspiegel.

Oben: Ein Dorf in Zentralafghanistan rüstet sich mit Erntegut und Heizvorräten gegen den kommenden Winter. Unten: Blick auf den oberen See von Band-e-Amir in Zentralafghanistan. Bilder: Anna Maria Schwittek (oben) und Peter Schwittek.